DER VERGESSENE PRINZ

DER VERGESSENE PRINZ

Geschichte und Geschichten
um Schloß Albrechtsberg

Hans und Heidi Zeidler

Verlag der Kunst Dresden · Basel · 1995

ISBN 3-364-00318-1
© 1995 O.P.A. (Amsterdam) B.V.
Published under licence by
Verlag der Kunst
G+B Fine Arts Verlag GmbH

Printed in Singapore

INHALT

Dieses Buch ist in herzlicher Dankbarkeit der Geschäfts-führung des Schlosses Albrechtsberg unter Frau Lotze und ihren Mitarbeiterinnen Frau Irmler, Frau Milewski und Frau Thiem gewidmet.

Durch großzügige Bereitstellung von Recherche-Material und Bilddokumenten haben sie zur inhaltlichen Erschließung der Geschichte des Schlosses Albrechtsberg beigetragen.

Besonderer Dank gilt Herrn Heinz Mees aus Bielefeld, dem Witwer der verstorbenen Prinzessin Elisabeth von Preußen aus der Linie des Prinzen Albrecht. Er unterstützte vorbehalt-los und unbegrenzt unsere Materialrecherchen.

Ebenso danken wir Frau Hug, Prinzessin von Preußen, Herrn Graf Saurma-Jeltsch und anderen Familienmitgliedern für ihre Unterstützung.

Ebendso herzlich ist Frau Noltenius, Hausarchiv des vor-maligen regierenden Preußischen Königshauses auf Burg Hohenzollern-Hechingen, Frau Dr. Gundermann und Frau Bobbe, Geheimes Staatsarchiv Preußischer Kulturbesitz in Berlin-Dahlem für ihre Hilfe bei der komplizierten Material-recherche zu danken.

VORWORT

»Der vergessene Prinz« wurde nur von einer sehr kleinen Anzahl von Menschen nicht vergessen. Er blieb noch lebenden Mitgliedern der Hohenzollernfamilie, insbesondere den Nachkommen Albrechts aus der ersten Ehe mit Prinzessin Marianne der Niederlande und den Nachkommen aus der zweiten, morganatischen Ehe, den gräflichen Hohenaus, in Erinnerung. Ebenso wissen die ehemaligen Bewohner der Torhäuser des Schlosses Albrechtsberg noch gut, in wessen Anwesen ihre Eltern nach 1918 eine Wohnung mieten konnten.

Von diesem Personenkreis erhielten wir großzügige und vertrauensvolle Hilfe für die Erarbeitung der drei kleinen Bücher über Schloß Albrechtsberg bei Dresden.

Noch heute wird von manch einem Dresdner von den Albrechtschlössern auf den Loschwitzer Weinbergen gesprochen, wobei Schloß Eckberg ohne Bedenken dem Besitztum Prinz Albrechts zugeschlagen wird. Heimatforscher, unter ihnen namhafte Persönlichkeiten der Dresdner Region, gaben ihre Erkenntnisse dieser schönen Anlage an uns weiter und vermitteln uns den Hinweis auf die korrekte Benennung: »Elbhangschlösser«.

Die große Mehrheit der Dresdner Bevölkerung, von der aus dem gesamten Freistaat Sachsen ganz zu schweigen, war so gebeutelt von den Wechselbädern der Zeitgeschichte, daß es gleichgültig wurde, ob man von den »Lingnerschlössern«, von einer »Villa Stockhausen« oder bis heute vom »Pionierpalast« spricht. Am wenigsten bekannt ist selbst unter Heimatforschern und manchem Mitglied der Hohenzollernfamilie das Lebensbild des Prinzen *Friedrich Heinricht Albrecht von*

Preußen, der der Stadt Dresden und ihren Bewohnern zwei Juwelen unter den deutschen Baumonumenten hinterließ – die spätklassizistischen Anlagen von Schloß Albrechtsberg I und II (»II« war in den Projektzeichnungen Villa Stockhausen).

Gehen wir dem persönlichen Schicksal des Prinzen nach, erschließt sich aus den Quellen eine Reihe von Erkenntnissen. Eine der angenehmsten davon ist die Bestätigung für die Auffassung, daß menschliche Werte wie Charaktereigenschaften, angeborene Anlagen, Begabungen, äußerst verschieden graduierte Intelligenz – von Natur aus Substantielles und Anerzogenes, Bedürfnisse oder zweckdienliche Verhaltensweisen – weniger mit der Zugehörigkeit zu einer Schicht in Verbindung zu bringen sind als vielmehr mit der Summe aller Eigenschaften, über die ein Mensch verfügt, unabhängig von dem Milieu, dem er entstammt.

Im Vergleich mit den königlich-prinzlichen Brüdern wie Friedrich Wilhelm IV. oder Wilhelm I. – der berüchtigte »Kartätschenprinz«, später Prinzregent, seit 1861 König von Preußen, 1871 Kaiser von Deutschland – erschließt sich das Gemeinsame, aber auch das Gegensätzliche: Prinz Albrechts schicksalhafte Benachteiligung, das Zufällige, das Aufgezwungene, Eigenschaften, die ihn innerhalb der Hohenzollernfamilie unterscheiden. Vergleichen wir mit Mutter (Königin Louise) und Vater (König Friedrich Wilhelm III. von Preußen), dann deuten manche Wesenszüge auf die zur Legende gewordenen mütterlichen Eigenschaften und Werte, vor allem darauf, daß Albrecht ganz ähnlich Louise in einer langanhaltenden Situation der äußersten Bedrängnis mit eisernem Willen physische Leistungen erbrachte, zu denen sich seine körperliche Konstitution konträr verhielt.

Das Albrecht Ureigenste, das ihn von seinen königlichen Brüdern unterschied, wird bedingt sichtbar, wenn man seine Verhaltensweisen an Meßwerten vergleicht, die durch das preußische Hofreglement vorgezeichnet sind und die für jeden Prinzen gleichermaßen galten: Sie hatten im dynastischen, sprich politisch-vaterländischen Interesse zu heiraten. Ihre »berufliche« Bestimmung war es, von Kind an zu soldatischem Führertum erzogen zu werden. Sie hatten eine nach dem Reglement des Hofes festgelegte Haltung einzunehmen und in schwierigen Situationen ihre Fassung zu bewahren (Contenance). Sie mußten an allen Höfen Europas mit Sicherheit, Eleganz, auf das Angenehmste im Umgang auftreten, Toleranz beweisen und dennoch ihr Anliegen unbeirrbar verfolgen...

In Albrecht sehen wir, wie unter diesen Umständen ein im Innersten zur Schlichtheit neigender Charakter, der sich nichts sehnlicher wünscht, als ein »normaler« Mensch sein zu dürfen (ein »Bürger«), durch nichts herausgehoben, frei beweglich, mit dem Recht ausgestattet, für sich selbst zu entscheiden, zum Rebellen wird. Er fand sich nicht damit ab, daß nur der König – immer einer seiner Brüder – als Staatsoberhaupt etwas weniger eingeschränkt, von diesen Freiheiten Gebrauch machen durfte. Der König war das Gesetz.

In der Erinnerung der Deutschen wurde Albrecht nicht zur Persönlichkeit mit bleibendem historischen Symbolwert wie beispielsweise Kaiser Wilhelm I. oder Bismarck, der Freiherr von Stein, Nettelbeck, Blücher, Gneisenau, Doktor Hufeland oder Schadow. Unter anderen Verhältnissen geboren, wäre ihm wahrscheinlich das in mancher Hinsicht unbeschwertere Leben eines Bürgers beschieden gewesen, der unauffällig seiner Alltagspflicht genügt hätte.Er wollte angesichts der unausweichlichen Pflicht, Militär von höherem Rang zu sein, keine Feldherrenposition einnehmen. Sein Leben lang auf einen möglichen Krieg vorbereitet, drängte es ihn, weniger mit einem strategisch weise planenden Kopf, der ihm nicht beschieden war, als vielmehr mit den Armen seinem geliebten Preußen zu dienen. Er war sehr viel stärker sportlich ambitioniert als wissenschaftlich oder musisch. Seine Leidenschaft gehörte dem Reiten, seine Liebe den Pferden.

In der Wahl seiner Frauen handelte er nach Gefühl und nicht nach den Pflichtwünschen des Königshauses, wobei seine erste Ehe mit beiden (zufällig) übereinstimmte. Aber die Verschiedenheit der Charaktere vertrug sich nicht auf Dauer.

Die zweite Ehe wurde für seine freiheitlichen Neigungen charakteristisch: eine morganatische Ehe (nicht standesgemäß), eine Ehe »zur linken Hand«.

Zwischen 1815 und 1864 führte Preußen keinen Krieg, wenn wir von den Auseinandersetzungen in Schleswig-Holstein von 1848 bis 1850 absehen, die nicht zur nationalen Eingliederung dieser Nordprovinzen in den deutschen Reichsverband führten. Prinz Albrecht fand keine Möglichkeiten, sich als Krieger zu erproben und zu bewähren.

Erst mit 51 Jahren nahm er an einem Gefecht im Kaukasus auf russischer Seite teil, eine kurze Episode, die ihn bei weitem nicht zufriedenstellte.

Zu seinem Kummer durfte er im deutsch-dänischen Krieg 1864 nur als Beobachter teilnehmen, weil man ihm durchaus berechtigt noch nicht die Fähigkeit zur Führung einer größeren militärischen Einheit zuerkannte, was ihm als Abkömmling des Hochadels zugestanden hätte. Er selbst bat in selbstkritischer Bescheidung darum, ein Kavallerie-Regiment führen zu dürfen, was unter dem Standesprivileg gelegen hätte.

Im deutsch/preußisch-österreichischen Krieg kam er erst in der Endphase der Entscheidungsschlacht bei Königsgrätz mit seinem Kavallerie-Korps an. Man dämpfte obendrein seinen ungestümen Tatendrang, der mehr Verlust als Gewinn zu bringen drohte.

Der deutsch-französische Krieg »endlich« brachte ihm die Erfüllung. Als Einundsechzigjähriger wurde er zum Kommandeur einer verstärkten Kavallerie-Division befohlen, die monatelang vom Sommer 1870 bis in einen strengen Winter hinein mit ihrem Prinzen an der Spitze zu kämpfen hatte. Der Sieg Preußens in allen drei Kriegen dieses Jahrzehnts zwischen 1860 und 1870 war Albrechts Untergang, obwohl er von keiner Kugel verletzt worden war. Er hatte sich physisch erschöpft und überanstrengt.

Dieses Kriegsjahrzehnt war das letzte Jahrzehnt deutscher Siege in Europa. Dank der so geschickten wie komplizierten diplomatischen Absicherung Bismarcks, seiner Bündnispolitik mit dem Riesen Rußland und der Garantie, daß nie eine starke, dritte Macht sehr ungelegen in die von Preußen provozierten Kriege eingriff.

Was uns den Menschen Albrecht heute so sympathisch macht, ist seine Achtung vor den sogenannten »einfachen« Menschen, seine Gerechtigkeit gegenüber einer Leistung anderer, unabhängig von Rang oder gesellschaftlichem Status, seine Großherzigkeit gegenüber in Not geratenen Soldaten seines Regiments oder Bediensteter, kurz: seine »Bürgerfreundlichkeit« und herzliche Zuwendung zu den Menschen seiner Umgebung. Seine Vorbildwirkung wird erkennbar, bleibt aktuell und gehört zu der Haltung, die in Friedenszeiten Zivilcourage genannt wird. Seine Schattenseiten werden nicht minder erkennbar. Wenn er sie selbst bemerkte, versuchte er zu heilen, was er verletzt hatte, auch bei einem schlichten Diener, der zu Unrecht seinen Jähzorn ertragen mußte. Manches blieb beschädigt, manches ist aus gegenwärtiger Sicht unverzeihlich. »Hinterher ist man immer klüger«, sagt der Volksmund. Für die Dresdner kommt uns mit einem Lebensbild der Bauherr der zwei Albrechtsschlösser näher. Er unterhielt freundschaftliche Beziehungen zum sächsischen Hof und war einer der Hohenzollern, die Sachsen nichts genommen, dafür aber das bedeutendste stadteigene Architekturdenkmal hinterlassen hat – das spätklassizistische Schloß Albrechtsberg in unverändert reinerhaltener Gestalt.

Er reitet dem Schicksal entgegen keck,
Trifft's heute nicht, trifft' es doch morgen;
Und trifft es morgen, so lasset uns heut'
Noch schlürfen die Neige der köstlichen Zeit!
(Schiller, REITERLIED)

Kapitel I

VATER UND MUTTER

Der 26. August 1813 war ein trüber Tag. Nur hin und wieder huschte ein Sonnenstrahl durch ein Loch in der grauen Decke, mit der der Himmel die helle Sommerfreundlichkeit gefangen hielt. Das Wetter hatte allen Grund, dem Elbland im südöstlichen Sachsen den lichten Frohsinn vorzuenthalten, den ein spätsommerlicher Morgen in menschlichen Gemütern verbreiten kann.

Der finstre Korse war unterwegs, noch siegessicher. Die Nacht hatte er in den Basaltmauern der Coselfeste Stolpen verbracht, gut geschlafen und sicher. Als er den Reisewagen bestieg, spürten die Begleiter Entspannung im Erwartungsdruck – des Kaisers gehobene Stimmung. Eine Schlacht war zu entwickeln, die er zu gewinnen dachte.

In solcher Laune blieb ihm der Blick, Schönheiten am Weg zu erkennen, die der Natur und das, was ihr vom Menschen hinzugefügt wurde. Als die Karosse via Bautzner Straße das Findlatersche Landhaus passiert hatte und sich das reizvolle Panorama dort eröffnete, wo heute am Ende der Loschwitzhöhen ein Aussichtspavillon dazu auffordert, hier zu verweilen, ließ Napoleon halten. Er entstieg der Kutsche und genoß den Anblick auf das Elbflorenz, das ihm zu Füßen lag.[1]

Der Todfeind Preußens ahnte nicht, daß er soeben an der Stätte vorübergefahren war, wo der jüngste Prinz von Preußen und Königin Louises neuntes Kind Jahre später seinen Familiensitz aufschlagen würde – Schloß Albrechtsberg bei Dresden.

Als der Bau des Albrechtsschlosses begann, dachte niemand mehr an Napoleon. Und doch war er der Felsblock auf dem Schicksalsweg der Hohenzollernfamilie, der erhoffte und erwünschte Lebensläufe in unerwartete Richtungen zwang. Alle Ereignisse haben bekanntlich zwei Seiten. Auch der Franzosenkaiser, der überall da, wo er erschien, Krieg bedeutete, wurde zum personifizierten Ereignis mit eben diesen zwei Seiten. Sie offenbaren sich nur meist nicht gleichzeitig. Die lichte kann sich so verspäten, daß die Betroffenen die dunkle Ursache vergessen. Und so war es: Die Kriege gegen Napoleon stürzten Monarchien in Europa und die von ihnen beherrschten Völker in tiefstes Unglück. Die daraus folgenden unerbittlichen Zwänge mobilisierten neue Kräfte, aus anderen als den traditionellen Quellen gespeist, so daß sich die betroffenen Völker in deutlich veränderte Verhältnisse erhoben. Die große Epochentragödie Krieg kann Kräfte freisetzen, die zur Umkehr von Standpunkten auf kürzestem Weg führen, was besonders für Preußen gelten darf, das sich in einem Netz von Fehlleistungen verstrickte, aber letztlich zu geschichtlich bedeutenden Gipfeln gelangte: dank starker Persönlichkeiten und Charaktere.

Wollen wir das Leben des heute vergessenen Prinzen Albrecht von Preußen beschreiben, wird es unumgänglich, die wichtigsten Nachrichten über seine Mutter, ihre Eigenschaften und Wesenskräfte aufzuzeichnen, aber auch die des Vaters.

Die herzogliche Prinzessin von Mecklenburg-Strelitz, Louise, wurde mit dem Kronprinzen Friedrich Wilhelm von Preußen am 24. Dezember 1793 verehelicht. Sie war siebzehn Jahre alt, fröhlich, temperamentvoll, unkonventionell in ihren Umgangsformen zum Entsetzen der Oberhofmeisterin Gräfin von Voß und fand zu jedermann einen von Standesdünkel freien Ton. Sie schien unbeschwert glücklich zu sein, kaum beeindruckt von der herausgehobenen, mit Staatsraison überfrachteten Position einer Kronprinzessin. Seit 1797 war sie Königin von Preußen, Mutter eines nirgends erwähnten, bei der Geburt verstorbenen Kindes, (das wir den offiziellen Publikationen folgend auch nicht zählen wollen), und der Prinzen Friedrich Wilhelm und Wilhelm. Porträts des

14

Gräfin Voß, Oberhofmeisterin,
die gestrenge Dame d' Etiquette

Königin Louise

Königspaares geben ein Stück ihres Wesens preis: Rasch gereift, aufgeschlossen gegenüber dem, was von Frankreich herüberwehte – Aufklärung, Klassizismus, Empirestil, eine freie, Erotik betonende Damenmode – so steht sie neben dem steifen preußischen König.

Bald trübte sich das unbeschwerte, von fröhlichen Festen durchwobene Hofleben. Napoleon trat auf den Plan. Durch dreiste Forderungen an den Preußenkönig zerrieb er die Harmonie des scheinbar glücklichen Paares. Louise wollte die faulen Kompromisse ihres Gatten weder verstehen noch billigen, an Frankreich mehr Gebiete abzugeben, als durch den Gewinn Hannovers hereinzuholen war. Außerdem wurden damit die Interessen Englands brüskiert, der Pferdefuß in des Korsen listigen Plan. In Preußen empfand man 1805 diesen makabren Gebietsaustausch als demütigend. Das führte zur Spaltung der maßgeblichen Hofmänner in Berlin in eine Königs- und eine Kriegspartei. Louise sympathisierte mit der Kriegspartei, die ihrem Wesen entsprach – spontan, energisch, entschlußkräftig wollte sie sein wie Prinz Louis Ferdinand, ein Neffe des großen Friedrich. Anlaß zu tiefgreifenden Disharmonien, die mit Heftigkeit ausgetragen wurden.

Schließlich war der Krieg unvermeidlich geworden. Napoleon griff an und schlug das preußische Heer 1806 in der Doppelschlacht bei Jena und Auerstedt. Ein abgehetzter Reiter brachte die Nachricht nach Berlin: »Die Schlacht ist verloren, ... der König lebt.«[2] Jetzt überstürzten sich die Ereignisse. War Friedrich Wilhelm III. in der Entscheidung weitreichender Probleme schwankend, wenig entschlußfreudig, zu Fehlurteilen neigend, verfügte er desto mehr über Tatkraft und Furchtlosigkeit, wenn es um's Dreinhauen ging, wenn das Weiße im Auge des Gegners zu erkennen war. Mit Blücher an der Seite, der nicht von ihm wich, und zwei Schwadronen leichter Reiterei hatte er sich vom Schlachtfeld unerkannt entfernen können. Niemand wußte, wo der König war. Der hatte kaum Gelegenheit, den Säbel aus der Hand zu legen. Er schlug

König Friedrich Wilhelm III.

sich, nachts Wälder durchquerend, tags auf abgelegenen Feldwegen reitend, ostwärts. Von wenigen Leuten gedeckt wollte er sicheres Hinterland erreichen.[3]

Sehr bald, allzubald, galt Berlin als gefährdet. Die Königin mußte sich zur Flucht entschließen – nordostwärts. Nur das Allernotwendigste konnte auf Fluchtwagen gepackt werden und das Wichtigste – die Kinder, inzwischen sechs. Das siebente war im schwarzen Jahr 1806 in die Ewigkeit entflohen. Ohne Nachricht vom unglücklichen König reiste sie ins Ungewisse, dem launenhaften Kriegsschicksal ausgeliefert. Doktor Hufeland begleitete den traurigen Wagenzug als der Leibarzt der königlichen Familie, ein so notwendiger wie angenehmer Helfer. Ihre Oberhofmeisterin Gräfin von Voß galt als unentbehrlich. In dieser Lage nahm Louise ihre Hilfe an. Es erwies sich später als eine so tragische wie komische Realität, eine Lenkerin der Familienangelegenheiten im Troß zu haben, die treu, aufopferungsvoll und mehr und mehr mit einem Platz auch im Herzen der dankbaren Königin vom Krieg verursachte Situationen meisterte. Immerhin war die alte Hüterin des Hofregimentes 1806 schon 77 Jahre alt. Erst in der Festung Küstrin fand Louise ihren Friedrich Wilhelm wieder. Sie hatte sich völlig erschöpft. Aus einem materiell sorglosen Leben wurde die gerade erst dreißigjährige Königin auf die Straße getrieben. Sie fuhr ohne ausreichenden Personenschutz. Auf der überstürzten Flucht lernte sie und die wenigen Begleiter des preußischen Hofes Hunger, Kälte, Raumnot, Unsauberkeit und den Mangel an vielem vom Notwendigsten kennen. Die kleinsten Kinder wurden bei »braven Bürgersleuten« untergebracht, nicht in Schlössern. Sie blieben nicht von Typhus verschont, so daß der Leibarzt Hufeland alle Hände voll zu tun hatte. Louise wurde unterwegs von einem bösen Nervenfieber befallen, Folge der seelischen Aufreibung, der unausgesetzten Beunruhigung trotz der erfreulichen, alltäglichen Begegnungen mit den sogenannten einfachen Menschen. Die Königin und ihr »Hofstaat« lernten echte

19

Hilfsbereitschaft kennen, aber auch das Ausmaß der Armut der leibeigenen Bauern in Pommern. Es kam vor, daß fünf der mitreisenden hohen Herren nur zwei Betten in einem dürftigen Kämmerchen erhalten konnten. Mehr war nicht vorhanden.

Louises unverfälschte Natürlichkeit im Umgang erleichterte ihr den Kontakt zu den »Einfachen«, die so sehr empfänglich sind für Herzlichkeit und wirkliche Anteilnahme. Eine Ursache für die Popularität der Königin, aber auch für ihre Sicherheit, die eine ungeliebte Herrscherin in dieser bedrohlichen Lage sicher kaum gefunden hätte, denn Napoleons Ohren waren seiner Armee auf preußischem Boden weit voraus. Wahrscheinlich war die Geborgenheit unter den bescheidensten Dächern am größten. Dort suchte man sicherlich keine Königin und keine Königskinder. Diese harte Zeit inmitten des Volkes trug entscheidend zur Legendenbildung bei, vor allem aber zum Vertrauen und zur Liebe in eine Königin, die in den schwärzesten Jahren Preußens ungebrochenen Lebensmut und Zukunftsgewißheit ausstrahlte. In Küstrin fand Louise ihren Gatten in der Verfassung eines geschlagenen Königs. Sie hatte ihn nur acht Tage nicht gesehen, aber diese so kurze Zeit hatte weit mehr in Bewegung gebracht, zerstört, getötet, Unheilbares bewirkt, als Jahre vorher. König und Königin erlebten eine verstörte, in Panik geratene Bevölkerung, die in der Festung Schutz suchte. Am kleinmütigsten waren die Verantwortlichen, die Beamten, die Staatsdiener. Louise bewegte ihren Gatten, »sorglos« auf den starken Wällen des Bollwerks spazieren zu gehen und Zuversicht vorzutäuschen. Sie wollte der Mutlosigkeit begegnen.

Selbst geschwächt, durch Ängste um ein typhuskrankes Kind bis ins Innerste getroffen, fand sie die Energie, ihren durch Napoleons unverschämte Forderungen an einen Friedensvertrag mit Preußen deprimierten Mann zu ermutigen.

Die Kinder waren weiter bis Danzig geschickt worden, bis schließlich die Familie in Königsberg wieder zusammenfand. Das erste Kriegsweihnachten war angebrochen. Friedrich

Louis Ferdinand Prinz von Preußen

Hardenberg
Preußischer Staatsreformer

Wilhelm III. verbot jegliche Festlichkeit. Es gab keinen Weihnachtsbaum, keine Geschenke, nur eine Andacht und Gebete. Heimlich verteilte die alte Gräfin von Voß kleine Weihnachtsgaben im Kinderzimmer. Der russische Oberbefehlshaber, General Bennigsen, konnte vor Thorn (Torun) die Franzosen nicht aufhalten. Damit scheiterte die letzte Hoffnung der Preußen. Königsberg wurde nun auch unsicher. Louise war nach der Schwächung durch ein Nervenfieber an Typhus erkrankt. Die Fortsetzung der Flucht nach Memel, dem äußersten Punkt Preußens, wurde unaufschiebbar. Sie wollte unbedingt nach Memel gebracht werden, um »... lieber in die Hände Gottes (zu) fallen als dieser Menschen«. Der Reisewagen wurde zum dicken Federbett, dem Hufeland, der berühmte Arzt, zutiefst besorgt unmittelbar folgte.[4]

Das Jahr 1807 war dahergekommen, kälteklirrend, eisigen Schnee vor sich hertreibend. Der harte Winter quälte die Geflohenen und Zusammengeschlagenen. Eine kurze Zeit hatte Louises physische Widerstandsfähigkeit überbeansprucht und im Verein damit ungewöhnlich schwere seelische Belastungen aufgebürdet, die an ihrer Nervenkraft und körperlichen Energie gefährlich zehrten. Ein solcher psychischer Schock wurde dem Königspaar im Januar 1807 zuteil, als sie wie Stadtbürger am Straßenrand stehend die Reste der einst stolzen preußischen Garde an sich vorüberziehen sahen: zerlumpt, zerrissen, frierend, hungernd, die Verwundeten ungenügend versorgt. Sie schleppten sich dahin, ohne das Königspaar zu grüßen, ausgewichen in den letzten Zipfel Preußens.

Das Elend vertiefte sich durch Fehlentscheidungen Friedrich Wilhelms III. Die nicht enden wollende Pechsträhne verlängerte sich unnötig. Der in dieser Lage unersetzliche Staatsminister Stein, der mutig und ehrlich im Bemühen um eine Verbesserung der Situation kritisierte, wurde in Ungnaden vom König entlassen. Er war damals innerhalb des Kabinetts der bedeutendste geistige Führer mit Weitblick und diplomatischem Geschick. Seine Amtsaustreibung glich einer verlorenen Schlacht, die Napoleon ohne Verluste in den Schoß fiel.

Im Schnee bei Preußisch-Eylau leuchtete ein Hoffnungs-schimmer auf: Der russische General Bennigsen hatte mit dem preußischen General L'Estocq – Stabschef Scharnhorst – einen ersten gemeinsamen Sieg errungen. Scharnhorst kannte den angeschlagenen Zustand der Franzosen und drängte auf Fortsetzung der Kämpfe. Aber Bennigsen befahl den Rückzug auf Königsberg. Der Himmel blieb grau, und es fiel kein Lichtstreif auf die Zukunft Preußens.

In Memel glaubte man, es könne schlimmer nicht mehr kommen. Doch, es konnte. Im Juni 1807 legten die Russen, Preußens einzige Verbündete, die Waffen nieder. Alexanders I. Diplomaten erreichten bei Napoleon einen Waffenstillstand. Königin und König sahen sich betrogen, zumal sie von den Verhandlungen als der vertragliche Bundesgenosse ausge-schlossen blieben.

Der Korse hatte Sinn für politisches Theater und ließ in der Mitte der Memel (auch Njemen oder Niemen) ein Floß veran-kern, auf dem Zar und Kaiser für jedermann gut sichtbar den Friedenskuß tauschten. Im Zelt auf dem Wasser wurde der Waffenstillstandsvertrag unterzeichnet.

Das entzog Friedrich Wilhelm III. jede vernünftige Basis, gegen Frankreich weiter Krieg führen zu wollen. Der Tilsiter Schmachfriede rückte in greifbare Nähe. Louise mußte Über-menschliches leisten, weil ihr königlicher Gatte zu schwach war, sich Napoleon im direkten Disput zu stellen. Er bat sie, ihre Weiblichkeit ins Spiel zu setzen und begleitete sie zum bit-tersten Gang, den sie je antreten mußte. Der König wartete vor der Türe. Sie erreichte nichts. Der Kaiser ließ sich auf keine Milderung der Friedensbedingungen ein. Es war das Höchst-maß an Selbstverleugnung, das Louise ohne ein Ergebnis damit erzielen zu können, aufbringen mußte. Mit diesem erfolglosen Selbstopfer verlor sie erneut ein Stück ihrer Gesundheit, ein Partikel Kraft für die Geburt der letzten zwei

Kinder. Preußen wurde militärisch gelähmt, ökonomisch auf Dauer geschwächt und politisch für Europa zum unbedeutenden Kleinstaat erniedrigt. Es verlor alle westelbischen Gebiete und einige Festungen.

In der klaren Einsicht in das Unglück und die Fehler auf der eigenen Seite schrieb Louise ihrem Vater, dem Herzog von Mecklenburg-Strelitz: »Mein Zutrauen soll nicht wanken, aber hoffen kann ich nicht mehr ... Auf dem Wege des Rechts leben, sterben, Brot und Salz essen, nie, nie werd' ich unglücklich sein. Nur hoffen kann ich nicht mehr. Kommt Unglück, so setzt es mich Augenblicke in Verwunderung, aber beugen kann es mich nie, sobald es nicht verdient ist. Nur Unrecht, nur Unzuverlässigkeit des Guten unsererseits bringt mich zu Grabe, darüber komm' ich nicht hin...«[5]

Napoleon fürchtete Hardenberg, den Nachfolger Steins. Deshalb setzte er gegenüber Friedrich Wilhelm III. durch, daß er verbannt wurde, ein wohlberechneter Schlag. Es wurde kein Frieden, obwohl die Waffen ruhten. Durch die Ereignisse und die grausame Unerbittlichkeit Napoleons in eine Zange getrieben, die ohne Erbarmen und ohne Unterlaß zubiß, gelangte das Königspaar zu heilsamen Einsichten. Stein wurde wieder berufen, und er folgte, ohne erlittenes Unrecht nachzutragen. Endlich verstand man sein Reformwerk und die Berechtigung seiner schonungslosen Kritik. Jetzt wurde die ehemals gefürchtete Mobilisierung der Volkskräfte als die einzige Chance der Wiedergeburt Preußens gebilligt. Nur von innen heraus, von unten und oben, war eine Überwindung der tückischen, listenreichen, alles aufzehrenden Fremdherrschaft möglich. Erstaunliches, Revolutionierend-Patriotisches, das an die besten Errungenschaften der französischen Revolution erinnert, wurde in Gang gesetzt: Aufhebung der Leibeigenschaft der Bauern, Gleichberechtigung der Bürger vor dem Gesetz, Bürgerrechte und Wahrung der Menschenwürde des Soldaten (keine Prügelstrafen mehr), sehr viel Sorgfalt einer Volksbildung – Freiheit dem preußischen Staatsbürger, der nur noch einen Herrn kennt, der Recht über ihn sprechen darf: das Gesetz, und das ist der König.

Im Herbst 1813 griff der Geist der preußischen Reformen auch auf Sachsen über. Sie waren Vorbild und Vorbedingung für die persönliche Entscheidung sächsischer Offiziere und Soldaten, auf die russisch-preußische Seite überzugehen, aber auch für eine später konzipierte sächsische Landesverfassung.

Königin Louise las mit hoher innerer Anteilnahme Pestalozzis Schriften. Eine humanistische Erziehung und Bildung für alle Schichten des Volkes schwebte ihr vor, als ein Schritt in eine bessere Zukunft Preußens.

Neben den schrecklichen, seelische Kräfte aufzehrenden Schlägen und weit gespannten Überlegungen in eine Zukunft, ohne augenblicklich sichtbare Möglichkeiten für deren Verwirklichung, gab es auch kleine familiäre, labende Erlebnisse. Die Schwester Friedrich Wilhelms III., die Fürstin Radziwill, beschrieb ein Gespräch zwischen ihr und Louise. Die beiden Frauen gingen zum Kneiphof in Königsberg, 1808, einem »Friedensjahr«, wo in einem ausgemauerten Gewölbe die Särge des Markgrafen Albrecht, die seiner zwei Gattinnen und die des Fürsten Radziwill mit Gattin gefunden wurden. Da die Fürstin Radziwill ein Kind erwartete, suchten die Damen nach Taufnamen und kamen zu dem Schluß: »...wenn ich einen Sohn bekäme, solle er '»Boguslaw«' getauft werden, und der nächste Sohn der Königin solle Albrecht heißen.«[6] Dieser Markgraf Albrecht war der letzte Hochmeister der in Preußen regierenden Ordensritter (gemeint ist »Ostpreußen«), der im 16. Jahrhundert zum Protestantismus übertrat, die Herzogswürde erlangte und das Gebiet beträchtlich erweiterte, also würdig, im Namen eines Prinzen verewigt zu werden.

Louise entband 1808 in Königsberg von einem Mädchen – Luise, ihrem achten Kind und 1809 von einem Knaben, – Albrecht, der vom Prinzen Heinrich (Bruder Friedrich Wilhelms III.) am 8. November 1809 auf den Namen Friedrich Heinrich Albrecht getauft wurde. Es war das neunte und letzte

Kind der Königin, ein Prinzchen, das zu seinen königlichen Brüdern einen Altersunterschied von 14, 12 und 8 Jahren hatte. Der kleine Nachzügler war damit von vornherein benachteiligt, wie weiter zu sehen sein wird. Schon nach der Geburt der letzten Tochter klagte die Königin ihrem Bruder Georg ihr Leid:«Meine Gesundheit ist ganz gut nach meinen Wochen, aber eine Badekur wäre sehr nötig zur Wiederherstellung meiner leicht erregbaren Nerven und zur allgemeinen Kräftigung...«[7]

Am 1. Februar 1808 gebar sie Luise und schon am 4. Oktober 1809 Albrecht. Sie fühlte etwas Bedrohliches, konnte aber die eigentliche Ursache nicht erkennen: «Die seelischen Leiden übertragen sich auf den Körper, und so verringern sich die Kräfte allmählich ... Unser Klima, lieber Georg, ist trostlos ...«[8]

Wie wir wissen, mußte die Entbindung von Albrecht schon von einem durch Tuberkulose geschwächten Körper bewältigt werden. Louise ahnte noch lange nicht, daß ein heimtückischer Todeskeim in ihr wucherte. Beide, König und Königin, waren glücklich und dankbar über ihren letzten Sohn. Mit dem Namen Albrecht sollte eine ständig mahnende Erinnerung an das Königsberger Exil verbunden bleiben, die unglücklichste Zeit für Land und Königshaus.

Die Taufe wurde von den Königskindern als ein glückliches Ereignis begangen, Anlaß für Sorge und Aufregung der alten Gräfin Voß. Charlottchen, die älteste Tochter (drittes Kind) Louises und spätere Zarin, überrumpelte die gestrenge Oberhofmeisterin mit einem beharrlichen Traktat, ihr doch den Täufling in die Arme zu legen, um ihn zu den Taufpaten zu tragen. Das stürzte die arme Frau in schwere Konflikte. Der komplizierteste, kaum lösbare Sachverhalt war die Tatsache, daß Charlottekind noch nicht alt genug war, die vorgeschriebene Schleppe zu tragen! Aus ihren Memoiren ist zu finden: »Natürlich sagte ich ja, obgleich es im Grunde nicht richtig ist. Mit elf Jahren, ohne Schleppe, das ist noch zu früh, aber man

27

muß bedenken, daß wir noch in Königsberg sind und es nicht so genau mit der Etikette nehmen ...«[9]

Schadlos überstand der kleine Hohenzollern-Prinz den Mangel an Lebensalter und Schleppe. Wie es sich sehr viel später zeigte, hatte sich aber dieser inflationäre Angriff auf das Hofzeremoniell auf sein Herz und seinen Geist infizierend ausgewirkt – er sollte noch oft die Etikette verletzen.

Die Geburt des letzten Prinzen war glücklich verlaufen. Louise fühlte in sich einen starken Drang, endlich wieder in das heimatliche Berlin zurückzukehren, ein innerster Trieb, der ihre physische Schwächung vergessen machte. Nach elftägiger, beschwerlicher Pferdewagenreise gelangte der kleine Hofstaat am 23. Dezember 1809 im Berliner Schloß an, stürmisch begrüßt von den Bürgern der Stadt. Die hoch überanstrengte Königin geriet aber jetzt in einen Strudel von tausend. Pflichten, was sich zu einer nicht mehr zumutbaren Belastung auswuchs. An ein Ausruhen nach der anstrengenden Reise war nicht zu denken. Mit »großer Verspätung« konnte sie erst am 3. Januar 1810 die Neujahrsglückwünsche an ihren Vater schreiben und um Verzeihung bitten. Sie berief sich darauf, daß er ja gesehen hatte, mit welchem Tumult sie konfrontiert war, »in dem ich seit meiner Ankunft bin; dieses lebhafte Treiben dauert noch an, und nur mit Mühe habe ich mich den Empfängen und Personen entziehen können, die sich immer wieder alle Tage daran erfreuen, mich in der Menge wiederzusehen ... aber ich bin ein gepeinigtes Thier ...«[10]

Louises Pein ging auf verschiedenste Probleme und Nöte zurück, die ihre Kräfte physisch wie psychisch aushöhlten. Dazu gehörte die große Sorge um Preußen, genauer die angespannte Lage in »Restpreußen«. Sie ahnte nicht, daß so mache, ihr ungewohnte Schwäche ihre tuberkulöse Lunge verursachte. Getreu ihrer natürlichen, bis zu einem gewissen Grad naiven Art, eine Sachlage zu beurteilen, schöpfte sie auch aus dem winzigsten Lichtstrahl Hoffnung. Das hieß Zuwachs an seelischer Energie in einem Körper, der mehr und mehr von einem starken Willen beherrscht wurde, weniger von der dazu notwendigen physischen Kraft.

Berlin empfand sie als Labsal gegenüber dem düsteren Königsberg, in dem sie wirkliches Elend zutiefst bedrückte.

Das Befinden des Königs empfand sie als recht zufriedenstellend und von einem kaum faßbaren Optimismus beherrscht, obwohl Preußen ökonomisch völlig ruiniert war. Die unverschämten Kontributionszahlungen an Napoleon waren nicht mehr aufzubringen. Louise wurde wieder veranlaßt, ähnlich dem Tilsiter Bettelgang ein Höchstmaß an Selbstübewindung aufzubringen. Sie rang sich einen Brief ab: »Mein Herr Bruder« titulierte sie Napoleon, um ihm einen anderen Modus der Kriegsschuldenzahlungen vorzuschlagen und endete nicht ohne Wahrung ihres Stolzes »Wir wollen nichts geschenkt haben, sondern nur eine andere Zahlungsweise ... Ich bin mit der größten Hochachtung, mein Herr Bruder, Ew. Kaiserlichen Majestät gute Schwester Louise«[11]

Trotz der Berliner Atmosphäre, die sie in ihrer Einstellung ungebrochen als beglückend empfinden wollte, fand sie aus den schwersten Bekümmernissen nicht heraus. Sie multiplizierte zwar ihr seelisches Durchhaltevermögen, konnte aber nicht verhindern, daß sich ihre physischen Kräfte kaum noch den Anforderungen gemäß erneuerten. Im April 1810 übermittelte sie ihrem Vater einen Notschrei: »Kaum kann ich schreiben, bester Vater! Ich schwebe in Furcht und Angst. Luise ist sehr krank ... Das Kind hat schreckliches Fieber. Ach Gott, ach Gott, verlaß mich nicht! Ihre Louise«[12]

Wieder war Hufeland der rettende Engel und befreite die erschrockene Mutter von dieser Seelenqual.

Noch am 25. Juni 1810, etwa drei Wochen vor ihrem Tod, war sie als Königin von Preußen in Fürstenberg und erlebte mit Freude den herzlichen Empfang der Bürger, der sie in Tränen ausbrechen ließ. Sie wußte, daß ihr Gatte weit weniger populär war und empfahl ihm eben deshalb, so bald als möglich nachzukommen, was seiner Reputation guttäte.

Das letzte, was ihr Vater als von ihrer Hand geschrieben nach ihrem Tod fand, war ein kurzrs Gedicht. Ihrer Liebe und Verehrung für ihren Vater hatte Louise noch einmal innige Wörter gewidmet:

»Mon cher Père je suis bien
heureuse aujourd'hui comme
Votre fille et comme Epouse du
meilleur des Epoux
Neustrelitz le 28 Juin 1810 Louise«[13]

Die Gräfin Voß überlieferte den ausführlichsten Bericht über das schreckliche Ereignis, das damals ganz Preußen zu tiefster Trauer und Erschrecken aufrüttelte, starb doch mit Louise der im Volksglauben damals wichtigste Mensch des Königshauses. Dem Bericht der Gräfin nach zu urteilen hielt man Louises plötzliche, von hohem Fieber begleitete Erkrankung für eine Lungenentzündung. Eilends wurde zunächst die Oberhofmeisterin und von ihr der König an das Krankenlager geholt.[14] Brustkrämpfe und Erstickungsanfälle traten auf. Erst jetzt kamen die Menschen aus Louises engster Umgebung auf den Gedanken, den berühmten Berliner Arzt Professor Heym aus der Charité holen zu lassen. Der kam mit zwei weiteren Ärzten, den Herren Gerke und Schmidt. Sie erkannten augenblicklich die Lebensgefahr. Die Lunge war bedrohlich angegriffen (17. Juli 1810). Noch in diesem Zustand, kaum einer Atmung fähig, war Louise auch dem kleinsten Fünkchen Licht zugänglich. Sie freute sich über einen Brief des Königs, der selbst plötzlich erkrankt war und wollte ihn nach überstandenem Anfall unbedingt selbst lesen. Am 18. Juli 1810 erschrak die Gräfin Voß auf das heftigste – der Tod hatte sich schon im Antlitz Louises eingegraben. Am 19. Juli wurden die erreichbaren nächsten Angehörigen eiligst herbeigeholt, um Abschied nehmen zu können von der geliebten Königin, die ob ihrer Jugendlichkeit nirgends Landesmutter hieß. Im Bild des Historienmalers Röchling[15] erkennen wir zehn Personen, die die letzte Lebensstunde der Mutter von neun genannten Kindern erleben mußten. Gegen 17 Uhr traf der König im Sterbezimmer mit den ältesten Prinzen Friedrich Wilhelm und Wilhelm ein. Noch in diesem Augenblick umarmte und küßte Louise ihren Gatten, und er weinte bitterlich. Die Oberhofmeisterin hatte minutiös jede Regung, jeden Vorgang festgehalten und den erstaunlichsten: Louise sprach »so viel die arme Königin nur konnte« mit ihrem Mann. Die letzten Lebensaugenblicke sind ergreifend und furchtbar realistisch wiedergegeben, peinlichst genau. Alle Anwesenden schluchzten. Der König drückte der unersetzlichen Louise die Augen zu, und alle erfaßten auf ihre Weise die Tragödie des Augenblicks. Professor Heym obduzierte die Königin und fand eine zerstörte rechte Lunge und einen Polypen im Herzen! Nach Ansicht der damaligen Ärzte war dieser Polyp ein sicheres Indiz für »allzugroßen Kummer, langanhaltend und unauslöschlich« (nach Gräfin Voß), der im engsten Wortsinn ein Herz zerfressen kann.

Nun waren die kleinsten zwei Königskinder mutterlos, die Zeiten gefahrdrohend und das Land unsicher, solange der leibhaftige Krieg in der Gestalt Bonapartes nicht bezwungen war. Dem großen Bösewicht war nicht bewußt, daß er das Herz einer Königin zerstört und das Leben ihrer jüngsten Kinder schon zu Beginn in seelische Verarmung trieb. Wer konnte sich bei der überaus großen Schwierigkeit des gesamten Landes um zwei Winzlinge in einer solchen Weise mühen, daß ihnen mütterliche Nestwärme ersetzt wurde?

24. Dezember 1793 – Hochzeit im königlichen Schloß zu Berlin

Einzug Napoleons I. in Berlin (27. Oktober 1806)

Auf der Flucht von Königsberg nach Memel
mit Dr. Hufeland und Gräfin Voß

Durchzug der Reste des Garde-Bataillons (14. Januar 1807)

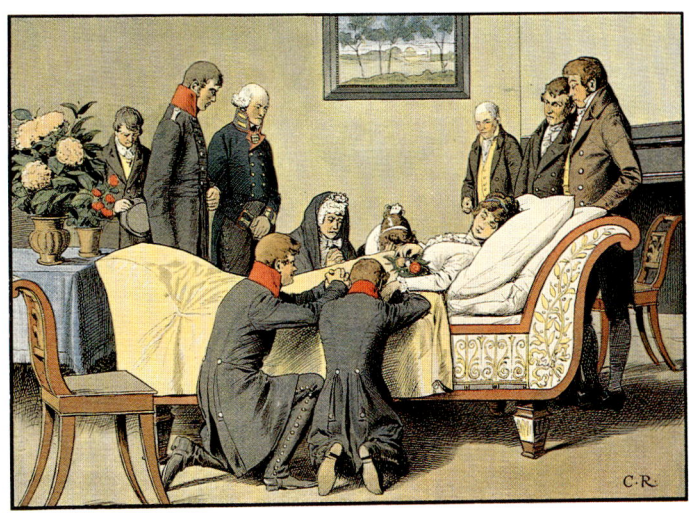

Das Sterbelager der Königin Louise. Links stehend Oberhofmarschall von Wittgenstein, König Friedrich Wilhelm III., Herzog von Mecklenburg-Strelitz (Vater Louises), knieend hinten Gräfin Voß, Prinzessin Charlotte, knieend vorn die Prinzen Friedrich Wilhelm und Wilhelm, stehend rechts die Ärzte, in der Mitte Prof. Heym

Ein Nachmittag auf der Pfaueninsel

KAPITEL 2

ABBAT

Noch kein Jahr alt, wurde der kleine, mutterlose Prinz in die Obhut Bediensteter gegeben. Die 81jährige Gräfin Voß fand keine Prinzessin, der sie ein Baby zumuten konnte. Tante Minnetrost, eigentlich Prinzessin Wilhelm geheißen, Gattin des jüngsten Bruders Friedrich Wilhelm III., nahm die ältesten in ihre Obhut und vielleicht den »kleinen« Carl, der damals etwa neun Jahre alt war. Der König wußte sich nicht anders zu helfen, als der von Amts wegen verpflichteten Oberhofmeisterin die Sorge um seine acht Kinder zu übertragen.

Währenddem trauerte Preußen. Tagelang zogen Tausende an dem im Kronsaal aufgestellten Sarg der Königin vorüber, um sie letztmalig zu grüßen. Der König weilte viel in diesen Tagen im Berliner Schloß und war täglicher Besucher der Gräfin Voß. Das ganze Land schien sich in tiefe Trauer zu versenken, gefühlsstark, betroffen vom Verlust. Es wurden viele gute Geschichten erzählt von der Seelenstärke, dem Mut, der beispielhaften Ungebrochenheit im Glauben an eine bessere Zukunft Preußens und von ihrer Lebenskraft als Mutter von neun Kindern. Daraus entstand das, was der kleine Albrecht später von seiner Mutter erfuhr, die Legende von einer guten Frau und einer tapferen Königin, ohne ihre Liebe erfahren zu haben.

Vielleicht fand der kleine Prinz in seiner jüngsten Schwester zuweilen eine Spielgefährtin. Schon der räumlichen Trennung wegen hatte er in früher Kindheit keine Berührung zu seinen so viel älteren Geschwistern, die bei Tante Minnetrost waren. Auch den Vater lernte er in der Zeit, wo sich in Kleinstkindern das Urvertrauen zu ihren Eltern bildet, nicht wirklich kennen.

Der Befreiungskrieg, zu dem sich Friedrich Wilhelm III. im Sog der Ereignisse und bedeutender Männer Preußens mehr und mehr entschloß, warf seine Schatten voraus. Patrioten wie Stein, Hardenberg, Fichte, Schleiermacher, Arndt, Scharnhorst, Gneisenau, Clausewitz und andere, zuerst aber sei der preußische General York genannt. Er trieb den König monatelang zu einer Entscheidung, die dieser nicht treffen wollte – von Napoleon abzufallen. Der Rußlandfeldzug Bonapartes war furchtbar gescheitert. General York, der ein preußisches Korps zur Verfügung Napoleons führen mußte, entschloß sich der unverantwortlichen Zögerlichkeit Friedrich Wilhelms III. wegen, auf die russische Seite überzugehen. Als Prinzchen Albrecht etwa drei Jahre alt war, trat 1812 die so vieles entscheidende Wende ein, die ihm den Vater noch sehr lange nicht näher bringen sollte: General York bescherte Preußen zu Weihnachten, am 25. Dezember 1812, die Anfänge eines Bündnisses zwischen Rußland, Preußen und Österreich, das die napoleonische Macht in eine dreijährige Agonie versetzen sollte.

Der Wiederaufbau des preußischen Staates nach dem für die meisten Teilnehmer an Vergnügungen reichen und für die Ausstatter kostspieligen Wiener Kongreß beanspruchte den zum Frieden neigenden königlichen Papa vollauf. Aus dem jämmerlichen Restpreußen war der Ansatz zu einer deutschen Großmacht neben Österreich geworden. Dank Metternichs Einspruch verlor Sachsen an Preußen »nur« zwei Drittel seines Territoriums und etwa die Hälfte an Bevölkerung, behielt aber als Trostpflaster die Königskrone, eine Krone von Napoleons Gnaden für »Bündnistreue«.

Um 1814 verstarb, fast 85jährig, die alte Gräfin Voß im Dezember, nachdem sie im Oktober noch einen Geburtstag für den fünfjährigen Albrecht ausgerichtet hatte. Der Graben zwischen ihr und einer kleinen Kinderseele war naturgemäß tief. Ihre Entrüstung über das prinzliche Verhalten vertraute sie ihrem Tagebuch an: »...es war ein Déjeuner (Mittagessen) bei ihm; dann gab ich ein großes Diner für die königlichen Kinder und den ganzen Hof, und es war sehr hübsch und heiter, nur die Kindereien der Prinzen, die sich bei Tische noch immer wie Kinder benehmen und mit Brotkügelchen bewerfen, kann ich nicht gutheißen. Nach Tisch ... gab ich einen kleinen Ball, ... zu dem ich Kinder und auch erwachsene Leute hatte einladen lassen.«[16]

Die Brotkügelchenkanonaden waren für den kleinen Abbat wahrscheinlich das amüsanteste Erlebnis seines Geburtstages. Was interessierten einen fünfjährigen Kavalier Diner und Tänze!

Über die frühe Kindheit Albrechts, der sich in dieser Zeit bis zu seiner Ernennung zum Generaloberst der Kavallerie den Spitznamen »Abbat« erworben hatte, ist wenig überliefert. Vom Architekten Johannes Sievers wissen wir, daß wohl die alte Gräfin Voß tat, was ihr die Liebe zur Königin, zu ihren Kindern und ihr Pflichtgefühl eingaben, »aber die mütterliche Fürsorge konnte die Greisin den Kindern nicht ersetzen und am wenigsten dem kleinsten unter ihnen ... Im Familienkreis wurde Albrecht schon lange '»Abbat'« genannt ... So verlebte dieser menschlich gesehen eine recht armselige, liebelose Jugend, über die uns im Gegensatz zu seinen Geschwistern kaum etwas überliefert ist, das auf die Art seiner Entwicklung sichere Rückschlüsse gibt.«[17]

Sievers übermittelt noch etwas Wesentliches, das hin und wieder in Texten über Albrecht auftaucht: »Aber es unterliegt wohl keinem Zweifel, daß man das Unausgeglichene seiner Persönlichkeit sehr wesentlich auf seine so wenig glückliche Jugendzeit zurückführen muß.«[18] Als Sechsjähriger wurde er dem vorher an seinen Brüdern erprobten Prinzenerzieher (»Zivilgouverneur«) Nienstedt überantwortet, der sich in diesem Amt den Geheimratstitel erwarb.

Mit zehn Jahren wurde Albrecht wie jeder Prinz von Preußen Sekondeleutnant, erhielt den Orden zum Schwarzen Adler, den großen Stern, wie wir ihn auf Porträts Friedrich II.

42

finden und wurde einem Regiment »á la suite« zugeteilt. Mit vierzehn, die Phase der Opposition seit urmenschlichem Gedenken, erhielt er einen »Militärgouverneur« als den hauptverantwortlichen Prinzenerzieher, neben dem noch Offiziere der verschiedenen Waffengattungen an Gemüt und Bildung des jungen Hohenzollern feilten, hinzugaben, sich Dankbarkeit oder Ablehnung erwarben.

Offenbar war das Schlößchen Paretz einer der beliebtesten Aufenthaltsorte der Königskinder. Es war für ihre Tollereien günstig eingerichtet – ohne Prunk, ohne Teppiche, eher ein Gutshof. Wenn Krieg oder Wiener Kongreß eine Pause einlegten, trieb es Friedrich Wilhelm, den friedenssehnsüchtigen, auf diese Idylle, die für ihn voller Erinnerung an Louise war. Wenn die Zeit knapper ausfiel, versammelte er seine Kinder in Charlottenburg oder auf der Pfaueninsel. Das waren die kurzen, gemütvollen Zeiten, in denen aber Abbat seinen Brüdern noch weit entfernt blieb.

Zu dieser Zeit suchte der Staatsmann Johann Friedrich Ancillon, einst Prediger der französischen Gemeinde in Berlin, im Fürsten Wittgenstein, dem Hofmarschall und dem Prinzenerzieher Delbrück Verbündete, die gleich ihm dem König bestätigten, der Herr Nienstedt sei als Prinzenerzieher nun nicht mehr der Richtige, was mit einer Art Psychogramm von Ancillon belegt wird. Wir halten dieses Bild von Albrechts Charakter eines pubertierenden Jungen für die aufschlußreichste Aussage aus seiner Jugend, bleibt doch merkwürdigerweise der Mensch etwa dem Wesen sehr nahe, das bis zu seinem zwölften Lebensjahr ausgebildet wurde:

»Der Prinz hat die herrlichsten Anlagen des Kopfes und des Herzens, allein es wird bei heranwachsendem Alter nicht leicht sein, ihn zu leiten ... Die Hauptmerkmale der Individualität des Prinzen sind große Empfänglichkeit und übermäßige Reizbarkeit. Er hat die Gabe einer schnellen Auffassung, aber auch des schnellen Vergessens des Aufgefaßten. Alles macht Eindruck auf ihn, aber nichts haftet. Daher seine übertriebene physische und moralische Beweglichkeit, welche ihn aufzuzehren droht, wenn sie nicht in Schranken gehalten wird, und die Zorn, Eitelkeit, Ehrsucht sehr leicht in dem jungen Gemüt einheimisch machen könnten.«[19]

Es ist erstaunlich, wie genau der Herr Ancillon die Vorzüge und die bedrohlicheren Neigungen des Prinzen erfaßt hat, gemessen an seinem künftigen Leben, das ihn uns umfassender zeigen wird. Wichtig ist der Hinweis, der schon einer Warnung ähnelt, Albrecht zu viel gleichzeitig lernen zu lassen. Der Infanteriegeneral von Rauch lehrte den Vierzehnjährigen, die Königin aller Waffengattungen zu schätzen, obwohl der junge Mann Pferde liebte und die Kavallerie bevorzugte. Doch die kam später an die Reihe.

Nach vierjähriger Ausbildung in militärischen Bereichen ernannte man den Sekondeleutnant (Unterleutnant) Prinz Albrecht von Preußen zum Premierleutnant im 1. Garderegiment zu Fuß, damit er am 4. Oktober 1827 zu seinem 18. Geburtstag zum Stabskapitän (Hauptmann) befördert werden konnte.

Das stand einem Prinzen zu. Die militärtheoretischen Kenntnisse und praktischen Beweise für eine echte Qualifikation waren noch nicht ausschlaggebend. Das erklärt auch, weshalb er schon mit 19 Jahren zum Major avancierte, dem 1. Garderegiment zu Fuß angehörte und zugleich 1. Kommandeur des I. Battaillons des 1. Garde-Landwehrregiments wurde. Außerdem belastete man ihn noch mit der Führung einer Eskadron (Gardereiter) im Regiment Garde du Corps, eine schwer vorstellbare Multifunktionalität.[20]

Aber das gehörte zur Lehrzeit eines zur Krone gehörenden, durch Geburt zum hochrangigen Militär bestimmten Armeeführers der nahen Zukunft.

Kehren wir zurück in das Reich der an Herzenswärme so ärmlich bestellten Kindheit: Neben der zivilen, früheinsetzenden militärischen Bildung und Erziehung gab es selten unbe-

44

schwerte Tage, die desto angenehmer wurden, je älter der Prinz war.

Nach 1817 mehrten sich die Augenblicke, wo Friedrich Wilhelm III. die kleine Freude familiärer Zusammenkünfte genießen konnte. Das spürten die Kinder, vor allem die kleineren. Es war dem Vater möglich, sie auf manche seiner Kutschfahrten mitzunehmen. Die drei älteren Prinzen waren schon jugendliche Militärs mit bestimmten Aufgaben auf Reisen in Manövergebiete, den kleineren, Alexandrine und Luise, wurde Abbat anvertraut, um ihrem Alter entsprechend an anderen Orten als auf Truppenübungsplätzen Bildung und Zerstreuung zu finden. Letztlich blieb Paretz aber das beliebteste Ausflugsziel. Eine Tagelöhnerin, die Flatow, schien dem König ans Herz gewachsen in ihrer einfältig ehrlichen Treuherzigkeit. Eines Tages sagte er in ihrer Anwesenheit beim Abschiednehmen: »Nun Adieu! Wenn ich wiederkomme, bringe ich alle meine Kinder mit. Ooch die Russin? fragte die Flatow ... Ja, auch die Russin, entgegnete der König«. (Gemeint war Charlotte, Zarin Alexandra Fjodorowna mit ihrem russischen Namen). Wie versprochen, so geschah es: «Nun, Flatow, siehst du, da ist die Russin! Wirklich! – erwiderte die Flatow, und zur Kaiserin gewandt: Ach wie freu' ich mich doch, daß ich sie »mal wiederseh«, sind denn ihre Kinder ooch hier? Jawohl, sagte die Kaiserin, und auf die Großfürstin Marie hinzeigend: Das ist meine älteste Tochter. Ih mein Gott! – rief die Flatow voller Verwunderung: Was is det für großes schmuckes Mädchen geworden, da müssen sie sich wohl recht zu freuen! ...«[21]

Die Erlebnisse der Königsfamilie – Vater mit Kindern – zeigen die allmähliche Erholung des Landes vom Krieg mit Erwähnungen Albrechts weit am Rande. Zum Beispiel durfte der Zwölfjährige 1821 mit seinen Schwestern Alexandrine und Luise nach Schwedt fahren, wo ein frisch hergerichtetes Schloß mit Dienerschaft auf sie wartete, bereit, sie zu bewirten und für einen erholsamen Schlaf zu sorgen. Zu seinem

Prinzessin Charlotte von Preußen
als Zarin Alexandra Fjodorowna

Leidwesen durfte der jüngste Prinz nicht mit zum Manöver nach Königsberg und in die Neumark, sondern wurde in die Kutsche »zu den Weibern« gesetzt, um sich die Merkwürdigkeiten von Stettin anzuschauen – Segelschiffe, einen Hafen, frische Fische, See-Igel, See-Sterne und andere wundersame Sachen. Irgendein Hofmann hielt es für nützlich, den Prinzessinnen und dem kleinen Prinzen die Orte Zülchow und Frauendorf auf ihrer Tour zu zeigen, bis sich in Neustadt-Eberswalde mit dem Gesundbrunnen als die neueste Attraktion die Einfälle des Reiseplaners erschöpft hatten. Von da ging es schnurstracks nach Hause.

Der Wagen war durch die nun friedvolle Mark Brandenburg geeilt, man durchmaß eine Zeitenstrecke, die jetzt ohne Spannungen zu sein schien, ohne Wetterleuchten oder Gewittergrollen nahender Konflikte. Friede – Freude, ein bißchen Kindheit für Abbat, unbeschwert. Es störten nur »die Weiber«.

Die Hochzeit seiner ältesten Schwester konnte der achtjährige Kleine 1817 nicht miterleben, nur ein bißchen ihre Verabschiedung, die nun eine Russin war. Charlotte wurde orthodox auf Alexandra Fjodorowna getauft und die Gattin des Zarewitsch Nikolaus, Bruder Alexanders I. Vater und Sohn folgten damit dem Vermächtnis Peters I., der für Rußland einen Gewinn darin sah, ohne Unterbrechung alle Zarenkinder, mindestens die Thronfolger, mit deutschen Fürstenkindern zu verheiraten, was auch tatsächlich weitgehend bis zum letzten Zaren, Niklaos II., erfüllt wurde. Selbst der erste rote Zar Lenin sprach Deutsch als Muttersprache, was so wenig gern gesehen wurde wie die fast zweihundertjährige Verwandtschaft der Romanows mit der deutschen Hocharistokratie. Weder die Liberalen, noch die Roten Rußlands fanden das erstrebenswert.

Als Albrecht sein dreizehntes Lebensjahr erreichte, heiratete Schwester Alexandrine 1822 Paul Friedrich, den Groß-

Kronprinzessin Elisabeth
von Preußen, Prinzessin von Bayern

Kronprinz Friedrich Wilhelm von Preußen

herzog von Mecklenburg-Schwerin. Das Jahrzehnt der Hohenzollerschen Hochzeiten war angebrochen. Friedrich Wilhelm III. liebte diese Festivitäten, die weit fruchtbringender und trotz aller hohen Aufwendungen immer noch preiswerter waren als irgend ein Krieg. Vielleicht lag ihm daran, noch zu Lebzeiten alle seine Kinder unter eine ansehnliche Haube gebracht zu erleben, zumal die ältesten Prinzen überreif waren, dieser Glückseligkeit teilhaftig zu werden. Der Krieg hatte die Fortpflanzung der Dynastie hinausgeschoben.

Für Abbat war das ein schönes Jahrzehnt, milderte es doch durch die zahlreichen hohen Anlässe die Strenge seiner militärischen Ausbildung durch angenehmste Unterbrechungen. Schließlich war die Teilnahme an solchen Festen eine·Pflicht, die über jegliche Art von Unterrichtung ging.

Sein Bruder Friedrich Wilhelm, Kronprinz von Preußen, verband sich 1823 mit der katholischen Prinzessin Elisabeth von Bayern im reifen Alter von 28 Jahren, vielleicht aus Neigung zu ihr, auf jeden Fall im dynastischen Interesse.

Ein Jahr darauf geschah Unerwartetes, das aus mindestens zwei Gründen so gewaltig die Ruhe Preußens aufschreckte wie ein Zeitzünder, der völlig überraschend zur Unzeit eine Explosion auslöste – der Zögerling Friedrich Wilhelm III., glücklicher Vater der vielen Kinder, die heiratsflügge waren, der nie aus dem Schatten herauskam, den die strahlende Verklärung seiner Königin Louise immer noch auf ihn warf, war der Siebente im Bunde, der sich verehelichte. Am 9. November 1824 heiratete Friedrich Wilhelm, der König im Alter von stolzen 54 Jahren die 24jährige Gräfin Auguste von Harrach. Varnhagen von Ense erlebte dieses zumindest Berlin und Umgebung erschütternde Ereignis im Epizentrum:«Wie ein Donnerschlag traf die Nachricht unter die Leute, und die meisten verweigerten ihr allen Glauben«.[22] Graf Harrach schreibt an gleicher Stelle über konsternierte Gesichter, die es überall zu geben schien und läßt die Worte einer Hofdame einfließen, die wohl für die Mehrheit sprach:«... keinen

Fürstin Auguste Liegnitz,
geb. Gräfin Harrach

Ausdruck (findet), der dieses erstaunliche Ereignis grausig genug wiedergeben könnte.«[23]

Noch niemand ahnte, daß der 9. November zum Tag der Donnerschläge in der deutschen Geschichte wurde, zumindest in makabrer Dichte im 20. Jahrhundert. Neu ist uns gewiß, daß Friedrich Wilhelms Wiederverheiratung ein Vorläufer erschütternder Momente größter Tragweite zu diesem Datum war, geradezu harmlos am Künftigen gemessen. Unser Abbat war inzwischen 15 Jahre alt geworden und vernahm mit gespitzten Ohren, was da alles in die höfische Klatschküche geriet und zu Sprengstoff wurde.

Das Andenken an die »hoch in Ehren gehaltene Königin« – von Volk und König –, die »wegen ihres ergreifenden Schicksals fast zur Heiligen« geworden war (Graf Harrach), vertrug nicht die Vorstellung, daß an ihren Platz irgend eine noch nahezu jugendliche Frau gestellt würde, die für die Preußen keinerlei Nimbus aufzuweisen hatte, sondern von irgendwo herkam, womöglich aus irgendeinem Provinznest. (Sie stammte aus Dresden und war katholisch!). Für Abbats Leben wurde die zweite Heirat seines Vaters noch bedeutsam. Sie lieferte ihm Argumente: Der König, das Gesetz im Land, heiratete in zweiter Ehe morganatisch![24]

Es war eine stille Trauung, alle Begleitumstände geradezu konspirativ. Der einzige Trauzeuge war der Kronprinz, der künftige König Friedrich Wilhelm IV., ebenfalls ein für Abbat wesentlicher Punkt, was er damals aber noch nicht wissen konnte.

Das Nesthäkchen Abbat war inzwischen herangewachsen, aber noch stand er nicht gleichberechtigt neben seinen so viel älteren prinzlichen Brüdern. Die Hochzeit Luises, der jüngsten Schwester, die in Holland 1825 stattfand – Prinz Friedrich war der Erwählte – wurde zum Erlebnis von wesentlichem Rang: Albrecht lernte seine Cousine Marianne kennen und war mit all dem Gefühlsüberschwang eines Sechzehnjährigen nachhaltig von ihr beeindruckt. Leider wissen wir nicht, wie der lange,

Prinzessin Luise von Preußen,
Albrechts jüngste Schwester

schlaksige, mit sonorer Stimme ein wenig überlaut sprechende Albrecht auf das fast gleichaltrige Fräulein wirkte, das geschmeidig, spritzig, ein wenig keß dem jungen Hagestolz aus dem hausbackenen Berlin unauslöschlich im Gedächtnis haften blieb.

Schon 1827 griff die Hofschatulle wieder in ihre Taschen, um Prinz Carl mit Prinzessin Marie von Sachsen-Weimar zu verheiraten. Wieder konnte der König sehr zufrieden sein: Das große Rußland im Rücken war verschwägert, ein Stück der nördlichen Gebiete und nun ein wenig Süden.

1829 heiratete schließlich Prinz Wilhelm die Schwester der Gattin seines Bruders Carl: Augusta, Prinzessin von Sachsen-Weimar. Die Hochzeitsfeierlichkeiten waren wahrlich königlich, gekrönt durch den Besuch des Zarenpaares, das das Brautpaar in der öffentlichen Aufmerksamkeit beinahe verdrängte.

Prinz Wilhelm hatte sich Zeit gelassen. Lange hatte er Sorgen gemacht: Er liebte die auffallend hübsche Prinzessin Elisa Radziwill, was zu Spannungen mit den Sachsen-Meiningern und Sachsen-Weimarern führte. Schweren Herzens mußte Wilhelm, nachmalig König von Preußen und Kaiser von Deutschland, auf seine Jugendliebe verzichten und Augusta heiraten. Erst mit 32 Jahren ging er in die Ehe. Elisas Bild stand bis zu seinem Tod auf seinem Schreibtisch. Auch das war für Albrecht eine Erfahrung und vor allem ein psychologischer Umstand, der in seinem Leben noch keine geringe Rolle spielen sollte.

Albrecht erlebte in jenen Tagen einen der Höhepunkte, auf die sein Schicksal ihn lenkte. Schon 1823 hatte er Marianne erlebt, die mit ihrer Mutter, der Königin der Niederlande, für einen Monat in Berlin ihren Gastaufenthalt nahm. Die Teilnahme Albrechts an den Festen zur Verheiratung Alexandrines schlugen ersten Flammen aus dem kleinen Funken und weckten das Bedürfnis des Prinzen, sie wiederzusehen. Der König von Frankreich lud den König von Preußen nach Paris ein,

Prinz Carl von Preußen

Prinzession Marie von Sachsen-Weimar als Braut

Albrecht wurde mitgenommen und ergriff die Gelegenheit, nicht mit dem Vater nach Berlin zurückzukehren, sondern einen Abstecher über Brüssel und Den Haag zu machen. Bruder Wilhelm schrieb darüber 1825: »Er hat dort alle Welt entzückt durch seine kleine verständige Person ...«[25]

Die »kleine, verständige Person« sah sich selbst aus der Höhe von etwa einem Meter fünfundsiebzig, vielleicht auch achtzig, überspielte forsch die altersgerechte Verklemmtheit und wurde 1826 als Siebzehnjähriger konfirmiert.

Die Erinnerung Wilhelms an seinen »kleinen« Bruder Albrecht atmen Sympathie und echte, herzenswarme Anteilnahme, was bis zum Tod Albrechts auf die verschiedenste Weise zu erfühlen ist. Hier seine Erinnerung an die Konfirmationsfeier: »Er hat ganz excellent bestanden; aber Strauss redete bei der Gelegenheit mit einer Wärme und Inbrunst, wie ich es noch nie bei einer Feier hörte. Der Kleine war ungemein gerührt... Aber Strauss schien sich in seiner Rede und Anrede an Albrecht vor dem Abendmahl selbst übertroffen zu haben... Kein Auge war trocken... Gott lohne es ihm, denn er hat gewiß viel Gutes in jener Stunde gestiftet! ...«[26]

In wenigen Worten gibt er uns ein Bild von Abbat, der sich zum Albrecht mausert, aus dem gleichen Jahr 1826: »Albrecht sah ich gestern an der Spitze seiner Kompanie wieder beim Marsch. Er ist enorm gewachsen... Alles lobt ihn über die Maßen, das freut mich rasend. Er spricht einen kompletten Baß.«[27]

Fürst Bülow, Nachfolger Bismarcks, erinnert sich: »Er scheint ganz furchtlos zu sein.«[28]

Briefwechsel, Klatschgeschichten und seriöse Aussagen bestätigen das auf die verschiedenste Weise. Die Befürchtungen des Herrn Ancillon bewahrheiteten sich. Der Prinz wurde für den Lehrer (immer ein militärisch hoher Dienstgrad) schwer lenkbar, wenn er diesen nicht mochte. Der vom Oberhofmeister bestellte Mann war ihm lästig, weil er außerhalb des Schlosses keinen Schritt ohne vorsorgliche

Prinzessin Elisa Radziwill

Führung machen durfte. Dennoch hatte Albrecht schon die Fähigkeit erworben, einigermaßen sicher zu unterscheiden, wann er »über den Strang hauen konnte«, was vor den zu seiner Lenkung bestellten Hofleuten verborgen blieb. Sie schränkten den zu freier Entscheidung drängenden jungen Heißsporn weiter derart ein, daß sich im seelisch so leicht Verletzbaren ein lebenslanges, unterschwellig ständig wirksames Trauma fest zu verankern begann. Deshalb überraschte er, auf fremde Höfe losgelassen, durchaus, wie von Holland aus Den Haag berichtet. Man war daran gewöhnt, daß er aufbrauste, wenn man ihn einzwängte und sich mancher Forderung, vom Reglement festgelegt, nicht beugen wollte. Albrecht empfand diese Knebelung seines jugendlichen Tatendranges als peinigend, unannehmbar und brach aus, so bald es sich machen ließ. Er vermochte vieles, wenn er es wollte, also auch höfische Kontenace wahren, wenn es die Repräsentation erforderte. Andererseits wurde aus ihm ein kühner Reiter, ein Draufgänger, was sich später, in der praktischen Bewährung auf dem Gefechtsfeld als so günstig wie auch äußerst bedenklich erwies.[29]

Schon sehr früh, etwa mit 14 Jahren, fiel seine Vorliebe für Pferde und folglich ein höheres Interesse an der Waffengattung der Kavallerie auf. Ganz seinem Wesen entsprechend ritt er am liebsten in der schnellstmöglichen Gangart. Er liebte den Geländeritt, das Hindernisreiten, die risikoreiche Parforcejagd und erinnert so an die Jugendlichen aus der jüngsten Vergangenheit, die mit abmontierten Schalldämpfern auf ihren »schnellen Hirschen« zum Bürgerschreck wurden. Mangels Krieg oder zumindest härteren kämpferischen Bewährungssituationen, an denen man seine männlichen Kräfte erproben konnte, war das eine Ersatzhandlung, die das beglückende Gefühl von Kraft, die bewältigt werden will und Stärke, über die man selbst verfügt, erzeugt. Weshalb soll ein jungmännlicher Prinz mit stark ausgeprägter kämpferisch-sportlicher Neigung nicht die so natürlichen Antriebe verspüren wie jeder

Prinzessin Augusta von Sachsen-Weimar

Prinz Wilhelm von Preußen

gesunde, kräftige, meist mittelmäßig intelligente junge Mann aus dem Volk auch? Die Brüder Albrechts waren vom Krieg und der harten Nachkriegszeit geprägt, wobei es bei Bruder Carl schon merkliche Unterschiede in seiner Psychologie zu den direkt vom Kriegsgeschehen Berührten, dem Schlachtfeld nahegekommenen Friedrich Wilhelm und Wilhelm gibt, über den Gräfin Rothkirch ein Lebensbild veröffentlichte. Abbat hingegen hatte keine Mutter, deren starke Liebe sein Gemüt mitprägen konnte, keinen Vater, der in den entscheidenden Kindheitsjahren Einfluß auf den Jungen auzuüben vermochte. Wahrscheinlich mußte er sich gegen manche Engstirnigkeit durchsetzen. Ebenso wahrscheinlich mißbrauchte er seinen prinzlichen Rang, um im Opposionsalter auch berechtigte Empfehlungen, die einer pädagogischen Anweisung glichen, nicht zu befolgen. Es ist aber sicherlich berechtigt, ebenfalls anzunehmen, daß seine Achtung und beinahe liebevolle Zuwendung zu den scheinbar »einfachen Menschen« daraus resultierte, daß schlichte Bedienstete des Hofes das Kleinst- und Kleinkind Abbat nicht minder sorgfältig und liebevoll behandelten – aus einem echten Mitleid mit dem verwaisten Baby der geliebten Königin Louise.

Vater Friedrich Wilhelm III. äußerte über Albrecht, nachdem er dessen Leidenschaft für Pferde und Reitsport erkannte: »Er hätte einen vorzüglichen Stallmeister abgegeben.«[30] Friedrich Wilhelm IV. wird unterstellt, eine noch viel weitreichendere beißend-humorige Bemerkung in die Welt gesetzt zu haben: »Wären wir vier als Söhne eines kleinen Beamten geboren worden, so würde ich Architekt sein, Wilhelm Feldwebel, Karl wäre ins Gefängnis gekommen und Albrecht verbummelt.«[31]

Dieses Bonmot aus den dreißiger Jahren trifft recht genau zu, stellt man in Rechnung, daß es sich um eine humorige Hyperbel handelt. Tatsächlich war Friedrich Wilhelm IV. der musisch begabteste und wissenschaftlicher Druchdringung eines Problems oft sehr konsequent zugeneigt. Mit zunehmender Reifung unter den unbarmherzigen Bedingungen, denen ein Staatsoberhaupt ausgesetzt ist, verdrängte er manche kleine Jugendsünde und wurde zum strengen Moralisten, der physische Gewaltanwendung verabscheute. Aber eben diese hohe Moralität und die festgeschriebene Staatsraison in Preußen bescherte dem im Grunde weichherzigen »Butt«, wie ihn seine Brüder nannten, später sowohl hartherzige als auch halbgewalkte Entscheidungsfindungen, was er schwerlich in seine Selbstdarstellung aufnehmen konnte.

Bruder Wilhelm war tatsächlich der durchaus gebildete Tatmensch mit militanter Neigung. Fand unter der Regie seines Vaters das Jahrzehnt der Hochzeiten statt, so in Wilhelms Leben das Jahrzehnt der Kriege, die alle erfolgreich verliefen und zur Reichseinigung führten.

Bruder Carls humorig vorausgesagter Arrestaufenthalt findet bei Fürst Bülow eine gewisse Bestätigung. Er tat das, was der Hofklatsch allen Hohenzollern bescheinigt, rückreichend bis zu König Friedrich I.: Er ging fremd. »Ein Jäger habe ihn in eindeutiger Situation mit dessen Frau ‹erwischt›, was neben anderen Streichen Karls Friedrich Wilhelm (dem Sittenstrengen, Anm. d. Verf.) durchaus bekannt war..«[32]

Betrachten wir nun schließlich ein Pastell von Randel, dann wird vorstellbar,[33] daß es seinen älteren Brüdern denkbar erschien, Albrecht als einen Verbummelten zu sehen. Uns lächelt ein junger Mann an, der weder prinzlich-erhaben noch preußisch-militant, nicht in Strenge verklemmt, dafür aber frei von Standesdünkel, sympathisch, bürgerlich wirkt. Je nach Betrachterstandpunkt scheint er auch sagen zu können: Hoppla, ich lebe, und nicht schlecht! Aus dem leicht verschmitzten Lächeln könnte man auch einen Bruder Leichtfuß ablesen, dem der Lebemann anzusehen ist, ein Greuel für die gesetzere Bruderschaft der künftigen Könige. So scheint es. Doch Wilhelm sah in Albrecht offenbar zu jeder Zeit den kleinen Bruder, der besonders dann, wenn er einen Bock schoß, seine Hilfe brauchte.

Prinz Albrecht von Preußen im roten Parforcerock
Otto Randel, Pastell, 1841

Prinzessin Marianne der Niederlande, etwa 16 Jahre alt

Dieser zur Freundschaft mit »Niederen« neigende junge Prinz, war durchaus in der Lage, nüchtern, praktisch, auf den Zweck gerichtet zu denken. Der sportlich wagehalsige Reiter war romantischen Neigungen wenig zugetan, wie der Architekt Sievers bezeugt. Der schloß aus der Art und Weise, wie Prinz Albrecht als ein jugendlicher Bauherr sein Schloß, das künftige, neiderregende Albrecht-Palais an der Wilhelmstraße auszubauen gedachte, auf dessen Bedürfnisse, oder aber auf die fehlenden Wünsche im Vergleich zu den anderer hocharistokratischer Auftraggebern. Es sollte keine Sammlung historischer Waffen geben, keine Rüstkammer, keinen Rittersaal. Er beschränkte sich auf all das, was zu seiner Hofhaltung unerläßlich war, dafür aber wünschte er einen Park mit Stallungen und Reithalle, eine Hindernisstrecke und Futteraufbereitungsplätze. Kein Geringerer als Schinkel war der Projektant, der sparsame Friedrich Wilhelm III. aber der Finanzier. Das bedeutete Einschränkungen. Erst eine ungewöhnlich reiche Frau sollte es ermöglichen, alle Wünsche des Abbat, der inzwischen zum Albrecht geworden war, zu erfüllen.[34]

KAPITEL 3

DER JUNGE ALBRECHT UND SEINE ERSTE EHE

Wider Willen, der dynastischen Verpflichtung folgend, heiratete Wilhelm 1829 die herzogliche Prinzessin Augusta aus Sachsen-Weimar sehr spät, aus Gründen, die wir bereits beschrieben haben. Schwester Charlotte (Alexandra Fjodorowna) und ihr Gatte, Zar Nikolaus I., kamen ihnen zu Ehren nach Berlin und machten Furore: Das hieß, sie waren der Mittelpunkt des öffentlichen Interesses. Caroline von Rochow hielt fest, was wohl bei den preußischen Adelsdamen an diesen Tagen der generelle Eindruck war und eine unverkennbare Enttäuschung spiegelt: Die Schwestern der Zarin (Alexandrine und Luise) sahen »im Vergleich mit ihr ganz alltäglich aus«.[34]

Im allgemeinen Trubel dieses Ereignisses geriet das zweite in seinen Schatten: Prinz Albrecht verlobte sich mit Prinzessin Marianne der Niederlande. Die scharfsichtigen Hofdamen hingegen ließen sich nicht gänzlich vom Glanz des russischen Kaiserpaares blenden. Sie behielten Abbat, der er bis an sein Lebensende für den Berliner Hof blieb, aufmerksam und wenig wohlwollend im Auge.

Das planmäßige Zeremoniell für die Verquickung so komplizierter Vorgänge wie eine Prinzenhochzeit, der Besuch des Kaisers einer fremden Großmacht und obendrein noch eine prinzliche, vom Berliner Hof erwünschte Verlobung erbrachte so viel Bewegung in das präzise funktionierende Uhrwerk des Hofmarschalls wie auch Freude. Prinz Albrecht erhielt wie im Programm fixiert und wie es sich für einen Zaren gehörte, ein nobles, großes Geschenk anläßlich seiner Verlobung – das russische Kavallerieregiment Nr. 7, ein ukrainisches Regiment leichter Reiterei, sprich Kosaken.

Fürst Klemens von Metternich

Prinz Carl von Preußen, der Bruder Albrechts, wußte schon vor 1828 von der jugendlich stark aufgeflammten Verliebtheit des »kleinen Abbat«. Dabei störte ihn gar nicht, daß die reizvolle unkonventionelle Marianne seine Cousine war. Vielmehr mißfiel der preußischen Königsfamilie, daß ein schwedischer Prinz von Wasa Marianne »zugeordnet« werden sollte, schon bekräftigt durch eine Verlobung. In launigem Ton schrieb er an beider Schwester Luise: »... I say, – I say, my excellent One, die Heirat von Marianne will mir gar nicht munden. Ums gerade heraus zu sagen: wie unpassend für eine königliche Prinzessin von Nederland, einen Prinzen zu freien, der in einer fremden Armee steht!! C' est incroyable; c' est un stark Stückchen; ich hoffe auch noch sehnlichst, dass es sich macht, dass er blos in den Nederland bleibe...«[35]

Carl verdächtigt schnoddrig-fröhlich den allgemein unbeliebten Metternich von Österreich, bei dieser den Preußen offenbar wenig angenehmen Verbindung mitgemischt zu haben: »Der Esel von Mitternacht (Metternich) hat gewiss seine Hände im Spiel; überhaupt wäre es bald Zeit, dass dem Menchen ein Ende gemacht würde, denn der gute Franzl (Kaiser von Österreich) kann jetzt, wie mir gewiss versichert wird, nicht mehr ohne Fürst Mitternachts Erlaubnis auf den Nachtstuhl gehen? ...«[36]

Die Verlobung mit dem Prinzen, der in einer fremden Armee steht und der, wie Prinz Carl dachte, auf Betreiben Metternichs den Preußen die ihnen nahestehende niederländische Prinzessin wegnahm, wurde gelöst. Unversehens bewarb sich Albrecht um sie, was dem Berliner Interesse entsprach. Außerdem gab es uralte Verwandschaftsbeziehungen der Hohenzollern zum Haus Oranien, aber auch aktuelle politische Gründe.

Dennoch stieß die Verbindung – »die Kinderehe« – auf vielen Seiten auf eine durchaus begründete Skepsis, hervorgerufen durch das Persönlichkeitsbild Albrechts. Der »kleine Prinz«, hochaufgeschossen, viele seiner Zeitgenossen um

Haupteslänge überragend, wurde als unreif beurteilt, weil unausgegoren, erkennbar verlegen im Umgang mit Majestäten und anderen Hoheiten, was er durch forsches Auftreten zu überspielen suchte, und das mit sonorer, kräftiger Stimme. Ihm setzte man das Bild von der reifer wirkenden Marianne entgegen und sah für diese Verbindung Gefahren. Immerhin fiel ihm nach den zeitgenössischen Ansichten die Pflicht des Lenkers der Familienangelegenheiten zu, und es gab Zweifel, ob sich eine Marianne von dem noch ungelenken Jüngling leiten ließe. Madame von Rochow überliefert uns manches von den Bedenken. Man war verwundert, daß Friedrich Wilhelm III. seine Zustimmung gab. Der Prinz war etwa 20 Jahre alt, Marianne schon 19!

»Es war eine Art Kinderliebe, die er stets für seine muntre Cousine an den Tag gelegt hatte, und so ergriff er den Moment einer zurückgezogenen Verlobung derselben mit dem Prinzen von Wasa, um seinen Vater zu bitten, an seine Stelle treten zu dürfen. Der König liebte das Heiraten überhaupt, mochte glauben, daß frühe Ehen vor manchen Irrsalen des Lebens bewahren können, und so erwog man wohl kaum den Umstand, ob ein so junger Gemahl imstande sei, ein lebendiges, in größter Freiheit aufgewachsenes Wesen zu leiten.«[37]

War schon Albrechts Verlobung überschattet von der Hochzeit Wilhelms und dem glanzvollen Empfang des russischen Kaiserpaares, so sollte auch seine Hochzeit von den Tücken der Geschichte verdüstert werden. Zunächst wurde Friedrich Wilhelms III. 60. Geburtstag zum herausragenden Staatsereignis am 3. August 1830. Am gleichen Tag erreichte Berlin die Nachricht von der Juli-Revolution in Frankreich. Der Kammerdiener des Prinzen Carl notierte lakonisch: »Um drei Uhr Vermählungsreise des Prinzen Albrecht angetreten. Er fuhr nach den Haag in Holland. Prinz Carl sollte ihn begleiten, was der unruhigen politischen Lage wegen unterbleiben mußte.« Statt dessen war der Überlieferung zufolge der

Generaladjudant des Kronprinzen Wilhelm mit ihm gereist, gewissermaßen zu seinem Schutz und Schirm. Bald folgte Prinz Wilhelm mit Gattin Augusta nach, um als die würdigen Vertreter des Königs von Preußen und einzige Berliner Trauzeugen an der Hochzeit in Den Haag teilzunehmen.[38]

Die Monarchen Europas wie auch der Preußenkönig waren heftig erschrocken und hielten unverzüglich Heerschau. Prinz Carl, der Generalfeldzeugmeister, wurde sehr plötzlich unentbehrlich. An den Ereignissen gemessen schien diese Vorsicht begründet. Dicht neben Albrechts Holländischem Aufenthaltsort hatte das Feuer von Paris auf Brüssel übergegriffen. Der künftige Schwager des preußischen Prinzen, Friedrich der Niederlande, Sohn König Wilhelms I., sollte die Stadt den aufständischen Bürgern wieder entreißen. Er wurde geschlagen und mußte sich zurückziehen. Soeben hatte die Holländische Monarchie Belgien verloren, das nun daran ging, einen eigenen Staat zu gründen. Keine Zeit für Hochzeit. Sie wurde verschoben. Für Abergläubische kein gutes Omen für Albrechts »Kinderehe«. Der in der unglücklichsten Zeit Preußens geborene Sohn Louises geriet wiederum an einem Höhepunkt seines Lebens in schlimme Zeiten. Die französischen Ereignisse strahlten aus wie ein Erdbeben und hatten in zeitlichen Intervallen Nachbeben ausgelöst. Selbst in Dresden kam es zu Eruptionen. Prinz Carls Kammerdiener faßt zusammen: »15. September: In Dresden Abdankung von Prinz Max.«[39] Prinz Maximilian von Sachsen war schon 71 und verzichtete zugunsten seines jüngeren Erben auf die Krone, der spätere König Friedrich August II. Erst am 18. September wurde es in Berlin ein bißchen unruhig, weshalb sofort Prinz Carl erschien. Das Glienicker Journal sprach von einem Auflauf, von Klöden hingegen von einer bedeutungslosen Erscheinung.[40]

In Den Haag war wieder Ruhe eingezogen, wenn auch alles andere als Freude über die Teilung der Niederlande. Die Hochzeit Prinz Albrechts fand am 14. September statt und sie verbrachten die Flitterwochen in Holland. Erst am 11. Oktober fand der feierliche Einzug in Potsdam statt, in Berlin am 16. »auf die übliche Weise«, wie der Historiograph Dr. Cohnfeld übermittelt: »Beide Städte erhielten bei dieser Gelegenheit reiche Geschenke sowohl vom König als auch von den Neuvermählten.«[41]

Diesmal vollzog diese von der Bevölkerung stets mit Spannung erwartete großzügige Geste nur der König und auf eine ganz andere Weise als üblich. Der Historienschreiber behauptet: »...die den Werth ... noch erhöhte.« Deshalb gibt er die Kabinetts-Order als ein historisches Ereignis, als eine Besonderheit wörtlich wieder: »Die sonst bei Gelegenheit der Vermählung der Prinzen Meines Königlichen Hauses gegebenen Hoffeste werden nach der ohnlängst in Haag vollzogenen Vermählung meines Sohnes, des Prinzen Albrecht mit der Prinzessin Marianne der Niederlande K.K. H.H. nur in einem beschränkterem Maße stattfinden. Ich will aber die Kosten der ausfallenden Feste nicht sparen, sondern sie, bei dem Steigen der Lebensmittel im Preise, den Armen in meinen Residenzen Berlin und Potsdam zukommen lassen. Nach einem Überschlage des Betrages erhöhet sich das sonst bei den gedachten Vermählungen gewöhnliche Geschenk an die Armen von Berlin von 3000 Thalern. auf die Summe von 6750 Thalern., und diese empfängt hierbei die Armen-Direktion aus meiner Chatoulle zur zweckmäßigen Verwendung!«[42] Die Potsdamer erhielten eine erhöhte Summe von 2250 Thalern. Der Chronist beschreibt die Erschütterungen in den europäischen Monarchien. Das macht begreiflich, weshalb der Pechvogelprinz Albrecht auf die glänzenden Feste in den Residenzen verzichten mußte dem Volke zuliebe. Die Kriegsfolgen waren noch nicht überwunden. Renten- und Sozialversicherungen gab es nicht. Die Nachrichten von gelungenen Bürgeraufständen waren wie ein Lauffeuer durch die Länder geeilt. Der altgewordene König von Preußen haßte Situationen von jeher, die ihn unter Druck setzten und Zugzwänge hervorriefen. Daher erschien es ihm und seinen

Ratgebern ratsam, den vielen Notleidenden keine rauschenden Feste vorzuführen, deren Kosten, meist überhöht in der Volksmeinung, Flammen aus Fünkchen schlagen lassen konnten, die zu unvorhergesehenen Problemen auswuchsen. Immerhin war seit der Französischen Revolution, der Zeit der Aufklärung die Vorstellung von einem Gegenmodell zur Monarchie in den Köpfen lebendig geblieben. Prinz Albrecht mußte einsehen, daß es preiswerter war, das gerade recht unruhige Volk durch kostspielige Demonstrationen des Wohlstandes einer hochprivilegierten Schicht nicht zu reizen, sondern durch großzügige Spenden aus der Privatschatulle des Königs anläßlich eines in gebührender Bescheidenheit vollzogenen frohen Anlasses versöhnlich zu stimmen. Dr. Cohnfeld sagt dazu: »...(der Verzicht) ist billiger, als die hellen Flammen der Revolution« und die daraus folgenden »rauchenden Trümmer« womöglich der Monarchie, zumindest aber der Staatskassen, die in Schießpulver umgesetzt werden müßten. So geschah es, daß die Eheschließung Prinz Albrechts zu keinem unvergeßlichen Erlebnis für die Bevölkerung der Residenzen wurde.

Die Zeiten blieben unruhig. Noch schien der historische Prozeß die deutschen Länder verschonen zu wollen. Doch in dem kleinen Polen, das nach drei Teilungen geblieben war, bestätigte sich die Vorsicht der Preußen: Es kam zu patriotischen Aktionen. Die von Cohnfeld beschworenen Flammen schlugen in Warschau um in ein Feuermeer. Der Bruder des Zaren, Großfürst Konstantin (in Rußland der Rang eines kaiserlichen Prinzen), wurde gezwungen, mit seinen russischen Truppen Polen zu räumen. Die polnischen Revolutionäre, Nationalisten, waren jetzt die Helden der Epoche. In Deutschland ergriff die Literatur des Vormärz, »Jungdeutschland« (Börne, Heine und andere), Partei für die polnischen Revolutionäre. Preußen hatte den baltischen General Wrangel nach Preußisch-Polen »rechtzeitig« in Marsch gesetzt, der ein Übergreifen auf das Thorner und Posener Gebiet im Keim erstickte.

Nach der Niederschlagung des ersten polnischen Aufstandes gegen die russische Fremdherrschaft fanden die Flüchtlinge begeisterte Aufnahme, vor allem in Frankreich.

Während Europa aufgerüttelt war, zog Prinz Albrecht mit seiner jungen Frau nach Berlin in das Schlößchen Schönhausen, in das der Große Friedrich und »Weiberfeind« seine Gattin verbannt hatte, Königin Elisabeth Christine, noch ein böses Omen? Im Familienkreis enthielt sich Albrecht keineswegs einer kleinen Festlichkeit. Liest man heute, was damals eine Hofdame verewigte, könnte man glauben, es herrschte tiefster Frieden: »Wichtigkeiten« werden mitgeteilt: »Am 19. (Oktober) waren wir zu einem großen Diner beim Prinzen Albrecht, den Abend war Ball beim Onkel August (Bruder Louises). Der Ball war animiert und wir blieben noch sitzen. Am hübschesten waren die Prinzess Carl (Marie von Sachsen-Weimar) und die junge Henckel geb. Hardenberg.«[43]

Dieses fast Idyllische, zumindest die Sorglosigkeit der aus dem brodelnden Volkskessel herausgehobenen Schicht kontrastiert mit dem auf das schärfste, was das Jahr 1831 bescherte, verschonte aber das Haus Albrechts, dem am 21. Juni das erste Kind geboren wurde, Charlotte. Zu Ehren der verehrten Schwester wurde das erste Kind ihrem Andenken geweiht. Vor den Grenzen Preußens begann die Cholera zu toben, an der in Posen (Poznan) der legendäre Gneisenau verstarb. Tag und Nacht wurde versucht, der Seuche den Einlaß in Preußen und Sachsen zu verwehren. Schließlich brach sie durch, wovon noch heute der Cholerabrunnen in Dresden und in anderen Städten Europas zeugen. Endlich, am 9. Mai 1832 konnte der Einzug der Jungvermählten in das neue Palais gehalten werden – in das wunderschöne, hochmoderne, äußerst geschmackvoll eingerichtete Haus. Das prachtvolle Domizil erregte Neid und stimulierte zu schärfster Beobachtung, was die recht unbefangenen neuen Bewohner mit sich und der Welt nun treiben: »(Prinzessin Marianne, jetzt auch Prinzessin Albrecht

Prinzessin Marianne in den ersten Ehejahren

Prinz Albrecht in den ersten Ehejahren

genannt) trat als eine sehr hübsche, zuvorkommende Persönlichkeit auf, die nur den angenehmsten Eindruck hinterlassen konnte, zeigte auch den besten Willen, eine gute Frau zu sein, ein häusliches Leben zu führen, ja selbst ihrer Bildung nachzuhelfen. Wem von beiden Eheleuten dies zuerst langweilig erschien, weiß ich nicht; bald begann ein zerrissenes, herumfahrendes Wesen in dieser Häuslichkeit Platz zu greifen, bis mit dem Tode des hochseligen Königs der letzte Halt schwand und die Trennung unvermeidlich wurde.«[44]

Die kritischen Blicke betrafen nicht nur den Luxus, sondern suchten auch nach Bestätigung vorheriger Unkenrufe. Es gab schon vor der Eheschließung Bedenken und ein reges Interesse an dem noch sehr jugendlich wirkenden Prinzen im Ausland, an fremden Thronen. Um so mehr danach. Man kann schon von einer übersteigerten, sicherlich recht verschieden motivierten Anteilnahme sprechen. Bruder Wilhelm schrieb an Schwester Charlotte nach Petersburg: »Ich bin ebenso neugierig auf Abbats Auftreten bei Euch wie Du; er ist leicht embarassiert (aus Verlegenheit verwirrt), sucht dies aber auf eine nur zu auffallende Art zu kaschieren, durch falsche Aisance (Ungezwungenheit), falschen Ernst und überlaute Töne im Sprechen.«[45] Diese beiden Geschwister wollten das Beste für Abbat, wie wir in Vorwegnahme unten folgender Bilder aus seinem Leben an dieser Stelle schon sagen können. Prinz Wilhelms Gattin Augusta gab nach der Hochzeit an ihre Mutter Maria Pawlowna auch ein Psychogramm ab: »Mein Schwager Albrecht hat sich nach meiner Ansicht viel zu früh verheiratet. Das hemmt ihn in der vorteilhaften Entwicklung, die er vorher zu nehmen versprach, und ich fürchte, daß das späterhin noch andere Unzulänglichkeiten nach sich ziehen wird. Marianne besitzt viele Geistesgaben, viele Anlagen und Originalität; ich halte sie für gutherzig, aber von Grund aus für schlecht erzogen, was ihr Eigenschaften verleiht, die ich ihr nicht gern nachsagen lassen möchte.«[46]

Sicher ist dies auch gut gemeinte Sorge, aber nicht ganz frei von Neid gegenüber der Unbeschwertheit und inneren Freiheit Mariannes, die unter sehr viel freundlicheren, das heißt weniger trockenen, strengen Bedingungen aufwuchs wie ihr am preußischen Hof streng erzogener Gatte. Sicher war die Ungezwungenheit seiner Cousine für Abbat anziehend und könnte seinen Unwillen gegen die ihm immer lästiger werdende Gängelei bekräftigt haben. Aber das, was ihm fehlte, was wir heute wahrscheinlich besser erkennen, als seine Zeitgenossen und er selbst, konnte die junge, von Albrechts Wesenskraft nicht ausgefüllte Marianne ihm nicht geben – Mütterlichkeit. Selbst ihr erstes Kind schien nicht der Auslöser für gemeinsam erlebte Freuden und ein ausgeprägtes Harmoniegefühl geworden zu sein. Wie die Frau von Rochow gesehen haben will, war das Gegenteil der Fall – ein »herumfahrendes Wesen«, also Unruhe, Hektik waren eher das Bestimmende, Atmosphärische im Hause Albrecht.

Auch ein Prinz muß sich seinen Lebensunterhalt verdienen, erst recht ein Preuße. Also erfüllte er seine Dienstpflichten nunmehr als zweiundzwanzigjähriger Oberst und Chef des 1. Dragonerregimentes, das seinen Namen führte und war oft aus dem Haus. Er begab sich auf Reisen, was bis in die vierziger Jahre immer öfter und immer ausgedehnter erfolgte.

Im vierten Ehejahr, 1834, holperte wieder einmal Schwester Charlotte auf Kutschrädern nach ihren heimatlichen Residenzen über unebene Wege vom Ingermanland durch das Baltikum bis nach Berlin. Noch war die Eisenbahn nicht gebaut. Am 1. Oktober veranstaltete sie ein großes Déjeuner Dinatoire (eine große Mittagstafel) im Neuen Garten in der vom berühmten Gartenbaudirektor Lenné dekorierten Orangerie. Die Glienicker Brücke schmückte eine dem Zeitempfinden nach prachtvolle Ehrenpforte, damit die Kaiserin, die das Bauwerk einweihen sollte, ihrer würdig empfangen werde. Am 5. Oktober erst war die so hochgestiegene Schwester »richtig zu Hause«. Das hieß, sich mit allen Geschwistern zum großen Kaffee um 15 Uhr zu treffen. Nur zwei der Generation ihrer Eltern waren anwesend, Tante Minnetrost, Charlottes »Ziehmutter« nach dem Tod Louises und Onkel Wilhelm, Friedrich Wilhelms III. jüngster Bruder.[47]

Wer solch lange Reise unternimmt, bleibt lange. Zwei Wochen später folgte der neue Höhepunkt der Ehrung für das Berliner Königshaus. Zar Nikolaus I. erschien höchstselbsten, was mit viel Glanz und Öffentlichkeit umgeben war. Natürlich brachte er viel Gefolge mit sich. Es lohnte, Paraden abzuhalten, Feste zu geben, bis Majestät geruhten, wieder nach St. Petersburg abzureisen und des sparsamen Preußenkönigs Chatoulle zu schonen. Nicht so die mitgeführten Hoheiten. Sie verließen allmählich, nacheinander, seltener miteinander die Hauptstadt.

Solche turbulenten Wochen lenkten von vielem ab, nur dann nicht, wenn unter dem eigenen Dach kein Friede herrscht. In Albrechts Ehe begann es zu kriseln. Des Prinzen Interessen waren auf die Praxis gerichtet – auf seine militärische Laufbahn, auf mögliche Kriege. Selbst auf Reisen war er nicht frei davon, seine Welterfahrung in das provinzielle Preußen zu tragen. Pferde spielten dabei eine große Rolle, seine Lieblingsbeschäftigung, ein zentrales Thema in nicht mehr auffindbaren Schriften, in Zeugnissen der ihn umgebenden oder ihn begleitenden Menschen. Sein Hauptreiseziel war seiner Neigung folgend und auch im Auftrag oder dem Gebot einer Ehrenpflicht gemäß Rußland, die Wahlheimat seiner Schwester.

Marianne fand offensichtlich nicht den Partner in Albrecht, der ihrer Bildung und Reife, ihrer Lebenserfahrung und ihren musisch-intellektuellen Ansprüchen genügte. Er blieb unausgeglichen und schien ihr zu profan auf das Praktische, bestenfalls auf pragmatischen Erkenntnisgewinn orientiert zu sein. Auch die glückliche Geburt eines kleinen Prinzen Albrecht – hinfort Albrecht (Vater) und Albrecht (Sohn) benannt – verbesserte das Eheklima nicht, obwohl man schon das Jahr 1837

75

schrieb. Drei Jahre danach wurde eine Prinzeß Elisabeth geboren, die offenbar sehr bald nach ihrer Taufe verstarb.

Um 1840/41 brodelte die Gerüchteküche heftig. Es gab ein giftiges Geflüster über ein Verhältnis Mariannes mit ihrem Leibkutscher, der bezeichnenderweise Holländer war und man verstummte erschrocken, als allen Klatschbasen zum Trotz 1842 ein viertes Kind in die Hohenzollernwelt eintrat – Alexandrine, die künftige Herzogin von Mecklenburg.

Auch Albrecht schlug über die Stränge. Er scheute sich nicht, mit Bruder Carl in das riesige Vergnügungsetablissement Kroll zu gehen, das Anlaß gab, so begehrt wie verrufen zu sein, (bekannt auch als »Krolloper«, ein bißchen »Place Pigalle« von Berlin). Das brachte ihm vorwiegend Sympathien der Bürger ein, selbstredend nicht am Hof. Weit schlimmer jedoch verurteilten vor allem sein königlicher Bruder (Friedrich Wilhelm) Albrechts Gebaren gegenüber dem lieblich anmutenden Hoffräulein von Rauch, das auf Schloß Kamenz gesehen wurde und das der Prinz allzu deutlich hofierte, so, daß Marianne offen brüskiert wurde.

So häuften sich die Nachrichten über das Auseinanderdriften der ebenbürtigen königlichen Abkömmlinge – Cousin und Cousine. Es finden sich aber keine Nachrichten darüber, wie sich die Eltern zu ihren Kindern verhielten. Erst, als Albrecht (Sohn) Reisepartner für Albrecht (Vater) wurde und eine herzliche Vater-Sohn-Beziehung anzunehmen ist, erscheinen günstige Randbemerkungen über ein offenbar freundschaftliches Verhältnis.

In den 40er Jahren zerrüttete die Ehegemeinschaft zunehmend. Die Entfremdung der beiden Gatten voneinander und der offenbar beidseitige Ehebruch mündeten letztlich in die Katastrophe: die Ehescheidung. Wie konnte es dazu kommen?

Seriöse Historiker und Familienmitglieder enthielten sich der Überlieferung von Hofklatsch. Deshalb findet sich manche windige Nachricht nicht bestätigt, die wir auch nicht zitieren.

Fräulein Rosalie von Rauch

Aber wir akzeptieren alle Selbstzeugnisse. Daraus darf geschlossen werden, eindeutig, daß Marianne Albrecht anbot, den Eheverbund nur noch formal gelten zu lassen, so daß ein jeder sich frei und ungebunden fühlen und bewegen kann. Die Freigabe Albrechts durch Marianne als ihr »Friedensangebot« war natürlich keine Scheidung. In gewisser Hinsicht wurde Marianne für den Berliner Hof ein ähnliches Problem wie die Prinzessin von Toscana für den sächsischen Kronprinzen Albert, der nach der Flucht seiner Gattin ein unverheirateter König blieb. Die Niederländer ergriffen – natürlich? – Partei für Marianne. Immerhin repräsentierte sie den stolzen Namen Prinzessin Marianne von Nassau-Oranien der Niederlande. Unseren Erkenntnissen nach, die begrenzt bleiben müssen, erklärten sie, daß der Bruch nach einer neunzehnjährigen Ehe, aus der Unverträglichkeit der Charaktere heraus entstand. Ein Herr Robert Heck unternahm es, die in manchem fragwürdige alleinige Schuldzuweisung des preußischen Gerichts an Marianne auch Albrecht anzulasten.Sehr verkürzt ist zu entnehmen:

– Die eheliche Katastrophe wurde maßgeblich durch die Grundverschiedenheit beider Naturen verursacht.

– Albrecht, burschikos, wenn nicht brutal, brachte den musischen Neigungen seiner Gattin kein Verständnis entgegen.

– Marianne litt unter dem steifen, auf strikte Einhaltung des Zeremoniells bedachten, militärisch kantigen Grundtenor in Berlin.

– Mariannes Naturell – Leidenschaftlichkeit, starkes Bedürfnis nach persönlicher Freiheit, höhere geistige Ansprüche, musische Begabung.

Die Untreue Albrechts verleitete sie, es ihm gleich zu tun. Sie begann, ihn zu hassen. (Nach Herrn Heck war eheliche Untreue Merkmal aller, ausnahmslos aller Hohenzollernfürsten).

Ihre Zuneigung zum Leibkutscher, aus der ein Sohn hervorging, auf Sizilien geboren, knapp neun Monate nach der

Scheidung, wird als geradezu natürliche Folge begründet.[48]

Heute kann es niemandes Sache sein, über Recht oder Unrecht noch urteilen zu wollen. Die einfache Arithmetik – 28. März 1849 ist das Scheidungsdatum und der 30. Oktober 1849 der Geburtstag des illegitimen Söhnchens – erleichterte es dem Berliner Kammergericht, die Sachlage zu beurteilen, die augenblicklich zur Verbannung vom preußischen Hof führte. Marianne verlor ihre Kinder und reiste mit von Rossum, dem Leibkutscher, den Fürst Bülow mit offenkundigem Genuß mehrfach »Lakai« nennt, um den riesigen sozialen Abstand so drastisch wie möglich zu betonen, nach Italien. Die ungewöhnlich wohlhabende Marianne erwarb am Rhein das schöne Schloß Reinhartshausen. Das Knäblein ließ sie zu Ehren des Vaters auf Johannes, zu Ehren der rein holländischen Abstammung auf den Zweitnamen Willem taufen, und zum Familiennamen bestimmte sie zur Begründung eines neuen Geschlechts Reinhartshausen.

Friedrich Wilhelm IV., seit 1840 König von Preußen, wußte vom Auseinanderbrechen der Ehe seit 1842. Er wirkte auf Marianne ein und versuchte, die Scheidung zu verhindern. Bis 1853 bestätigte er nicht den Beschluß des Kammergerichts, der auf Scheidung hinauslief.

Zur Behauptung des Herrn Heck, nicht Marianne, sondern Albrecht habe zuerst Ehebruch begangen, kann nur sparsam beigetragen werden, was sachlich wirkende zeitgenössische Aussagen oder wertfreie Fakten belegen.

General der Infanterie von Rauch, zeitweilig Kriegsminister in Preußen, wohnte unmittelbar am Grundstück Prinz Albrechts. Tochter Rosalie von Rauch, etwa 11 Jahre jünger als Albrecht, gehörte zur Suite der Prinzessin Marianne. Der Prinz war General von Rauch Zeit seines Lebens dankbar. Er war einer der ersten militärischen Lehrmeister Albrechts, den er sehr schätzte. Sehr wahrscheinlich kam die Aufnahme seiner Tochter in den Hofstaat des Prinzen einer Auszeichnung gleich, hier eher einer Dankesbezeugung.

Fräulein Rosalie von Rauch wird als hübsch, anmutig, von angenehmsten Umgangston, jung und unverdorben, ungezwungen natürlich gegenüber jedermann dargestellt. Im Hinblick auf Kommendes ist anzunehmen, daß sie bald auch zum Gegenstand des üblen Hofgeflüsters wurde, zumal ihr Albrecht offen seine Sympathie zeigte, unverhohlen nach offenem Ausbruch der Ehekrise.

Des Prinzen häufige Reisen in den 40er Jahren schienen eine Art Flucht vor den unerquicklichen Zuständen in seiner Heimstatt zu sein, die Hinwendung zu Rosalie eine Gelegenheit, etwas Balsam auf die wunde Seele zu bekommen. Häuslicher Unfrieden schafft eine aufreibende, ständig am Herzen nagende Beunruhigung, die zu vielem verleiten kann, was unter anderen Umständen unterblieben wäre. Deshalb witterte die Berliner Öffentlichkeit etwas von dem Unrat, der sich anzuhäufen begann. Der Berliner Journalist und Verleger Varnhagen von Ense, der sein Ohr ganz dicht am Pulsschlag der Berliner Hauptadern hatte, bemerkte mit erkennbar boshafter Befriedigung: »Während der König (Friedrich Wilhelm IV.) und seine frommen Günstlinge mit kirchlichem Eifer die Wohltat der Ehescheidung dem Volke zu entziehen suchten, hatte dieses die Schadenfreude, in der königlichen Familie selbst eine Ehescheidung angesetzt zu sehen, indem Prinz Albrecht aus triftigen Gründen darauf bestand, von seiner Gemahlin geschieden zu werden.«[49]

Der so tüchtige Berliner Verleger, dessen Gattin Rahel einen Salon unterhielt, in dem sich die Geisteswelt der Stadt traf, Teil seiner Informationsquellen, unterstellte Marianne die überwiegende Schuld, allem Anschein nach ein Ergebnis des Sympathiepegels der Berliner. Aus vielen kleinen Anlässen hatte sich eine dem Prinzen freundliche Bürgermeinung herausgebildet, in die Rosalie, das hübsche, »kleine Berliner Fräulein« gut einzufügen war.

Fürst Bülow sieht in »triftigen Gründen«, die er von einer zeitlich weit entfernten Ebene aus zu kennen glaubt, in

Rahel Varnhagen von Ense, 'Königin der Berliner Salons'

Albrecht den Bösewicht. Bevor er sich zu einer Verurteilung entschließt, schickt er voran, was wir schon wissen: »Die Ehe ging nicht besonders.« Aber im folgenden Text erfahren wir, was der Hofklatsch über Jahrzehnte weitertrug: »Der Gatte verliebte sich in die anmutige Tochter des Kriegsministers Rauch, der Garten grenzte an den Garten des Palais Albrecht, und zum Kummer des frommen Königs ... trennte sich Prinz Albrecht von seiner Frau und heiratete Fräulein von Rauch. Mit seiner zweiten Frau, vom König aus Berlin verwiesen, ließ er sich in Dresden nieder, wo er sich die Albrechtsburg erbauen ließ und für seine Gemahlin und seine Kinder einige Jahre später vom Herzog von Meiningen den Namen Gräfin und Grafen von Hohenau erhielt.«[50]

Die Zeit ist ein mobiler Nagezahn. Sie verwischt Erinnerungen, zerspant wie kaum eine andere Kraft scheinbar unzerstörbare Eckpfeiler und verführt zu falschen Bildern. Auch der ehemalige Reichskanzler (1900–1909), der in Albrechts Scheidungsjahr 1849 geboren wurde, fiel ihr zum Opfer und schrieb als eine der hochgestellten Autoritätspersonen Deutschlands die Ungenauigkeiten vom Hörensagen oder momentan Aufgenommenes aus einem Text ohne nachzuprüfen. Wie wir noch erleben werden, erhielt Rosalie v. Rauch den Grafentitel schon zu ihrer Verheiratung mit Prinz Albrecht. Der hatte 1849 bereits an einen Familiensitz außerhalb Dresdens denken können, im Ausland, weil er die Regeln kannte. Der die bürgerliche Ehescheidung religiös begründet anfechtende Friedrich Wilhelm IV. mußte eine morganatische Ehe ablehnen, die durch viele, kaum aufzuklärende Beschuldigungen vorbelastet war. Da war es üblich, den unbequemen Stein des Anstoßes aus dem Land zu verbannen. Aus den Augen, aus dem Sinn. Die Bürger beruhigten sich, wenn der Skandal exportiert wird und vergessen allzubald. Fürst von Bülow kannte Schloß Albrechtsberg nicht und formulierte den Ort einer um 1920 schon nicht mehr seriösen Story in Albrechtsburg um, das war ja immerhin ein geläufiger Name.

Prinzeß Mariannes Ausrutscher verlegt er mit humoriger Intonation in die Zeit nach der Scheidung.

Lag das Schwergewicht der Sympathien bürgerlicherseits bei Albrecht, so das der Hofleute mehr bei der an Ausstrahlungskraft imponierenden, attraktiven Marianne: »Prinzessin Marianne unternahm, um sich zu trösten, ein Reise nach Italien (Anm. d. Verf.: Bülow meint, nach der Scheidung).« Mit ironischer Nuancierung seiner Satzintonation hebt er die Ränge der Personen heraus, die Marianne begleiteten: »In ihrer Umgebung befanden sich eine tugendhafte Hofdame, ein würdiger Kammerherr und ein als besonders zuverlässig empfohlener Lakai.« Die Reise verlief in Bülows Bildern recht gut. Die Aufnahme in Italien war bravourös, und der würdige Kammerherr berichtete an das Oberhofmarschallamt in Berlin, das das alles gar nichts mehr anging, würden wir heute denken: Ihre Königliche Hoheit ist mit ihrer ganzen Suite zufrieden, »... (schätzt) aber besonders die Dienste des trefflichen Lakaien...« (Fürst von Bülows Memoiren erfahren einen literarisch angestrebten Höhepunkt: »Die Dienste und die Anstelligkeit des Lakaien wurden auch weiter rühmend hervorgehoben, bis plötzlich die entsetzte Meldung in Berlin eintraf, die Frau Prinzessin habe befohlen, daß der Lakai an der Mittags- und Abendtafel teilnehmen solle.«[51]

Die Realität war etwas anders. Marianne ernannte ihren ehemaligen Leibkutscher, der zum Stallmeister avanciert war, ähnlich Mozart, als er in fürstlichen Diensten stand, zu ihrem Sekretär. Bülow kam es darauf an, seine Leser zu amüsieren, manchen vielleicht auch zu schockieren durch den bewußt harten Kontrast, der die grausige Vorstellung des Unmöglichen heraufbeschwor: »Denkt 'mal an – eine königliche Prinzessin holt sich einen Lakaien an ihren Tisch!« Um die Geschichte noch makabrer zu machen, entsteht eine Art Drosselbartgeschichte unter Fürst von Bülows Feder: »Sie wurde schlecht behandelt von ihm, der er ein roher Mensch gewesen zu sein scheint, nahm aber, fromm, wie sie war, die Züchtigung ihres Gatten als heilsame Prüfung entgegen und ist ihm bis an sein Ende eine treue und gehorsame Frau gewesen. Ein Kind aus dieser Ehe starb in jungen Jahren.«[52]

Marianne war vom Wolf auf den Bären gefallen, wie es scheinen sollte. Schon Albrecht hatte sie mit preußisch-kantiger Härte brutal in ihrem musisch-emotional starkem Gefühlsleben verletzt, und nun kam der Lakai, der undankbare, der die Wohltäterin, die ihn aus den Niederungen des sozialen Nichts an ihren Tisch und schließlich bis ins Bett gehoben hatte, noch übler mißhandelte.

Der gerechte Verfasser seiner Denkwürdigkeiten irrt, wenn er dem zählebigen Gerücht glaubte, Marianne hätte Herrn van Rossum, den sie Albrecht vorzog, geheiratet. Sie überlebte ihren Geliebten und, so will es Fürst Bülow wissen, flüchtete sich in eine »intensiv ausgelebte Religiosität, zugleich stellte sich aber der alte fürstliche Hochmut wieder ein, und sie urteilte schonungslos über jede Mesalliance in fürstlichen Häusern. Daß sie selbst unter diesem Stand verheiratet war, hatte sie einfach vergessen..«[53] Die Neigung, alles aus der Regel Schlagende an anderen zu bemängeln und dabei die eigenen Fehltritte zu verdrängen und zu vergessen, ist eine allgemeinmenschliche Erscheinung und sehr viel mehr eine Charakterfrage, als die einer sozialen Schicht anzulastende Eigenschaft. Prinz Albrecht wurde von dieser Art von Vergessen mehrfach in seinem Leben hart betroffen. Ein Ergebnis dieses Erinnerungsschwundes ist Intoleranz. Eng liiert mit ihr ist Ungerechtigkeit. Beides wirkt gern zusammen und ist dann von großem Übel, wenn die zur Schicksalslenkung Bestimmten dieser menschlichen Schwäche unterliegen. Der älteste Bruder Albrechts, Friedrich Wilhelm IV., hatte völlig verdrängt, daß er auch ein »echter« Hohenzollernsproß war und in frühen Jahren vom Reglement gesetzte Grenzen im Umgang mit Frauen überschritt. Er hörte Gerüchte, die gegen Albrecht sprachen und glaubte diesen so, daß er die juristisch fixierten Fakten und seine eigene Kompromißhaltung ganz vergaß. Natürlich wurde er in der Zeit, in der Prinz Albrecht sein Scheidungsbegehren anmeldete, von den heftigen Stürmen der Berliner Märztage 1848 gebeutelt. Das brachte ihn von der ihm so teuer gewordenen Polemik gegen das Scheidungsrecht eines preußischen Bürgers weit ab. Vielleicht war es die Gunst des Zufalls oder Albrechts Pfiffigkeit, diese komplizierte Lage zu seinem Vorteil zu nutzen. Wir wissen nur ganz genau, daß seine Scheidung etwa am Ende der großen Unruhen in Preußen, im März 1849 zunächst einmal gerichtlich durchgestanden war. Während der Revolutionsmonate verhielt er sich bürgerfreundlich, so sagen die Bürger, und loyal zum König, so meinen die Aristokraten.

Es ist schwierig, in Schriftzeichen geronnene Mosaikstücke der Zeitgeschichte zu einem kompletten Bild zusammenzufügen, aus dem sich die umstrittene historische Wahrheit ablesen läßt. Zu widersprüchlich sind die Zeugnisse und vor allem alle parteiisch. Eindeutig scheint zu sein, daß der König Friedrich Wilhelm IV. Gewalt verabscheute und die Barrikadenkämpfer der aufständischen Bürger ihn in Gewissensnöte brachten. Ihm wie seiner sanften katholischen Gattin Elisabeth wuchsen die Ereignisse, die Entschlußkraft, Weit- und Umsicht, Behutsamkeit, staatsmännische Weisheit und ein hohes Maß an Tatkraft erfordern, über den Kopf. Es widerstrebte dem König, das zur Gewalttätigkeit hocherhitzte Volk zusammenschießen zu lassen. Darüber herrscht Einstimmigkeit in den Geschichtsreflexionen der letzten 150 Jahre. Aber das Verhalten seiner Brüder und einflußstarker Berater tendiert zwischen verschieden und gegensätzlich, meist in einem deutlich ablesbaren parteiischen Interesse. Der als zuverlässiger Chronist geltende Varnhagen von Ense führte damals Tagebuch, Hochkonjunktur für den Journalisten. Dennoch ist es nicht zu leugnen – aus ihm spricht der Bürger: »Da fanden der Prinz von Preußen (gemeint ist Wilhelm; Anm. d. Verf.) und die

Friedrich Wilhelm IV., den Rücken gestärkt vom Militär,
verschließt der bürgerlichen Petition die Tür.

aristokratischen Offiziere den Augenblick günstig, ihre Wut zu kühlen und das »Gesindel« zu Boden zu schmettern. Ein Ausruf des erschöpften Königs: »Ach ich kann nicht mehr! Schafft mir Ruhe, schafft mir die Leute weg!« – gar kein militärischer Befehl –, diente zum Vorwand; der Prinz gab Befehl einzuschreiten und fügte leise hinzu: »Und nur tüchtig, blindlings und schonungslos!« ... Königsmarck war der Überbringer des Befehls und verschärfte ihn noch...« was Wilhelm den makabren Spitznamen »Kartätschenprinz« im Sinne von Volksschlächter einbrachte. Varnhagen von Ense relativiert in den nachfolgenden Sätzen sicher, notwendigerweise, was seine Seriosität unterstreicht:«Alles das glaubten die Leute zuverlässig zu wissen, die Annahme findet wenigstens in vorausgegangenen Reden nur allzuviel Grund! Daher ein furchbarer Haß gegen den Prinzen und seinen ganzen militärischen Anhang. Es scheint jetzt unmöglich, daß er zur Regierung gelangen könne...«[54]

Tatsächlich mußte Wilhelm als ein Herr Lehmann nach England fliehen. Man gab ihm vorsichtshalber den Kronschatz mit. Mittlerweise geschahen Dinge, die die monarchischen Nachbarn Preußens recht merkwürdig fanden. Der König ritt mit einer Schärpe in Schwarz-Rot-Gold durch Berlin, begleitet von Prinz Carl oder Prinz Albrecht, er grüßte die Märzgefallenen und gab Befehl an die Armee, die »deutschen Farben« als Kokarde an Mützen und Helme zu heften, was in Kreisen der aristokratischen Offiziere Entrüstung hervorrief und die Soldaten verwirrte. Der König demonstrierte seinen Respekt vor den Bürgern Berlins und sein Vertrauen in sie; denn es wäre ein leichtes gewesen, die kleine Gruppe von Reitern »hoppzunehmen«. Varnhagen von Ense lüftet ein wenig den Schleier des Verborgenen Verwunderlichen, weshalb inmitten einer explosiv geladenen Atmosphäre weder Donner noch Blitz die kleine Gruppe trafen; der Blitzableiter war offenbar Prinz Albrecht: (21. März 1848) »... die Stadt ist bewegt, aber nicht unruhig. Gestern um Mitternacht Alarm, es

Das Palais des Prinzen von Preußen am 20. März

hieß, der Prinz von Preußen (Wilhelm, Anm. d. Verf.) komme mit allen Truppen zum Angriff; sogleich hieß es: »Zu den Waffen!«, und am Palais des Prinzen Albrecht erhob sich eine Barrikade; der Prinz, der sich am 18. als Bürgerfreund erwiesen hatte, trat selbst heraus, beruhigte die Leute, schickte auf's Schloß, und es erfolgte eine Verbürgung, daß die Gerüchte grundlos seien... Der König ritt heute mittag durch die Straßen, die drei Farben (Schwarz-Rot-Gold, Anm. d. Verf.) trug er selbst, Fahnen wurden ihm vorangetragen, das Volk schrie ihm Hoch! Prinz Albrecht ging zu Fuß in Uniform (ohne »Bodygard«, Anm. d. Verf.) vom Schloß nach Hause, das Volk begleitete ihn jubelnd und mit Hutschwenken. Überall deutsche Fahnen und Kokarden.«[55]

Diese Bürgersympathie, die der Augen- und Ohrenzeuge Varnhagen von Ense beglaubigt, scheint aus der Sicht des Mannes auf der Berliner Straße glaubhaft, weil noch viele kleine Skizzenstriche das Bild von Albrechts Besonnenheit und unerschütterlicher Ruhe angesichts eines stürmischen Übereifers wuterhitzter Knittelbürger ergänzen. Auch die entgegengesetzte Partei, des Prinzen monarchistisch eingestellte Offiziere, bestätigen letztlich den durchschauenden, in Sehschärfe und Urteilskraft durch die Geschichte autorisierten von Ense: »In den traurigen Märztagen war der hohe Herr durch nichts zu bewegen, Berlin zu verlassen; er blieb in seinem Palais und wartete auf den Ruf seines Königs. Viele Studenten und andere Freiheitskämpfer, wie sie sich nannten, drangen in der Nacht bis in das Vestibül seines Palais. Ohne Waffe ging er ihnen entgegen und wies sie mit solchen sarkastischen und energischen Worten zur Vernunft, daß sie verblüfft und beschämt abzogen. Seinem königlichen Bruder trat er seinen energischen und persönlichen Adjudanten ab, den späteren General-Feldmarschall vonManteuffel, der damals als Major seiner Majestät gerathen haben soll, den Aufstand mit Waffengewalt rücksichtslos niederzuwerfen.«[56]

Wenn Albrecht von den Berlinern geschätzt wurde und durch sein unerschrockenes, sehr besonnenes Auftreten Sympathien gewann, so ist das nicht gleichbedeutend damit, Partei für den Sturz der preußischen Monarchie zu ergreifen. In einem Brief an Wilhelm ins englische Exil (Vgl. Anhang, Dokumente und Exkurse) finden wir seine Grundeinstellung ausgeführt. Seine Popularität gewann er dadurch, daß er sich an keiner militärischen Aktion beteiligte und nicht Berlin verließ, als der Berliner Hof in sichere Entfernung auswich. Die Autoren der Laudatio hingegen sahen in Albrechts Haltung den Mut, sich der erregten Menge zu stellen. Diese aber wußte anscheinend nicht, daß der energische Major von Manteuffel, Albrechts Flügeladjudant, an den König abgegeben wurde, um dessen Entschlußkraft zu stimulieren und ihm zu konsequenteren (militärischen) Entscheidungsfindungen verhelfen sollte. Gleichzeitig ritt Prinz Albrecht mit seinem verunsicherten Bruder, seiner dämpfenden Wirkung sicher, uniformiert und unbewaffnet durch die Straßen Berlins. Hatte der Jüngste der königlichen Familie zwei Gesichter? In einem Briefwechsel mit Prinz Carl entsteht scheinbar eine Bestätigung, daß Albrecht nicht viel anders als der Kartätschenprinz eingestellt war, allerdings kurz vor den Märzereignissen von 1848 im Februar: »Was sagst Du um Alles in der Welt zu Palermo! und was zu der beispiellosen Schwäche des Königs! eine Constitution zu geben! Das wird schöne Rückschläge für Deutschland geben. – Anstatt erst die Unruhen seitens der Regierung mit Nachdruck und alles Ernstes niederzukämpfen. – Sagt ein König von vornherein »Auch nicht ein Zoll will er nachgeben«, so finde ich das schön. – Stärke unserer grauen Ahnen und Vorfahren wünsche ich auch unserem gnädigsten Herrn und Gebieter!!!«[57]

Bruder Carl schien der Besonnenere und Tolerantere. An gleicher Stelle gibt er zu bedenken, daß die italienischen Modelle für die deutsche Situation nicht uninteressant seien und außerdem von außen kaum zu beurteilen sei, was die

90

Erwin von Manteuffel, Flügeladjudant
Prinz Albrechts bis 1848

innersten Beweggründe des Königs von Palermo gewesen sein könnten.

Während Carl dem Brausekopf Albrecht widersprach, hatten einige süddeutsche Länder schon die Forderung der Bürger nach Pressefreiheit, Schwurgerichten, Vereinsrecht, Volksbewaffnung und die Bildung eines gesamtdeutschen Parlaments auf dem Verhandlungstisch. Carls prächtig lakonischer Kammerdiener übermittelt:»18. März Blutige Revolte – 19. März: Um fünf Uhr früh Revolutionskampf eingestellt.« Es hatte Straßenkämpfe gegeben. Die Truppen verließen auf Befehl des Königs die Stadt, die Bürgerwehr übernahm den Schutz des Schlosses und die Aufrechterhaltung der Ordnung in Berlin. An gleicher Stelle folgt eine Bemerkung, die zur Position Albrechts paßt, wie er sie in seinem entrüsteten Brief an Carl äußerte und der Beurteilung Varnhagen von Enses völlig entgegengesetzt ist, wobei der trocken-knappe Diener wahrscheinlich ohne Wertung wiedergegeben hat, was er wahrgenommen hat:»Prinz Wilhelm, der wie sein Bruder Albrecht für eine militärische Niederwerfung des Aufstandes war, mußte unter dem Decknamen Lehmann nach England fliehen.«[58]

Abgesehen von der militanten Wesensart Wilhelms galt er unter den Menschen seiner nächsten Umgebung als tatkräftig, gutmütig, tolerant gegenüber kleinen Schwächen seiner Untergebenen. Für seine künftigen Erfolge war sehr wahrscheinlich die von mehreren Autoren bestätigte Haltung von ausschlaggebender Bedeutung: Er verhielt sich gegenüber Kritik aufgeschlossen, forderte sie auch heraus, aber nur bei Leuten, die ihm Geist, Verantwortungsbewußtsein, weitreichendere Erfahrung und Charakterfestigkeit bewiesen hatten. Dabei soll es ihm völlig gleichgültig gewesen sein, welchen Status die von ihm akzeptierten Ratgeber inne hatten. Im familiären Umgang soll er gutmütig, geradezu weichherzig und leicht zu Tränen gerührt gewesen sein. Dagegen verteidigte er wie ein Löwe das, was er für hoch, heilig und erhaltenswert hielt, immer die Interessen des Landes, des Volkes und vor allem der Unantastbarkeit der Monarchie im Blick. In Albrecht schien er unter seinen drei Brüdern den geradlinigsten Parteigänger seiner Richtung zu sehen, ungebrochen. Der Historiker Suter, wahrscheinlich angelehnt an die Überlieferung des Prinzen Kraft zu Hohenlohe-Ingelfingen, nähert sich wieder den Standpunkten Varnhagen von Enses. Die rechte Hand Wilhelms, Flügeladjudant zu Hohenlohe, beurteilt diesen als Mann der Tat, dem Volksaufruhr zuwider war als »unordentlich« und für die Machtposition der Monarchie gefährlich. Suter schreibt als ein Recherche-Ergebnis: »Schon mehrere Tage vor dem 18. März verlangte Wilhelm von der Berliner Garnison das Vorgehen mit der blanken Waffe gegen die immer unruhiger werdenden Volksmassen. Mit scharfen Worten tadelte er den Militärgouverneur für die angeblich zu große Nachsicht. Den Befehl zur militärischen Niederwerfung der Revolution in Berlin hatte der Prinz von Preußen mit Ungeduld erwartet und sah in dem Ausbruch des Kampfes und dem Rückzug der Truppen am 19. März das Ende des alten Preußen. Der Haß ... richtete sich instinktiv gegen ihn als das anerkannte Haupt der Reaktion des vormärzlichen Preußen.«[59] Seinen Verwandten hatte der erschrockene König geraten, nach Potsdam zu ziehen und dort abzuwarten. Man nahm mit, was man für das Wichtigste und vielleicht auch für das Wertvollste hielt. Kampf, Beschießung und Plünderung wurden erwartet.

Prinz Wilhelm war das alles unerträglich. Die dem Naturell Friedrich Wilhelms IV. entsprechende »eine von vorherein weiche Linie«, die die Bevölkerung besänftigen sollte, ließen ihn und seine Gattin die Märzkämpfe »wie ein Unfall erscheinen«. Der Historiker Gerd Heinrich beurteilt das Geschehen etwa 130 Jahre später auf der Grundlage von Überlieferungen: »(Er mußte sich der Folgen der Kämpfe entledigen) ... ohne daß er dafür jedoch eine handfeste Strategie besessen hätte. So geriet er immer tiefer in eine kapitulationsähnliche Situation...

Als wenig geeignet, auch in militärischer Hinsicht, hatte sich der Prinz von Preußen erwiesen. Sein blutrünstiges Verhalten (»Grenadiere, warum habt ihr die Hunde nicht auf der Stelle niedergemacht!«) ... ließen die rasche Entfernung aus Berlin unumgänglich erscheinen. Nach dem ungenauen Befehl des Königs, die Truppen aus dem Kampfgebiet herauszuziehen, hat er diesen angeschrien: »Bisher hab' ich wohl gewußt daß du ein Schwätzer bist, aber nicht, daß du eine Memme bist! Dir kann ich mit Ehren nicht mehr dienen!« Er soll seinem Bruder den Degen vor die Füße geworfen haben. Dieser habe in Tränen der Wut geantwortet: »Das ist zu arg! Du kannst hier nicht bleiben, du mußt fort!« Und: »Ich bin verraten, aber nicht feig, verraten von meinen Ministern und verraten auch von dir, der du dich jetzt so erfrechst, daß ich dich sollte verhaften lassen und vor ein Kriegsgericht stellen!« Wilhelms Gemahlin Augusta wurde in ihrer kühlen Art als antipreußisch und herzlos von der Bevölkerung empfunden. Sie mußte sich in Verkleidung eilends nach Potsdam zurückziehen, was entspannend gewirkt haben soll. Der König »ließ sich nunmehr demonstrativ mit seinem kaltblütigeren und integreren Bruder Albrecht sehen, der beim Volk beliebter war...«[60]

Alle Darstellungen stimmen in ihren Urteilen zu Friedrich Wilhelm IV. und zu Wilhelm überein. Nur im Bild Albrechts treten mehrere Wertungen auf. Die letztere nach Gerd Heinrich scheint dem Bild am nächsten zu kommen, das die Berliner von ihm hatten, was sich mehrfach bis zu seinem Tod bestätigt: Er hatte ein achtungsvolles Verhältnis zu den Menschen seiner Umgebung, unabhängig, welchen Standes sie waren.

Prinz Carl war während der Berliner Ereignisse zunächst in Baden-Baden. Am 5.März wurde er zum Inspekteur einer Armee-Abteilung, dem 3. und 4. Armee-Corps ernannt. Er reiste in sein Potsdamer Domizil und mußte abwarten. Er brannte darauf, endlich direkt an die Seite seines königlichen Bruders treten zu dürfen und erschien schließlich eigenmächtig im Berliner Schloß. Noch am

94

gleichen Tag, dem 21. März, ritt er, wie Albrecht, mit dem König durch die Straßen Berlins.[61]

Die Wirren der Zeit glätteten sich allmählich. Albrechts Familienrevolte war geglückt, nur die Rechtskräftigkeit der Scheidung des Prinzen stand bis 1853 aus, wogegen er direkt nichts unternehmen konnte. Friedrich Wilhelm IV. hatte versucht, auch Bürgern das Scheidungsrecht mit Gesetzeskraft zu verwehren und sah sich durch Albrechts Beispiel diskreditiert als einem Mitglied der königlichen Familie. Außer dem Mißtrauen gegenüber seinem Bruder, das ihn zögern ließ, kosteten die zahlreichen Folgeerscheinungen einer Scheidung die Haushaltsschatulle nicht wenig.

Gegen die Scheidung unternahm die ganz im Sinne Friedrich Wilhelms handelnde Prinzessin Marianne so mancherlei, was zumindest Albrecht beunruhigte: Sie wollte ihren entschwindenden Gatten von einer Wiederverheiratung abbringen und die Forderung einbringen, an allen Anlässen teilhaben zu dürfen, die nach dem Hofreglement, aber auch natürlich entstandener Sitte ihre Anwesenheit ermöglicht. Es war der verständliche Wunsch einer Mutter, an Geburtstagen, Verlobungen, Hochzeiten und Taufen ihrer gemeinsamen Kinder erscheinen zu wollen, aber auch ein bißchen »Weiberlist«. Sie erhoffte sich bis zu einem bestimmten Grad Versöhnung, um entspannt in den preußischen Residenzen aus gegebenen Gründen erscheinen zu können. Sie schrieb ihrem »...lieben alten Abbat« einen herzzerreißenden Brief im Februar 1848 (Vgl. Anhang, Dokumente und Exkurse) aus Holland, wo noch Zeit zur Umkehr gewesen wäre. Außerdem hoffte sie auf Zeitgewinn und die Kraft ihrer Ausstrahlung, mit der das bescheidene Fräulein von Rauch nicht konkurrieren konnte. Schließlich drohte ihr der Verlust ihrer Kinder. Ihre sehr nahe gehende Intervention blieb fruchtlos. Sie erweichte nicht des »lieben alten Abbat« Herz.[62]

Schloß Kamenz

Die unbeschreiblich finanzstarke Marianne belastete den Berliner Kassenbestand nicht. Nachdem die Rossumliaison durch frühen Tod des Geliebten ihr Ende gefunden hatte, ließ sie auf ihrem niederschlesischen Besitz ein mächtiges Schloß nach Schinkels Entwürfen errichten. War Marianne am Berliner Hof beliebt ob ihres freien und ungezwungenen Wesens, ihrer unkonventionellen Frische im Umgang mit jedermann, so erschien sie den Menschen ihrer schlesischen Umgebung in der Region Kaménz (Kamenice, Polen) sehr viel anders: den Ärmsten mildtätig, den Bediensteten streng, launisch, autoritär. Der Architekt Martius, der die Schinkelschen Entwürfe unverfälscht realisieren wollte, hatte manches auszustehen – Kleinlichkeit, übertrieben autoritäres Gebaren, nicht die Marianne, die man in Berlin liebte. Offenbar widerstand er mit Hilfe ihres Sohnes Albrecht den Änderungswünschen, was sehr dazu beitrug, das Schloß bis zu seiner Zerstörung 1945 zu einem wertvollen Baudenkmal werden zu lassen – einem Memorial der Kunst des späten Schinkel. Später, sollte dieser ganz im preußischen Monumentalstil gehaltene Baukörper zum Repräsentationsbesitz des Prinzregenten Albrecht von Preußen von Braunschweig werden.

Albrecht genoß am Berliner Hof offenbar nicht die Sympathien, wie er sie bei den Bürgern gefunden hatte. Sein Scheidungsprozeß verschloß ihm den inneren Zugang zu Bruder Friedrich Wilhelm IV., wie der Generalfeldmarschall Graf von Waldersee es sah: »Das Verhältnis zum Prinzen Albrecht entbehrte der Herzlichkeit. Dieser hatte sich durch seine Scheidung und Wiederverheiratung der königlichen Familie entfremdet; deren Sympathien waren auf Seiten der ersten Frau, die sich ihrer allerdings dann nicht würdig erwies...«[63]

Alle näher in das Hofreglement eingeweihten Persönlichkeiten der Hohenzollernfamilie wußten, welche Bedingungen an eine solche Scheidung geknüpft waren. Da Marianne vom Berliner Kammergericht für schuldig befunden wurde, traf sie das Fürstenrecht mit aller Härte. Sie verlor das Aufenthalts-recht in Preußen und, der schmerzlichste Verlust – ihre Kinder.

Wie noch darzustellen ist, hielt der König, das personi-fizierte Gesetz, seinen Bruder Albrecht für einen Lotterbuben und akzeptierte mit merklichem Unwillen den sicher bezeug-ten Ehebruch Mariannes mit ihrem holländischen Stallmeister. Dabei schien Friedrich Wilhelm IV. völlig zu verdrängen, daß keiner der Hohenzollernfürsten von amourösen Neigungen und galanten Abenteuern freizusprechen war. Auch er nicht, wie uns Prinzessin Augusta überliefert, voller Mitleid und Verständnis für Elisabeth, die Gattin Friedrich Wilhelms IV.: »Elisabeth trägt schwer an ihrem Übertritt zur evangelischen Kirche. Dann die Liebschaft des Kronprinzen (der spätere Friedrich Wilhelm IV., Anm. d. Verf.). Ehebruch bleibt Ehe-bruch, auch wenn er ein Kronprinz ist, der den Seitensprung macht. Die Kronprinzessin erfuhr zufällig von der Sache, als sie die Frau des Kutschers fragte, wer der Vater ihres Enkels sei. Denn die Kronprinzessin wußte, daß die Tochter des Kutschers nicht verheiratet ist. Der ehrlichen Kutschersfrau stieg das Blut ins Gesicht. Arme Frau, arme Kinder...«[64]

Augusta, die Frau Wilhelms, und Kaiser, litt unter der Vorstellung, aus Gründen der Staatsraison geheiratet worden zu sein, obwohl ihr Gatte die schöne Fürstin Radziwill liebte. Der hielt die Erinnerung an den vermutlich schmerzlichsten Verlust wach, der ihn persönlich betraf: Bis zu seinem Tod stand auf seinem Schreibtisch das Porträt der geliebten Frau, die schon 1834 verstarb, fünf Jahre nach seiner »verordneten« Verheiratung. Das erklärt vielleicht, weshalb Augusta ein stets waches Interesse an Hohenzollerschen Klatschgeschichten hatte. Für uns liefert sie ein Indiz, das die Intoleranz Friedrich Wilhelms IV. belegt. Das Porträt auf dem Schreibtisch erklärt zumindest partiell, weshalb Wilhelm Albrecht zu verstehen schien, der auf eine Neigungsehe hinsteuerte. Zumindest spre-chen viele Anzeichen dafür, daß er seinem jüngsten Bruder »Abbat« anders als Friedrich Wilhelm IV. vertraute und ihm in den eng gezogenen Grenzen seiner Möglichkeiten nach besten Kräften half.[65]

Angesichts der Toleranz Wilhelms kontrastiert desto schärfer des Königs Drohung, alles ihm mögliche zu tun, die in Aussicht genommene morganatische Ehe Albrechts zu behindern. »Sollte das öffentliche Ärgernis tatsächlich vollzogen werden (!) und ich Kunde davon bekomme, so ist Fräulein von Rauch von den preußischen Grenzen auf immer verbannt. Ich spreche das wohlüberlegt aus, die die Überschreitung dieses unwiderruflichen Befehls zu ernstesten demütigenden Maßregeln führen wird, die ich Dir, ..., gern ersparen möchte... (Ich will das) öffentlich ignorieren, darüber auch keinerlei Aktenstücke weder in meinen Privatpapieren noch im Archiv, noch nirgendwo dulden... So sollen es wenigstens die Akten nie den Gliedern unseres Hauses bekanntmachen, daß ein Prinz von Preußen, Königssohn und Königsbruder, einen fremden Fürsten angesprochen hat, um die treue Sorgfalt seines Bruders und Königs für seine und seines Hauses Ehre zu geben... Wie in aller Welt soll ich Baronin oder wie es jetzt heißt die Grafschaft !!!! Röschens anerkennen, da ich ja nur darum nicht meine Strafpflicht in der Sache übe, weil ich sie ignoriere, total ignoriere!? Nein, Niemals!«[66]

Der nicht zu mildernde Zorn Friedrich Wilhelm IV. hat natürlich seine Ursache auch darin, daß er schon vor 1848 von Albrechts Neigung zu Rosalie von Rauch wußte. Vielleicht hatte man ihm außerdem zugetragen, was in Dresden geschehen war. Schon im Scheidungsjahr hatte die Baronin von Stockhausen das Findlatersche Grundstück für den Prinzen erworben. Sicherlich hatte sie im Einvernehmen mit ihrem Gatten, dem Kammerherrn Albrechts, des Freiherrn von Stockhausen als Persönlichkeiten, die Dresden kannten, auf der Dohnaischen Gasse Nr. 8 lange Zeit wohnten und Kontakt zum Milieu der sächsischen Metropole hatten, die günstige Gelegenheit zum Kauf schon früher entdeckt. Lange, bevor es zur Verehelichung kam, nämlich 1850, wurde unter Aufsicht der Baronin von Stockhausen mit dem Bau des ersten Albrechtsschlosses begonnen, der später »Villa Stockhausen« hieß. Das ließ erkennen, wie wenig Albrecht geneigt war, sich dem Reglement zu beugen und schon zeitig, vor der Scheidung, auf einen neuen Familiensitz reflektierte.

Der alte höfischen Zwänge hassende Prinz, dem bürgerliche Freiheiten erstrebenswert schienen, wenn wir von seiner militanten, vielleicht im damaligen Preußen unumgänglichen, durch Erziehung geförderten Neigung absehen, geriet durch seinen Alleingang in Nöte. Er wandte sich vertrauensvoll an Wilhelm, seine Bedrängnis offenbarend: »Daß ich die Sache nicht leichtsinnig und unüberlegt begonnen habe, dafür spricht schon an und für sich der Weg, den ich eingeschlagen habe. Ich habe den Gedanken einer Ehe mit einer Prinzessin erwogen, aber niemanden gefunden, welche mir das bieten kann, was ich bedarf und bei meinen traurigen Erfahrungen kann man mir nicht zumuten, eine Ehe zu schließen, welche nicht meine ganze Seele und Herz umfasse und zu guter Letzt nur eine Scheinehe sein würde.«[67] Er bekennt sich aufrichtig zu Rosalie v. Rauch, spielt darauf an, nicht mehr jung zu sein und deshalb keiner flüchtigen »Caprice« zu folgen und wünscht sich innigst, mit seiner königlichen Familie in Frieden zu leben, statt sich gegenseitig anzufeinden. Vielleicht war es die bittere Erfahrung Wilhelms, die ihn die Wege seines jüngsten Bruders verstehen ließ. Er bemühte sich für ihn, wenn auch mit geringem Erfolg. Als Albrecht ernst machte und mit Hilfe »fremder Fürsten« sein Ehebegehren durchsetzte, überwand sich Friedrich Wilhelm IV. dazu, das Scheidungsurteil mit vier Jahren Verspätung anzuerkennen: »Ich habe Befehl gegeben, den noch bis jetzt von mir unbestätigten, folglich ganz unrechtskräftigen Scheidungsakt des Kammergerichts zu bestätigen. Es wird geschehen, indem ich die Scheidungsgründe des Kammergerichts verwerfe (denn es sind offenkundige Lügen) und indem ich als einzigen der durch mich kassirten Ehe den notorischen Ehebruch Deiner Frau anführe.«[68]

Ohne von Mariannes alleiniger Schuld überzeugt zu sein schien es dem Königsbruder im Hausinteresse geraten, diesen im Grunde komplizierten Komplex auf ein Minimum zu vereinfachen, was zugleich ein Maximum an Einsparung für Preußen bedeutete. Albrechts neue Familiengründung würde noch teuer genug zu stehen kommen.

Der Moralist und fromme Friedrich Wilhelm versicherte seinem so tief gefallenen Bruder, daß er darüber weinen werde. Der Fleck auf dem Königshaus von Preußen – er hatte seine »Befleckung« des Kutschertöchterleins vergessen – war ausreichend Grund, dem undisziplinierten Albrecht jeden selbständigen Schritt zu verbieten, bevor nicht alle Instanzenwege gegangen wären und er offiziell – amtlicherseits – benachrichtigt sei.

Wieder vertraute sich der Jüngste dem Nächstälteren an, nicht ganz ohne taktische Mogelei. Wilhelm hat bestimmte Passagen sicherlich schmunzelnd aufgenommen, ohne es Albrecht zu verargen:»Offen und ehrlich, selbst auf die Gefahr hin, wieder wie so oft mißverstanden zu werden und mir Vorwürfe zuzuziehen. Das einfache, bescheidene, unbefangene Wesen von Frl. v. Rauch hat von jeher einen angenehmen Eindruck auf mich gemacht: ich habe damals meine Gefühle nicht genau untersucht, ich bin mir aber nichts Arges bewußt, mag aber wohl ein Wohlgefallen für sie offen zur Schau getragen haben und habe dabei die äußere Form der Contanance nicht immer richtig beachtet ..., daß ... versichere ich auf das feierlichste, ...« er mit seinen Gefühlen für Frl. v. Rauch überhaupt nicht bei seinem Entschluß, sich scheiden zu lassen, beeinflußt war. Es war ihm nie in den Sinn gekommen, daß eine Scheidung zur Ehe mit Frl. v. Rauch führen könne. »Seit jener Katastrophe 1843«, so nennt er die allzu unverhohlene Zuwendung an einem Abend auf Schloß Kamenz – nachdem Marianne ihn 1842 freigegeben hatte –, habe er Rosalie fast völlig aus den Augen verloren. Erst später habe sich ein lebhafteres Interesse für sie entwickelt, »was gerade die am meisten

herbeigeführt haben, die am heftigsten gegen uns waren«. –
»Man setzte voraus, es seien Verhältnisse zwischen Frl. v.
Rauch und mir die Ursache zur Scheidung gewesen.«[69]
Außerdem beklagt er sich über die häßliche öffentliche
Meinung, wodurch Rosalie überall zurückgesetzt, verleumdet
und mit Vorwürfen überhäuft werde. Das muß den Ritter und
prinzlichen Tugendschützer in ihm wecken, weshalb sich
Zuneigung rasch in Liebe verwandelte, von der er sich eine
glückliche und zufriedene Ehe erhoffte. Mit unverhohlenem
Trotz, den der Adressat anscheinend auch ohne Groll regi-
strierte, setzt er aus dem versteckten Stapel eine vermeintliche
Trumpfkarte zum Abschluß: »...Morgen gedenke ich abends
zu Dresden auf meiner Villa á la Albrechtsberg zu sein.«[70]

Das schrieb er 1852, als die Scheidung noch nicht rechtskräftig war und ihm jegliche Schritte dieser Art vom König
verboten wurden. War das Fräulein von Rauch schon mit in
Dresden, oder hielt sich Albrecht an das ihm auferlegte
Zölibat?

KAPITEL 4

DER REIFE ALBRECHT UND SEINE ZWEITE EHE

Der Prinz wußte, was ihn erwartete. Seine dynastischen Interessen zuwiderlaufende Absicht, nicht standesgemäß zu heiraten, führte zur Verbannung seiner zweiten Gattin aus Preußen. Wie würde sie es ertragen, womöglich bis an ihr Lebensende, ohne ihre engsten Verwandten sehen zu dürfen, auf der Dresdner Insel zu verbleiben? Wie würde es ihren Kindern aus dieser Ehe ergehen, die weder Albrechts Namen noch Titel tragen, geschweige denn Thronfolgeanspruch geltend machen dürfen? Würden sie überhaupt als legitime Kinder anerkannt? War doch damals jedes illegitime Kind von vornherein ohne das leiseste eigene Verschulden gebrandmarkt! Käme das Deutsche Fürstenrecht zur Geltung, stieße ihm, dem womöglich leichtfertigen Vater, Lebensbedrohliches zu? Ist nicht Friedrich Wilhelm IV. wild entschlossen, diese neuerliche Caprice des aus der Art geschlagenen Bruders damit zu ahnden, ihn und seine neuen Familienangehörigen aus den Annalen Preußens zu streichen, nicht existent werden zu lassen? Woher rührte die so extreme schroffe Ablehnung Friedrich Wilhelms IV. vor allem gegenüber der Rosalie von Rauch? Zögernd gibt die Geschichte in kleinen Stücken, die zwischen großen Blöcken verborgen liegen, diese oder jene Auskunft. Aufgescheucht durch eine Nachricht, deren Ursprung wir nur vermuten können, kam genau am 4. Oktober 1842, dem Geburtstag Albrechts, der König von Berlin nach Glienicke zu Bruder Carl mit einem »Extra« – einer schnellen Kurierkarosse – gerast, bat um ein »frugales Diné«, um nach einer halben Stunde wieder davonzugaloppieren. Für den gesetzten Friedrich Wilhelm ein sonderbares Verhalten. Was hatte den Landesvater zu so ungewöhnlicher Handlung aufgepeitscht? Prinz Carl hatte es festgehalten und damit ein wenig die Haltung des Königs in Albrechts Ehe- angelegenheiten beleuchtet: Albrecht war 1842 mit Wilhelm an seinem Geburtstag in Glienicke bei Carl, kurze Zeit nach seiner Flucht aus »Camenz«. Er hatte eine heftige Auseinandersetzung mit Friedrich Wilhelm, der ihm ankün- digte, die Hofdame »Frl. R. v. Rauch im entferntesten Stift in Pommern einsperren zu lassen, und er sie nie wieder zu sehen bekäme«. Sie sei an all dem Debakel von Kamenz schuld. Albrecht habe das alles mit dem jungen Stockhausen eingefä- delt, um mit ihr Ehebruch zu begehen. Sollte er den Hintergedanken hegen, »Fr. R. R.« heiraten zu wollen, was Religion und Landesrecht verböten, könne er niemals mit sei- ner Einwilligung rechnen. »Albrecht schwor hoch und theuer«, daß er nicht im entferntesten daran denke, Rosalie von Rauch zu heiraten, alles Verleumdung sei, was man von einer Verbindung oder Verabredung »fasele, etc., etc.« (Vgl. Anhang, Dokumente und Exkurse).

Solche Vorkommnisse gab es zwischen 1841 und 1843, von denen stets der König erfuhr und ein dauerhaftes Mißtrauen bis zu seinem Tod hinterließ. Für uns wird erkennbar, daß Albrecht im jungen Stockhausen einen »Komplizen« fand, was der Familie des Kammerherrn nicht verborgen blieb. Das läßt vermuten, daß die Stockhausens weit mehr konkret wußten, als der König, was Albrecht sehr verpflichtete. Die für damalige Vorstellungen von Contenance groteske Entschei- dung Mariannes, die erotische Beziehung zwischen einer Prinzessin und einem Leibkutscher sichtbar werden zu lassen, rettete letztlich Albrecht davor, aus dem Königshaus aus- gestoßen zu werden. Um all das zu vergessen, war der Standort in Dresden bestens gewählt. Daß schon der finstre Napoleon die Schönheit des Panoramas zu genießen verstand, das jetzt Albrecht beschieden war, wußte keiner mehr. Der einstige Okkupant des schönen Elbflorenz hatte anderen Geistern den Platz überlassen, die sich gern eine gute Stunde von Dresden kommend auf den Weg machten, um im Findlaterschen Restaurant der Muse einer reizenden Aussicht zu huldigen und tiefsinnige Gespräche zu führen. Da, wohin der »heimatvertriebene« Preußenprinz seinen Familientisch setzen wollte, saßen Männer wie Richard Wagner, von Kügelgen, Haenel, Carus, Semper, Webers Sohn und andere bei einem Glas Elbhangwein. Man war sich darin einig – hier ist einer der schönsten Plätze in Dresdens Umgebung. Klare Tage lassen den begeisterten Wanderer bis in das Elbsandsteingebirge blicken, zeigen die ersten Erhebungen des Erzgebirges, die einzigartige Silhouette Dresdens und das Silberband der unten sanft vorbeifließenden Elbe. Prinz Albrecht war der Gattin des schwer erkrankten Freiherrn von Stockhausen von Herzen dankbar für diesen gut gewählten Ort, für ihr Engagement und ihre Verschwiegenheit! Sie hatte 1850 das Terrain der Loschwitzer Höhen von der Mordgrundbrücke bis zum Dresdner Wasserwerk, der Saloppe, gekauft, ein langgestrecktes Gelände, das noch im 17. Jahrhundert zum Einschießen der sächsischen Kanonen genutzt wurde, damals der besten Artillerie innerhalb der deutschen Länder. Der musisch wenig begabte Prinz ließ sich vom Schinkelschüler Lohse beraten, der unlängst für den Pfingstberg bei Potsdam ein Schloß projektiert hatte. Es machte ihm nichts aus, daß mit einigen Ähnlichkeiten zu rechnen war. Großherzig und mit einem Schuß Eigennützigkeit schenkte er aus »echter« Dankbarkeit den Stockhausens Albrechtsschloß Nummer 1, Villa Stockhausen, die zu seiner Verwunderung bombastischer ausfiel, als gedacht. (Einschränkend muß bemerkt werden, daß eine finanzielle Selbstbeteiligung der Stockhausens denkbar ist, die ihr Rittergut Immenhausen nahe Kassel verkauft hatten). In den »Beschenkten« fand er einen treuen Stützpunkt in Dresden, vor allem in der energischen, tatkräftigen Baronin von Stockhausen, die später die Bauarbeiten des Albrechtsschlosses 2 leiten sollte.

Albrecht hatte sich entschlossen, seine Wunschehe durchzusetzen, trotz all der Hindernisse, die ihm in den Weg gelegt
wurden. Fand er in Bruder Wilhelm einen echten Bruder, der
Hilfe zu leisten bereit war, so auch in Schwester Charlotte, an
die sich beide ratsuchend gewendet hatten. In einer schrecklich
anmutenden Sprache teilt Wilhelm Albrecht einen interessan-
ten Kompromiß mit, der ohne den auf Hochzeit Versessenen
im Berliner Schloß mit Friedrich Wilhelm IV. ausgehandelt
wurde:

»Sg. des P. v. Preussen Copia copiae 7 Berlin 17 May 1853,
Auf meine Benachrichtigung, daß der Herzog von Meiningen
eine Trauung seinerseits mit dem Frl. v. Rauch in seinem
Lande durch einen Geistlichen verrichten lassen will, sagt
gerade das, was unser König vom Kaiser von Rußland oder,
dem König von Sachsen verlangte, (das ersterer aber abschlug)
daß Du aber dazu eine Erklärung für diesen Geistlichen ver-
langst, aus der hervorgeht, daß anzunehmen sei, der König
unser Bruder lasse diese Trauung stillschweigend zu – hat mir
der König erklärt, daß es einer solchen Erklärung nicht
bedürfe, indem der Geistliche, dem sein Landesherr die
Trauung auftrüge, von vornherein verpflichtet sei, anzunehmen, daß dieser sein Landesherr von der Zuläßigkeit der
Trauung überzeugt sey.«[71]

Der König bleibt bockbeinig und entzieht sich jeglicher
Verantwortung. Da er im Ausland, hier Sachsen Meiningen,
nicht gebieten darf, was ihm gelegen kommt, verweist er auf
das Recht des Landesherzogs: dieser darf Pfarrer anweisen,
eine Trauung zu vollziehen, da er ihm untertan ist. Der weltli-
che Herr muß nur davon überzeugt worden sein, daß diese
Kopulation rechtens ist, wobei er Spielraum hat. Dem Mann
der Kirche steht im Fall einer Prinzenhochzeit, sei es zur rechten oder linken Hand, die Frage nach der Rechtmäßigkeit nicht
zu. Da der Herzog von Sachsen-Meiningen Albrechts
Schwiegervater ist, wusch die eine Hand die andere. Der erste
und wichtigste Schritt schien getan, der in des Prinzen zweites

Eheglück führen könnte. Aber, so der treue Bruder Wilhelm: Der Herzog von Meiningen müsse wissen, daß der König an sein früher gegebenes Wort gebunden sei und deshalb seine öffentliche Zustimmung zur Verheiratung nicht geben könne. Aber: »Auf wiederholtes Begehren unserer Schwester, der Kaiserin, habe er jedoch erklärt, daß wenn ein nicht preußischer Geistlicher diese Verbindung einsegne, er deshalb zwar ignorieren werde, jedoch diese stille Ehe nicht mit der Strafe verfolgen werde, die sonst einer geheimen Ehe gesetzlich folgen müßte. Auch erwartet der König, daß der Herzog von Meiningen dem Fräulein von Rauch einen standesmäßigen Namen beilegen werde. Aus anderweitigen Äußerungen des Königs scheint er anzunehmen, daß Dein Etablissement außerhalb Preußens genommen wird, so daß Du aber in Berlin nur allein residieren würdest. Dein treuer Bruder Wilhelm«[72] Ein Brief vom 18. Mai 1853. Der König weiß alles und sagt öffentlich »Mein Name ist Hase und ich weiß von nichts.« Und was man nicht weiß, das fällt auch nicht unter Strafe.

Bei all der Fragwürdigkeit einer solchen Form des »status quo« war das ein Teilerfolg, ein Kompromiß, mehr, als zu erwarten war. Schwester Charlotte war der Eisbrecher. Sie setzte sich für den »kleinen Abbat« ein, informiert und stimuliert durch den in der Tat treuen Bruder Wilhelm. Es konnte keinem gelingen, Friedrich Wilhelms Herz für des jüngsten Bruders Ausbruch aus der Berliner Hofdisziplin zu erwärmen. Aber es schien wenig zweckmäßig, die Zarin-Schwester zu verstimmen und für wichtigere Anliegen womöglich zu verschließen. Immerhin hatte sie einen Weg gewiesen, der den erbosten König seiner religiös wie landesrechtlich begründeten Androhung von juristischen Schritten und disziplinarischen Strafen enthob. Damit waren aber jähe Wendungen in Friedrich Wilhelms künftigem Verhalten keineswegs ausgeschlossen, hatte er doch einen heftigen inneren Kampf mit sich auszutragen. Er konnte es nicht verwinden, sich von Albrecht betrogen zu sehen im Hinblick auf die häufig wiederholten Streiche auf Schloß Kaménz. Er trug dem Herzog von Sachsen-Meiningen Hausaufgaben auf – einen geeigneten Ort für einen auch von der Presse verschwiegenen Aufenthalt, einen anderen für eine »stille Trauung« und einen Grafentitel zu stellen. Das schien recht und billig, war schließlich der nur herzogliche Erbprinz mit einer königlichen Prinzessin von Preußen verheiratet, Albrechts Tochter Charlotte. Dafür hatten die Meininger ewig dankbar zu sein. Aber noch zwei Wochen vor dieser am Berliner Hof als so verabscheuungswürdig gefundenen Eheschließung, am 31. Mai 1853, schrieb der Bruder König an einen Bruder der Rosalie v. Rauch einer erneuten Aufwallung folgend einen bösen Brief. Darin ist alles zusammengefaßt, was weitgehend den Tatsachen entspricht, nur hatte er es längst vergessen, sich seiner eigenen Eskapaden zu erinnern: »Ich bin sehr wider Wunsch und Willen ein Thema zu berühren, welches Ihnen, Ihrer Familie und mir unsäglich schmerzlich ist. Dieses ist das Verhältnis Ihrer Schwester Rosalie zu meinem Bruder Albrecht. Die Leidenschaft (ist die günstigste Auslegung seines Beginnens) macht ihn taub gegen mich, der zarten Rücksichten, die er dem Ruf und der Zukunft des geliebten Gegenstandes zu weihen hat. Er will Ihre Schwester durch den Herzog von Meiningen baronisieren lassen !!! um seine Ehe mit ihr durch einen zervilen Pfaffen des dortigen Landes vornehmen zu lassen!... der schändliche Eklandre im Jahre 1841 Kamenz hatte zur Ursache das unbedachte Kurmachen Albrechts gegen ihre Schwester. Darüber ist die ganze Häuslichkeit zusammengebrochen und der Ehebruch seines Weibes hat die saubere Geschichte würdig gekrönt.«[73] Im gleichen Brief teilt er auch Rosalies Geschwistern mit, daß Albrecht zuerst allein, dann im Beisein aller Brüder Albrecht das Ehrenwort abgenommen habe, nie eine Verbindung mit ihrer Schwester eingehen zu wollen. Erneut wiederholt er seinen Entschluß, einer Eheschließung niemals zustimmen zu wollen. Offenbar war ihm entfallen, daß

er seinen Bruder Wilhelm beauftragt hatte, Albrecht zu veran-
lassen, auf sein Geheiß beim Herzog von Sachsen-Meiningen
einen Grafentitel zu erbitten. Hier protestiert er gegen die
(ursprünglich) vorgesehene Baronisierung. Erste Anzeichen
seiner Gehirnsklerose? Es traf ihn schwer, daß Albrecht entschlossen war, von einem »fremden Fürsten« Titel und
»Pfaffensegen« nur wegen einer Herzensverlockung entge-
genzunehmen. Das kam ihm vor wie Verrat am Haus Hohenzollern und am Land Preußen. Deshalb kündigte er dem
Rittmeister v. Rauch die Verbannung seiner Schwester an: »...
so mag sie in Albrechts Weingärten bei Dresden tun, was sie
will. Die Grenzen ihres Vaterlandes verbiete ich ihr jemals
wieder zu betreten.«[74]

Ein Jahr nach Friedrich Wilhelms IV. Tod, 1862, war auf
milderes Wetter in Berlin zu hoffen. Der treue Bruder Wilhelm
wurde Wilhelm I., König von Preußen. Rosalie, Gräfin von
Hohenau, versuchte, die Verbannung zu lockern. Sie ersuchte
um Anerkennung des Grafentitels auch in Preußen und um die
Erlaubnis, wenigstens durch Brandenburg durchreisen zu dürfen zu ihren Verwandten in Mecklenburg. Es war schon
Eisenbahnzeit und viel leichter, unerkannt als einer unter vielen zu fahren. Am härtesten aber hatte sie wohl getroffen, daß
ihr erstes Kind nicht getauft werden konnte, weil der König die
Ehe noch nicht anerkannt hatte. Albrecht mußte Formu-
lierungen für ein Bittgesuch finden, die einem Neuzeit-
menschen grausige Schauer über den Rücken laufen lassen:
»Durchlauchtigster großmächtigster König allergnädigster
König und Herr! Eurer Majestät unterlasse ich es nicht
unterthänigst anzuzeigen, daß mir die Gräfin von Hohenau am
25. April (1854, Anm. d. Verf.) in Albrechtsberg bei Dresden
einen Sohn geboren hat. Bisher habe ich demselben noch nicht
die Segnungen der Taufe angedeihen lassen können, weil Eure
Majestät noch nicht geruht haben, meiner nicht ohne allerhöchst dero Wissen eingegangene Ehe, die allerhöchste
Anerkennung zu ertheilen, und mein Kind daher noch recht-

und namenlos in der Welt dasteht. Religion und staatliche Verhältnisse gestatten es nicht die Taufe meines Sohnes noch länger hinauszuschieben, weshalb Eure Majestät die unterthänigste Bitte gerechtfertigt finden werden;...«[75] Albrecht schließt zwei Bitten in der als Kostprobe gegebenen Form an: Er möchte ein Söhnchen als Graf Wilhelm in das Taufbuch der Gemeinde Loschwitz bei Dresden eintragen lassen und daß ein dem Hohenzollerschen Hausrecht entsprechender Vertrag für die Kinder aus Ehen »von linker Hand« zu ihrer Versorgung abgeschlossen wird. Das schließt die Versorgung seiner Witwe und eine Abfindung seiner Kinder ein. Der Hofmarschall von Schliefen ist der ritterliche Mann, der den widerborstigen Prinzen beriet und in mancher Frage dem grollenden König als eine Art Blitzableiter entgegentrat – unter Wahrung der Contenance, versteht sich. Die abschließenden Worte des Bittbriefes Albrechts an seinen Bruder wollen wir nicht vorenthalten. Sie gehören in die Gruselpassagen dieses Lebensbildes: »Ich ersterbe in tiefster Ehrerbietung als Eure Majestät unterthänigster Albrecht. Berlin, den 30. Juni 1854 A.«[76]

Das Deutsche Fürstenrecht mußte auch in Preußen als Leitstange für das Landesrecht im Bereich des Hochadels gelten. Danach setzte das Landrecht fest:

»1. Das Wittum, sei es in jährlichen Verpflegungsgeldern, sei es in Kapital – eine Abfindung zum auskömmlichen Unterhalt der Frau nach den Tod des Gemahls.

2. Die Vorsorge für die zu erwartenden Kinder,..., nicht mit erben, aber auf Erziehung, Verpflegung und Ausstattung Anspruch haben.«[77] Albrechts Lage wurde dadurch erschwert, was die rechtliche Anerkennung seiner Ehe durch den König anbelangt, daß nach der Hausverfassung der Hohenzollern kein königlicher Prinz ohne Genehmigung des Königs weder zur rechten noch zur linken Hand heiraten darf. Das wird mit dem seit 1798 geltenden Landrecht in Preußen begründet, wonach dieses Gebot für jeden preußischen Offizier gilt, der

ein Prinz ohnehin zu sein hat. Kurz und bündig hieß das: »...
Eine ohne allerhöchste Erlaubnis geschlossene Ehe eines
königlichen Prinzen ist nichtig.«[78]

Einzig der König mußte niemanden um Erlaubnis fragen.
Prinz Albrecht erinnerte sich des »Modellfalls«, den ihm sein
Vater lieferte, dem er aber auf seiner Rangstufe nicht folgen
durfte: morganatisch unter Ausschluß jeglicher Öffentlichkeit
zu ehelichen. Vielleicht war das ein Grund Bruder Wilhelms,
»Abbat« immer wieder zu verzeihen, was die Zarin, die kaiser-
liche Schwester, ebenfalls riet.

Friedrich Wilhelms IV. Haltung fand im allerhöchsten Kreis
– Kaiserin von Rußland und Kronprinz von Preußen – letztlich
keinen Beifall, was seine Unsicherheit bestärkte. Mit einem
Wort, er stimmte mit einer halbherzigen Formulierung zu, die
jederzeit eine Aufhebung gestattete: »Jaein.« Die Hals-
starrigkeit, die der königliche Bruder an den Tag legte, wenn er
einer Erleichterung der Lage der Gräfin Hohenau zustimmen
sollte, wurde von den Hofmännern angegangen, die mit viel
Zivilcourage Partei für den geplagten Albrecht ergriffen und
des Königs verwaschene, wechselhafte Beurteilung der
Sachlage zu einem Stein des Anstoßes verwandelten. Ihm
wurde mehrfach variiert und vor allem schonend beigebracht,
daß er zwangsläufig mit dem Deutschen Fürstenrecht in
Kollision geraten mußte. Albrecht wurde empfohlen, sich im
Hintergrund zu halten, um das formulierte Recht desto deutli-
cher im Vordergrund wirken zu lassen. Ein Herr von Raumer,
der in der »Acta«, die eigens für den ungehorsamen Prinzen
angelegt worden war, oft als Endesunterzeichner auftaucht,
trieb den König in einigen Fragen in die Enge, indem er ihn
beim Wort nimmt. Er habe die stille Trauung im Ausland zuge-
lassen, die also geschlossene Ehe ausdrücklich als eine »stille
Ehe« bezeichnet und die Beilegung eines höheren Adelstitels
durch den Meininger Herzog akzeptiert, wenn auch nicht für
Preußen anerkannt, was doch aber nur durch die Existenz einer
morganatischen Ehe zu erklären sei. Der couragierte v. Raumer

bemerkt in seinem Schreiben an den König schließlich »... eine stille Ehe bleibt immer eine Ehe, und die Zustimmung zu einer solchen ist geschehen...«[79] Noch zu Lebzeiten Friedrich Wilhelms IV. stand das Ergebnis unverrückbar fest: Rosalie von Rauch ist rechtmäßige Ehegattin des Prinzen Albrecht zur linken Hand, weshalb die Kinder als eheliche zu behandeln sind. Sie sind aber nicht dem Vater erbberechtigt und müssen den Namen der Mutter führen. Das Deutsche Fürstenrecht sieht sogar vor, die Kinder aus einer linkshändigen Ehe dem Vater erbberechtigt werden zu lassen, wenn aus der rechtshändigen keine Kinder existieren. Herr von. Raumer drängte den König in aller Form, die rechtlichen Sachverhalte anzuerkennen, in die er durch seine Kompromißhaltung geraten war. Er beendete seine sehr umfassenden Ausführungen mit der notwendigen Zahl von Bücklingen, die die Contenance erforderte: »In dieser Beziehung sind seine Majestät der König Herr und Meister allerhöchst im Hause und könne unbedingt festsetzen, was allerhöchstselbst er für Recht und angemessen finden, daß das Vorhandensein einer Ehe zur linken Hand wird dadurch aber nicht alternirt. Berlin, den 17. Juni 1854 gez. v. Raumer«[80] Die zahllosen Fäden, die zwischen Berlin, Dresden Meiningen, Weimar und Wien geknüpft wurden, die entsetzlich bürokratischen Umständlichkeiten, das verkorkste Amtsdeutsch der Kanzleischreiber verbannen wir in den Anhang, weil es interessierte Leser amüsieren wird. (Vgl. Dokumente und Exkurse.) Der Schwiegersohn, Erbprinz von Sachsen-Meiningen und der Herzog waren mit größeren, gefährlicheren Dingen befaßt, als die stille Trauung durch einen untertanen Geistlichen ohne Öffentlichkeit zu ermöglichen. Deshalb mußte vieles am Rande mit erledigt werden. Der Herzog war in Wien wegen des russisch-türkisch-englisch-französischen Krieges, sein Sohn mußte alle Pflichten für ihn übernehmen, also am Tag der preußischen Hochzeit in Weimar für Sachsen-Meiningen repräsentieren. Der Ministerpräsident war angewiesen, über weitere Kanzleichargen die Ankunft des

hohen Paares auf Burg Altenstein nahe Eisenach vorzuberei-
ten, den Pfarrer in das Kirchlein des Dorfes Schweina,
25 Kilometer nördlich vor Meiningen zu dirigieren und ihm zu
bedeuten, daß es in Preußen schon vorgekommen sei, eine
Linkerhandehe zu schließen. Der in Aussicht genommene Tag
verschob sich noch, am Ende wurde es ein Dreizehnter, aber
ein Montag. Den Leuten der Meininger Zeitung und anderen
journalistisch ambitionierten Personen wurde jegliche Ver-
öffentlichung verboten. Über den Trauungsakt selbst gibt es
keinerlei schriftliche Nachrichten, nicht eine Silbe findet sich.
Die Jungvermählten hatten es eilig, nach Dresden zu kommen,
wo die blitzblanke, nagelneue Villa Stockhausen oder
vielleicht damals »Albrechtsberg I« als ihr Flitternest auf sie
wartete. Die Stockhausens hatten den Empfang und die
Quartiernahme vorbereitet. Das künftige Schloß Albrechtsberg war noch nicht bezugsfertig im Juni 1853. Aber was
galt schon die Verspätung um ein Jahr, wenn man dafür ein
ganzes, gemeinsames Leben erkämpft hatte. Es bestanden nun
endlich einige Voraussetzungen für ein ruhigeres, ausge-
glicheneres Dasein. Der Start in glückliche Jahre schien gelungen.

Kehren wir noch einmal zu Friedrich Wilhelm IV. zurück.
Anlaß für die Rückblende ist sein Verhalten gegenüber
Albrecht und die Gelegenheit, eine hübsche Episode zu
erzählen – Komisches, Tragisches:
Prinz Albrechts erste Tochter Charlotte heiratete im Mai
1850 den Erbprinzen Georg von Sachsen-Meiningen. Die
Festlichkeiten fanden im Schloß, im Kirchlein und im Park von
Charlottenburg statt. Es herrschte ein furchtbares Gedränge.
Die Zermonien »fanden nach einer alten, noch jetzt genau
befolgten Vorschrift statt, und jeder konnte noch heute das-
selbe erleben,... als die ältere Generation heiratete.«[81] Die
kleine Schloßkapelle faßte natürlich nicht alle hoffähigen
Gäste, so daß dicht am Eingang die unverheirateten Damen ein

Spalier bildeten, dem sich nach den Sälen zu Reihen von Offizieren und anderen anschlossen. Das Wetter war wunderschön, die Luft sehr warm, weshalb es in allen geschlossenen Räumen stickig wurde. Auch die Fenster der Kapelle wurden zur Erleichterung der Leute geöffnet. Plötzlich sprang ein schwarzer Kater aus dem Garten in den Salon, in dem die Ehrenjungfrauen standen, huschte unter deren lange Courschleppen, »verwickelte sich bald unter dem Rock der einen, bald unter der anderen. Die weiten Krinolinen,..., gewährten ihm um so behaglichere Verstecke, als keiner von uns,..., wagen konnte, dort nach ihm zu langen. Manchmal kam er zum Vorschein. Dann wurde auf ihn losgeschlagen...«[82] Derart gejagt, hatte Katerchen keine Lust, sich ins Freie zu wagen. Den besten Schutz fand er dort, wo die Kleider am dichtesten waren. Die Damen kreischten und störten die pastorale Feier. In den Türen standen die Menschen Kopf an Kopf. Jeder Versuch, eine Türe zu schließen, war vergeblich. Weil er nirgends sicher war, gelang ihm schließlich der Sprung in die Kapelle, womit er zudringlichen Händ entzogen war. Weil vorn im Gotteshaus wohltuend ruhige Verhältnisse herrschten, setzte er sich für`s erste zwischen den Pfarrer und das Brautpaar. Der verdutzte Geistliche konnte nicht umhin, sich von Amts wegen zu bewegen. Das irritierte die Katze, und sie schlüpfte hurtig unter die Altardecke, wo sie vorerst unbehelligt blieb. Jeder Akt hat einmal ein Ende, auch ein feierlicher. Das hieß, alle Leute verließen das Kirchlein. Es gefiel dem Kater nicht, einsam zurückzubleiben, weshalb er sich wieder aus der geweihten Textilie auswickelte und hinausschoß, genau unter die Röcke, unter denen er schon einmal Sicherheit und Wärme genoß, weshalb ihm verschlossen blieb, weshalb ein paar Etagen weiter oben wieder dieses nervenraubende Gekreisch aufbrandete. Im Zustand dieser erneuten Beunruhigung hatte er ganz übersehen, daß sein schwarzer Schwanz noch im Freien lag. Das kostete ihn verzwickte Augenblicke und eine

Luftreise durch ein Schloßfenster in den Park. Nach Katzenart fiel er auf alle vier Beine und huschte eilends davon.[83]

»Abergläubische Menschen sahen darin eine üble Vorbedeutung. Als nun in der Tat die geistreiche Prinzeß nach einer Ehe von wenigen Jahren starb (1855, Anm. d. Verf.), wurde der Glaube an solchen Vorbedeutungen gefestigt.«[84] Zeitgenossen berichten von dieser Hochzeit, die König Friedrich Wilhelm IV. für die Tochter Albrechts des Ungehorsamen ausrichten ließ. Scheinbar ohne Groll und Grimm, in gemütlich-froher Laune präsidierte der König, familiäre Eintracht demonstrierend. Es klingt wie im Märchen: »Nach der Trauung folgte die Cour, die Abendtafel und dann der Fackeltanz. Das Büfett war auf Befehl des Königs für die große Menge der Geladenen in den untersten Sälen auf das reichlichste ausgestattet, denn der König war in der besten Laune von der Welt und hatte gesagt, heute sei Hochzeit, und da sollte jeder sich nach Herzenslust freuen.«[85] Das Oberhaupt der Hohenzollernfamilie trennte säuberlich zwischen Albrecht, dem Vater, der ihm so verteufelt ungehorsam war und seiner Tochter, die »unbefleckt« zu den sympathischen Mitgliedern des hohen Hauses zählte. Prinz zu Hohenlohe-Ingelfingen überlieferte uns die Charakterbeschreibung des so widersprüchlich scheinenden Friedrich Wilhelm IV. im Vergleich mit seinem Bruder, Prinz Wilhelm aus dem täglichen Erleben heraus. Er war Flügeladjudant bei beiden nacheinander: »Friedrich Wilhelm lebte darin Tag und Nacht (in hohem Pflichtbewußtsein, Anm. d. Verf.)... Er war in allen Fächern zu Hause... Wissenschaften und Künste, Politik und Heeresangelegenheiten, juristische und Finanzfragen, in allem überstrahlte er seine Ratgeber an Wissen und Einsicht. Deshalb ging er allen Fragen auf den Grund. Er konnte sich dann so für einzelne Fragen interessieren,... daß der Tag nicht ausreichte und alles andere liegenblieb.«[86] Diese Eigenschaft ließ ihn schwer zu einem Entschluß kommen, der in die Praxis umzusetzen war. Das ist aber nicht gleichbedeutend mit Mangel an

Entschlußkraft, wie bewiesen. Er sah im Ringen um möglichst völlige Zweifelsfreiheit oft Hindernisse für eine Entscheidung, was Zeit und die Gunst mancher flüchtigen Gelegenheit kostete. Ganz anders wird sein Bruder Wilhelm beschrieben: »König Wilhelm arbeitete jeden Tag sein Pensum auf, und wenn er bis spät in die Nacht arbeiten mußte. Er betrachtete das als seinen Dienst. Wenn er aber nicht so lange zu arbeiten nötig hatte, dann war er froh, sich erholen zu können, oder er fuhr abends ins Theater, wo er in seiner kleinen Loge hinter dem Vorhang... ein ungestörtes Schläfchen machte. Lebhaftes Interesse hatte er für die Armee...«[87] Der Untergebene fand sie beide als wohlwollend und gütig. Bei tragischen Ereignissen konnte Friedrich Wilhelm lange in trüber Stimmung sein – denken wir an Albrechts Probleme mit ihm. Wilhelm dagegen konnte bitterlich weinen, aber die nächsten Ablenkungen vermochten seine Stimmung nach einer Stunde zu beseitigen. Außerdem hatte er im Gegensatz zu seinem Bruder die Fähigkeit, schlafen zu können, wann immer er wollte. Der musisch veranlagte Friedrich Wilhelm glänzte durch eine bilderreiche, blühende Sprache, Wilhelm traf mit kernigen Worten in Kürze den Nagel auf den Kopf – sagen die Zeitgenossen.[88]

Die Eigenschaften dieser zwei Brüder beeinflußten Prinz Albrechts Leben. Friedrich Wilhelm war der Mann der Idee, Wilhelm der Tat. Friedrich Wilhelm war, an seiner preußisch-berlinerischen Umgebung gemessen ein beachtlicher Geist, Wilhelm ein bedeutender Charakter. Als Mann von Geist verabscheute Friedrich Wilhelm gewaltsame Brüche sinnvoll gefügter Regeln. Das beutelte ihn angesichts der Schwierigkeiten, die ihm Albrechts Eigenmächtigkeiten bereiteten. Vielleicht war er schon zu krank, als daß er noch die Kraft hatte, seine Kompromisse, die ihm im Grunde abgerungen worden waren, durchzustehen. Seine angeborene Gutherzigkeit verleitete ihn, Charlotte und Wilhelm zugunsten Albrechts nachzugeben, aber die Staatsraison forderte seinem Pflichtgefühl ein für ihn qualvolles Lavieren ab, zumal Männer, die er schätzte und sein Vertrauen genossen, ihn auf Sachverhalte oder Rechtslagen hinwiesen, die in ihm das Empfinden einer verworrenen Situation heraufbeschworen. In Sachen Albrecht gelang es ihm nicht, die berühmte klare Linie durchzusetzen, weil sie durch seine eigenen Kompromisse, die er wahrscheinlich zeitweilig vergaß, verbaut worden war. Um 1857 begann er so ernsthaft zu kränkeln, daß Prinz Wilhelm ihn schon öfter langfristig vertreten mußte. Ihn trafen mehrere Schlaganfälle. In den Erholungsphasen war er zeitweilig geistig verwirrt, ohne Erinnerung, sprachgestört, nicht mehr konzentrationsfähig. Seit 1858 übernahm deshalb Wilhelm die Regentschaft bis zum Ableben des schwerkranken Königs 1861, der ihm von da an bis 1888 die Krone überließ.

Prinz Albrecht, der seiner durch Geburt vorgezeichneten Bestimmung nach »Berufssoldat« war, erlebte zwischen der Verheiratung seiner ältesten Tochter aus erster Ehe, Charlotte, und ihrem frühen Tod bei Geburt ihres Kindes 1855 glückliche Jahre mit Rosalie von Rauch, aus der schließlich eine Gräfin geworden war und die in Dresden mehr oder weniger heimisch wurde. Bedrückend war das Bewußtsein, aus dem Lebenskreis der nahestehendsten Verwandten verbannt worden zu sein, was anfangs vom Glück der gelungenen Liaison überstrahlt wurde. Als Prinz Albrecht 1853 nach Dresden ging, um der Stadt und der Kulturgeschichte Deutschlands ein Schloß und Baumonument von hohem künstlerischen Rang zu hinterlassen, war er schon 44 Jahre alt und aufgestiegen zum General der Kavallerie. Aus Gründen, die wir nur erraten können, war er schon einige Jahre ohne die Pflichten eines Truppenkommandeurs. Er hatte Präsenzpflicht gegenüber dem Berliner Hof am Ort, weshalb er ständig zwischen Dresden und Berlin hin und her pendelte. Man hatte die Eisenbahn erfunden und so rasch verbessert, daß es zu dieser Zeit schon einen schnellen Kurierwagen gab, der mit etwa 80 Stundenkilometern zwischen den Hauptstädten Sachsens und Preußens verkehrte,

Werbeblatt der Georg Krauss und Comp. Actien-Gesellschaft

etwa die Zeit verschlingend, die die gemächliche Postkutsche zwischen Niedersedlitz im Osten Dresdens und Meißen verbrauchte, wenn sie unter günstigen Bedingungen zügig durchfahren konnte. Die Atmosphäre am sächsischen Hof war für die Gräfin v. Hohenau offensichtlich angenehm. Nur ausgesprochen irre gestalteten sich die kurzen Momente, wo unversehens ein preußischer Gesandter oder Diplomat einer anderen Rangstufe in Sichtkontakt geriet. Dann hatte dieser die Pflicht, sich abzuwenden und die Anwesenheit der Dame völlig zu ignorieren. Friedrich Wilhelms III. Witwe, die Fürstin von Liegnitz, Dresdnerin von Haus aus, schien sich ebenfalls an diese Kontaktrestriktion zu halten, zumindest aber nichts zu überliefern, was auf eine persönliche Beziehung hinweist. Der alte Major a.D. von Schliefen, von Friedrich Wilhelm IV. nach Dresden dirigiert, um zwei Herren zu dienen – ihm und Albrecht, als Auge und Ohr des Königs – wurde ähnlich dem Kanzleirat von Raumer zum Helfer und Fürsprecher der neu gegründeten Familie. Er bediente sich einer ähnlichen Methode wie von Raumer. Eins seiner Kabinettstückchen ist regelrecht amüsant, wenn auch der Beweggrund keineswegs freundlich, sondern makaber aussieht. In der verschraubten Höflingssprache setzte er dem Regenten Kronprinz Wilhelm folgendes vor: »Allerdurchlauchtigster Regent! Allergnädigster Regent und Herr! Eurer königlichen Hoheit habe ich die Ehre, in Angelegenheiten seiner königlichen Hoheit des Prinz Albrecht einen unterthänigsten Vortrag zu halten, wenn auch wegen Invalidität verabschiedet, so haben seine königliche Hoheit mir dennoch befohlen höchst diese intimsten und wichtigsten Verhältnisse im Auge zu behalten... und nicht nur allein seiner königlichen Hoheit dem Prinzen Albrecht, sondern auch Eurer königlichen Hoheit ein treuer Diener zu sein...«[89]

In aller Umständlichkeit und sprachlicher Verschrobenheit ergreift der alte Mann Partei für die Normalisierung der widernatürlichen Verhältnisse zwischen Dresden-Albrechtsberg und Residenzschloß Berlin. Von Schliefen will verdeutlichen, wie der Befehl des Königs wirkt, wenn der preußische Graf Redern sich im Beisein anderer Diplomaten angesichts der Gräfin Hohenau abwenden muß – peinlich, peinlich, peinlich. Alle anderen Anwesenden verhalten sich ungezwungen und erfreuen sich an der sympathischen Rosalie. Deren Einfluß auf Albrecht schildert er in den Farben der Palette, die seinem Empfinden entspricht: »Ich kann auf Pflicht und Gewissen bezeugen, daß die Ehe ihrem privaten Charakter nach eine der glücklichsten ist, die es gibt, daß die Frau Gräfin in jeder Beziehung um besten Einfluß auf ihren hohen Gemahl sich bemüht und somit zu dieser Verfolgung der Angelegenheit im Ausland, welche die gesellschaftliche Stellung in dem kleinen Dresden sehr erschwert, kein Grund ist.«[90] Mit Sinn für die allmähliche Steigerung des Effekts bis zu einem nicht mehr zu überbietenden Höhepunkt setzt er seine letzte Trumpfkarte ein, nämlich die freundliche Haltung des Dresdner Hofes: »Die königlich-sächsischen Majestäten haben bei der neulichen schweren Krankheit der Frau Gräfin, wie auch sonst durch vielfache Erkundigungen höchst ihre Teilnahme dokumentiert, die höchsten sächsischen Hofscharschen und Beamten... wie auch einige fremde Gesandte haben mit der Gräfin in geselligem Verkehr – weshalb dann nicht auch der Graf Redern, wie mit so vielen Andern Ausländern, auch mit der Frau Gräfin von Hohenau umgehen dürfen! – «[91] Zum Ende seines tapferen Briefes überschreitet er die Schmerzschwelle parforce. Er bittet kurz und bündig, die Verbannte doch wenigstens durch Preußen reisen zu lassen und ihr die Wahl des Reiseziels selbst zu überlassen. Der alte Haudegen riet Albrecht, seinerseits gar nichts zu unternehmen, was ihnen erfolgversprechend einschneidend erscheint. Dafür nahm von Schlieffen es auf sich, etwaige Schelte einzustecken, weil sie ihm wenig anhaben kann und ein Teilerfolg dann immer noch winken könnte: »So war Prinz Albrecht offiziell nicht die Veranlassung zu etwaiger Veränderung der Verhältnisse seiner Frau – die Schuld ruht allein auf meinem Schultern!«[92]

Die exakt durchdachten Vorhaltungen von Raumers, die kühnen Attacken von Schliefens, der letztlich nur noch Albrecht diente, und die Versuche der Brüder Rosalies erbrachten tatsächlich Teilerfolge. Der »Ignoranzbefehl« für die Preußen in Dresden wurde »modifiziert«, die Durchreise durch alle preußischen Staaten wird gestattet mit Ausnahme des Aufenthalts im Albrecht-Palais, Schloß Charlottenburg und Potsdam. Erforderlichenfalls sei für zwei Tage zu gestatten bei ernsten Komplikationen von Familienangehörigen. Allerdings dürfe sich die Gräfin (der Titel wird angewendet!) nie mit Albrecht zusammen blicken lassen, schon gar nicht im Palais auf der Wilhelmstraße wohnen. Es wird beiden gut getan haben zu erleben, daß sich andere Menschen ohne Rücksicht auf ihr Renommé für sie engagierten. Bruder Wilhelm spielte offiziell, weil anders nicht möglich, des Königs Restriktionen mit, verhielt sich aber privat ungebrochen brüderlich. Zum Beispiel war er bereit, 1854 der Taufpate des kleinen Grafen Wilhelm zu sein, der erste Hohenau.

Das zweite Familienleben in Dresden war so viel wie eine neue Welt für Albrecht. Der trockene, allzu reglement-erstarrte Hof, auf militärischen Gehorsam gedrillt in den zivilsten Angelegenheiten, war weit entfernt. Es gab keinen Kammerherrn mehr, der ihm vorgegebene Verhaltensweisen einzutrichtern hatte. Endlich konnte er die weibliche Wärme in sich aufnehmen, die ihm als Kind, dem kleinen Abbat, gefehlt hat, bei aller Ammenfreundlichkeit der besorgten Bediensteten. Dennoch entging er für zu viele Tage einer kurzen Woche nicht dem, was man von ihm forderte: Selbstdisziplin, Selbsterkenntnis, Selbstüberwindung, Befehlsgehorsam, der zu leisten und zu fordern war, die Grundvoraussetzungen für die Erfüllung der vererbten Familientradition – Heerführer zu sein. Er war verpflichtet und konnte es auch, furchtlos für Staat und Monarchie tödlicher Gefahr ins Antlitz zu schauen und allem Feindlichen so perfekt wie möglich, aber auch erbarmungslos entgegenzutreten. Damit dieser für das Königshaus so kostbare Träger der Staatsraison, des Staatssymbols als Armeeführer keinen Schaden nehme, aber auch keinen anrichte, wurde er nahezu lückenlos beschützt, beraten, dirigiert, unter Aufsicht gestellt. In Dresden konnte er vergessen, General zu sein. Seine Pferde dienten der Freude und Erholung, Repräsentationspflichten waren auf ein Minimum herabgesetzt. Als 1854 endlich Einzug gehalten werden konnte, in das dem Zeitgeschmack vollkommen entsprechende Schloß Albrechtsberg, überfiel wohl beide, den Prinzen und seine Gräfin, ein starkes Glücksgefühl. Eine wunderschöne Heimstätte war ihr Eigen, und das Allerheiligste, das Schlafgemach, war für die Wonnen der Liebe raffiniert ausgestattet. Die Freundlichkeit des sächsischen Hofes, der von der gewinnenden Art der beiden Preußen beeinflußte Dienstleuteklatsch und der von den Zeitgenossen vielbewunderte Schloßbau führte zu vielen Lobgesängen, aber auch zu journalistischen Abirrungen. Bis in die dreißiger Jahre des 20. Jahrhunderts hielt sich zähe und unbeirrbar die von einer Zeitung aufgebrachte Story vom »romantischen Liebesnest«[93]. Die Zeitungsleute wußten damals nicht, welche Kämpfe der Schloßherr durchzustehen hatte, um endlich diese Dresdner Zufluchtsstätte errichten zu können, eine Insel für einen preußischen Prinzen mitten in Sachsen, auf der es endlich Entspannung und Herzenswärme gab. Die Tochter des so kreativen wie überaus gebildeten Hofgärtners Neumann schrieb in ihren Erinnerungen: »Der Prinz, wohl weniger aus innerer Neigung als nach alter preußischer Familienübertragung Offizier, war viel in Berlin. Er war eine lange, hagere Erscheinung. Auch er war eine vornehme Persönlichkeit, der meinem Vater großes Vertrauen, besonders für die Zeit seiner häufigen Abwesenheit, entgegenbrachte...«[94] Die Kindheit im Gärtnerhaus war für die Tochter des Gartenbauarchitekten und Lenné-Schülers, den Prinz Albrecht urkundlich zu seinem »Hofgärtner« ernannt hatte, ein bleibendes Erlebnis. Tiefen Eindruck hatte die rücksichtsvolle

Zuwendung des menschenfreundlichen Schloßherrn hinterlassen: »Von der Art des Prinzen gibt eine von meiner Mutter gern wiederholte Schilderung ein rechtes Bild: Meinen Eltern war der hintere Teil der Hofgärtnerei nach der Elbe zu zur Benutzung überlassen. Wenn meine Mutter hier in häuslicher Beschäftigung saß, und der Prinz auf seinem Spaziergange auch einmal dort vorüberkam und sie bemerkte, so pflegte er sich zu entschuldigen, wenn er sie störe.«[95]

Die Gärtnersfamilie erlebte Prinz Albert in seiner Privatsphäre, da, wo er seine Seele baumeln lassen konnte und wo er auf Parkspaziergängen entweder ungern daran dachte, daß er schon am nächsten Morgen wieder in die preußische Residenz zurück mußte oder eben diese Vorstellung zu verdrängen suchte. Standen ihm doch mindestens zwei starke Quellen dafür zur Verfügung – das Erleben Rosalies, der Kinder und der wundervollen häuslichen Atmosphäre und der so kunstvoll angelegte Park mit seinen schönen Aussichtspunkten auf das südsächsische Panorama. Seine Offiziere, mit denen er noch drei Kriege erleben sollte, kannten diese atmosphärische Enklave nicht, hatten den Reitergeneral Prinz Albrecht von Preußen nur als solchen kennengelernt. Das ergab das ziemlich genaue Gegenteil der Beurteilung durch die Neumann-Tochter: »Durch und durch Soldat, war der Prinz das herrlichste Vorbild für den Offizier. Sein ernstes Streben ging darauf aus, die Stellung des Offiziers zu stützen und zu heben. Der Königliche Prinz begrüßte den Preußischen Offizier als seinen Kameraden und trat als Kamerad für ihn ein.«[96]

Wären sich die beurteilenden Seiten begegnet, hätten sie sich womöglich gegenseitig der unwahren Darstellung bezichtigt. Da fällt es heute sehr viel leichter, beides als zutreffend anzuerkennen. Wissen wir doch die Motive, die Albrechts Verhalten in Dresden und in Berlin bewegten. Allein die Nennung der beiden Orte versinnbildlicht Kontraste – da der bescheidenere Stil der sächsischen Architekturlandschaft, dort der auf deutsche Großmacht gerichtete preußische Monumentalstil, der nach Napoleons Niederlage in Schinkels Kunst aufzublühen begann. Preußen schickte sich an, zur Großmacht innerhalb Deutschlands zu werden, nachdem es als die zweite Siegermacht neben Rußland und Österreich riesige Territorialgewinne zugesprochen bekam, allein zwei Drittel des sächsischen Landes. Sicher keine geringe Ursache für die Abneigung der Sachsen gegen die Preußen, nachdem schon Friedrich II. für reichlich Unmut gesorgt hatte. Den Überlieferungen zufolge stießen Prinz Albrecht und Gattin Rosalie auf viel Freundlichkeit. Vielleicht rührte ihr Schicksal, mit Sicherheit aber ihre Großherzigkeit und Natürlichkeit im Umgang mit den sogenannten einfachen Menschen. Die waren eine Quelle für den angenehmen Nimbus, den man um die preußischen Neusiedler in Sachsen wob. Dafür wollen wir noch einmal die Neumann-Tochter Zeugnis ablegen lassen: »In unserer schulfreien Zeit durften wir uns in dem herrlichen Parke tummeln und haben dabei auch viel mit den beiden Söhnen des Prinzen, den Grafen Willi und Fritz, gespielt... Auch wir durften dann und wann mit den beiden jungen Grafen unter Aufsicht eines Dieners oder des Hauslehrers kutschieren... Die beiden Söhne wurden sehr einfach gehalten. Näscherei und dergleichen gab es fast nie. Es wurde streng darauf gesehen, daß sie gegen jedermann höflich waren. Diese Art Erziehung färbte auch auf uns ab..., und die Eltern hatten deshalb nicht allzuviel Mühe mit uns...«[97] Dem gleichen Text ist auch eine knappe Erwähnung der Gattin Albrechts zu entnehmen, über die und von der nahezu nichts an archiviertem Material zu finden ist: »Die Gräfin habe ich als eine zurückhaltende, feine, ernste Frau in Erinnerung, vor der wir stets einen heiligen Respekt hatten. Ich sehe sie noch in einem kleinen, ganz niedrigen Ponywagen im Parke auf dem so künstlich über Brücken, Bogen und Kehren angelegten Fahrweg fahren...«[98]

Aus der fröhlichen, unbeschwerten, anmutig-natürlichen kleinen Hofdame Rosalie war eine gereifte Dame geworden, die im Bild der »kleinen Leute« eine respekteinflößende vor-

124

nehme Zurückhaltung offenbarte. Auch das scheint uns heute glaubhaft und schon gar nicht verwunderlich, wissen wir doch inzwischen, welche harte Kur die Verbannte durchzustehen hatte, um ihrer Liebe leben zu können. Natürlich hatte niemand Einblick aus den Kreisen der Bediensteten, wie fröhlich die Gräfin Hohenau zu Hoffesten, Hausfesten oder im intimsten Umgang mit ihrem Prinzen war. Aber öffentlich wirksame Festivitäten gab es auf Schloß Albrechtsberg offenbar selten: »Wenn die Jetztzeit etwa meint, daß auf dem Schloß ein rauschendes Fest das andere abgelöst hätte, so irrt sie sich gründlich. Es war eine ernste, steife, preußische Hofhaltung. Nur selten gab der Prinz in dem schönen, aber höchst unpraktisch mitten zwischen den zwei Wohnflügeln angelegten Festsaal ein Fest. Daran nahmen auch hin und wieder die späteren Könige Albert und Georg als Prinzen teil.«[99] Albrecht legte Wert darauf, den Geburtstag seiner hart erkämpften Frau Jahr für Jahr so auffallend festlich wie öffentlich zu begehen, daß seine lauten Töne bis Berlin durchschlugen, um dem grollenden König ein makabres Erinnerungsgeschenk zu machen. Es war das aber auch eine Form der Artikulierung seiner Liebe zu Rosalie und der hohen Wertschätzung ihrer Persönlichkeit: »Der Geburtstag der Gräfin im Sommer wurde besonders festlich begangen. Am Vormittag ließ ihr der Prinz von der damaligen Gardereiterkapelle ein Ständchen bringen. Abends war große Gesellschaft und die Rampe vor dem Schlosse und die Terrasse nach der Elbe zu waren mit Lampions und Talgnäpfchen erleuchtet. Ein Feuerwerk wurde abgebrannt und die Fontaine mit Buntfeuer beleuchtet. An diesen Abend hatte das Publikum Zutritt zum Park.«[100]

Albrechts Geburtstag hingegen wird nirgends erwähnt. Sicherlich wurde er im engsten Familienkreis desto inniger gefeiert. Eine Provokation pro Jahr war sicher auch ausreichend für den Berliner Hof. Aus den spärlichen Nachrichten über die fünfziger Jahre geht hervor, daß wir mit einiger Sicherheit annehmen dürfen, es war Rosalies und Albrechts glücklichste Zeit. Ein Indiz dafür war die gedämpfte Reiselust des Prinzen, den es früher so oft aus dem Haus trieb und sicher auch recht gern. Aber das Leben hält besonders dann, wenn alles bestens zu gedeihen scheint, seine härtesten Schläge bereit. Charlotte starb plötzlich am 30. März 1855, nachdem sie ein Prinzchen geboren hatte, das auch nicht leben wollte.[101]

Aus Briefen Wilhelms an seine Schwester Alexandrine erfahren wir von diesem schrecklichen Spiel des Schicksals in einer merkwürdigen Reihenfolge der Berichterstattung des Autors. Zuerst gibt er einen aktuellen Wetterbericht: »... Heute ist ein schöner, windstiller Tag, aber nur 4° Wärme; um Mittag wird es wohl bis zu 10° steigen. Aber was ist das für bald die Mitte Mais!«[102] Danach wird das Befinden des Königs deshalb dargestellt, weil die Grippe, die er gerade zu überstehen hat, einen häßlichen Ausschlag auf der erlauchten Oberlippe gedeihen ließ. Und trotzdem ging er zum Geburtstag Albrechts Sohnes, um am Diner teilzunehmen und zu würdigen, daß der Neffe »majorenn« wurde, was wir heute »volljährig« nennen. Wie wir weiter erfahren, nahm auch Albrecht Vater teil, aber, wie befohlen, ohne Rosalie. Der gestrenge Onkel Friedrich Wilhelm IV. kam ja auch des neuen, zu guten Hoffnungen berechtigenden Hohenzollernsprosses wegen, residierte als Familienoberhaupt in Wohlbefindlichkeit, wenn wir von der Grippe absehen und erfahren dann erst vom Brieftext: »Sein Vater (Albrecht, Anm. d. Verf.) ist noch immer entsetzlich erschüttert, wenn er jemand zuerst wiedersieht nach dem Tode der armen Charlotte! Es war aber auch zu erschütternd an und für sich, eine so junge, so blühende, glückliche Frau plötzlich sterben zu sehen;...«[103] Dieses erschütternde Ereignis, das Prinz Albrecht desto härter traf, als er sich endlich glücklicher fühlte, beeindruckte auch den Berliner Hof und die Sachsen-Meininger zutiefst. Deshalb wurde es Prinzessin Marianne gestattet, ihr Kind an der Seite ihres geschiedenen Gatten zu beerdigen. Wilhelm reagierte gefühlsstark: »... aber das Begegnen mit Marianne am Sarge ihrer Tochter war außerdem gemacht, um den Stärksten niederzuwerfen! Daß dieser Art eine Versöhnung stattfand, ist freilich eine Beruhigung für beide Teile, und mögte man nur wünschen, daß ein solcher Moment für alle zum Besseren führt; bei A. hoffe ich es; bei M. scheint alles Gute untergegangen zu sein. Die beiden Geschwister Abbat und Addi[104] haben den gestrigen Geburtstag der Mutter zusammen in Potsdam zugebracht, was ich sehr passend finde... Ewig Dein treuer Bruder W.«[105]

Der Tod mußte erst kommen, um zu ermöglichen, was nach menschlichen Ermessen natürlich ist – eine Mutter durfte ihr Kind wiedersehen, ihr zu früh verschiedenes, und dafür mit ihren zwei anderen, die ihr bis dahin vorenthalten wurden, nach sechs Jahren der Trennung ihren Geburtstag feiern. Diesmal zeigte eine vom Lebensgang und nicht von Menschen hervorgerufene Erscheinung sofort ihre zwei Seiten – die tragische, düstere und die günstige, in eine lichtere Zukunft weisende, Tod und Versöhnung.

KAPITEL 5

DAS JAHRZEHNT DER KRIEGE

Schon am Ende der fünfziger Jahre drohte Preußen kriegerische Verwicklung. Das vermehrte Albrechts militärische Pflichten, trübte aber nicht das eheliche Glück – wie es schien. Anzunehmen ist eher das Gegenteil. Dafür hielten die nun anbrechenden sechziger Jahre unvergleichlich viel mehr Gründe bereit, Albrecht von Familie und Schloß fernzuhalten, als sich auf die Dresdner Enklave zurückzuziehen, wo er neue seelische Energien schöpfte und wo er den Sinn seines Lebens fand. Von den zeitgenössischen Bewegungen ist in schriftlichen Reflektionen Albrechts oder seiner königlichen Brüder nahezu nichts festgehalten. Die stürmische Entwicklung von Industrie, Handel, Technik und Wissenschaft bleibt fast unerwähnt. Namen von Männern, die Preußens, Sachsens oder die deutsche Geschichte zwischen etwa 1850 bis 1870 beeinflußt haben, werden nicht erwähnt. Es scheint fast, als hätte es weder einen Moltke noch einen Bismarck gegeben.

Durch Albrechts Reisen wird die enge Beziehung des preußischen Königshauses zu Rußland deutlich und auch der politische Wert dieses Umstands. Die Bedeutung des territorial riesigen, an natürlichen Schätzen reichen Rußland, das unter Peter I. zu Beginn des 18. Jahrhunderts auch ein militärpolitischer Faktor für die deutschen Länder wurde, war schon Friedrich Wilhelm I. bewußt. Er mußte miterleben, mit welcher Wucht russische Truppen das Baltikum okkupierten und die deutschen Städte längs der Ostsee bis an die Grenze Dänemarks heimsuchten. Er ließ seinem Sohn, aus dem Friedrich der Große wurde, über einen Hofmann ein Vermächtnis übermitteln: »Mit Rußland hätten seine Majestät gute Freundschaft und Harmonie zu halten jederzeit gesucht. Sie empfehlen dies auch dem Kronprinzen, da in einem Krieg mit Rußland sehr viel zu riskieren, aber nichts von ihm zu gewinnen wäre...«[106]

Seitdem hielten sich die Preußen und kleinere deutsche Fürstentümer an diesen Rat. Die freundlichen Verhältnisse wurden zu Albrechts Lebzeiten schon etwa 150 Jahre gepflegt und gefestigt, weshalb der jüngste Prinz von Preußen seine ältere Schwester recht gern und öfter besuchte. Seine späteren Kriegskameraden berichteten, Rußland und die Zarenfamilie seien ihm eine zweite Heimat gewesen, so wohl habe er sich dort gefühlt. Um 1862 schien es im Staatsinteresse zu liegen, daß Prinz Albrecht, ehrenhalber Chef eines ukrainischen Kürassierregiments, Rußland wieder aufsuchte. Diesmal wollte er, nun schon 53 Jahre alt, endlich einmal Pulver riechen, das nicht aus Manöverkanonen verschossen wurde. Er nahm am Feldzug gegen die Tscherkessen im Kaukasus teil, erhielt durch einen Zufall das Kommando über die Soldaten, weil der russische Kommandeur einen bösen Sturz vom Pferd auskurieren mußte, und erfocht einen Sieg. Dafür erhielt er den sehr schwer zu verdienenden Tapferkeitsorden – das Georgskreuz IV. Klasse. Das war eine Art Garantie-Fahrschein für die alljährlichen Feste der Georgsritter in St. Petersburg. (Vgl.: Anhang, Dokumente und Exkurse)

Bismarck, der damals schon weitgehend die preußische Außen- wie Innenpolitik bestimmte, dachte in Übereinstimmung mit Wilhelm I. daran, zunächst den deutschen Teilstaaten, 1865 zusammengefaßt im Norddeutschen Bund und den süddeutschen, die sich seiner Führung noch entzogen, Preußen als den zur Lenkung Deutschlands geeignetsten Staat plausibel zu machen. Der Blick auf die Landkarte zeigte deutlich, wer außer Österreich der Größte war. Wer im deutschen Reich, das unter der Regie des österreichischen Kaisers aus 36 Fürstentümern und Königreichen bestand, die Hauptrolle, ver-

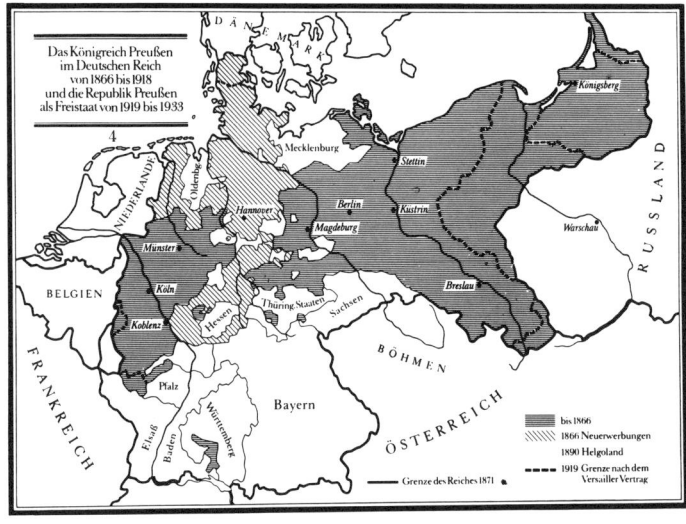

Das Königreich Preußen
im Deutschen Reich
von 1866 bis 1918
und die Republik Preußen
als Freistaat von 1919 bis 1933

4

DÄNEMARK

NIEDERLANDE

Helgoland

Mecklenburg

Stettin

Königsberg

RUSSLAND

Hannover

Berlin

Küstrin

Magdeburg

Warschau

Münster

BELGIEN

Köln

Breslau

Koblenz

Hessen

Thüring. Staaten

Sachsen

BÖHMEN

FRANKREICH

Pfalz

Bayern

ÖSTERREICH

Elsaß

Baden

Württemberg

bis 1866
1866 Neuerwerbungen
1890 Helgoland
1919 Grenze nach dem
Versailler Vertrag

Grenze des Reiches 1871

Das Königreich Preußen im Deutschen Reich von 1866 bis 1918

bunden mit der Kaiserkrone, streitig machen wollte, mußte sich zunächst diplomatisch sichern. Graf vonBismarck, der zu Beginn seiner politischen Karriere in Preußen mehrere Jahre in Rußland saß, hatte eine Vorstellung von den ökonomischen, kulturellen, politischen und militärischen Potentialen. Deshalb hielt er es für unbestritten zweckmäßig, daß sich Preußen an den russischen Bären mit dem Rücken anlehnt. Seit der dritten Teilung Polens hatte Rußland eine lange gemeinsame Grenze sowohl mit Preußen als auch mit Österreich. Der militärischen Lösungen politischer Absichten zugetane König Wilhelm I. verstand sehr gut, daß im Verfolgen bedeutender Ziele Geduld die erste Monarchenpflicht war und daß die allergrößten Brocken nie im ganzen zu schlucken gingen. Deshalb wurde den Deutschen mit dem damals dänischen Schleswig-Holstein Abhilfe zugedacht in ihrem patriotischen Begehren, zum norddeutschen Bund zu gehören. Zwischen 1848/49 hatten sie um Schleswig-Holstein einen militärisch erfolgreichen, aber diplomatisch wenig »ertragreichen« Krieg geführt, der damit endete, daß 1850 die Autonomie des deutsch besiedelten Gebietes erhalten blieb – innerhalb des dänischen Königreichs. Es bot sich an, das Ergebnis der von Moltke und Kriegsminister Roon maßgeblich beeinflußten Heeresreform, wozu auch eine modernisierte Bewaffnung gehörte – das preußische Zündnadelgewehr als Ersatz für die umständlichen Vorderlader – an einem Gegner auszuprobieren, dem man sich gewachsen sah. Es kam den Plänen der Preußen nahe, daß sich die deutsche Bevölkerung in den fünfziger Jahren trotz der Ergebnisse von 1850 nicht beruhigen wollte. Die Habsburger Monarchie wurde für einen Kriegsplan gewonnen, der erfolgversprechend für das Reichsganze war. Trotz der Freundschaft mit Rußland hatten es die von Bismarck dirigierten Diplomaten vermocht, die österreichischen Interessen auf dem Balkan indirekt zu unterstützen, die gegen die russisch-panslawistischen gerichtet waren. Das machte den Habsburger Hof den preußischen Wünschen aufgeschlossener. Der polit-akro-

batische Trick Bismarcks bestand darin, sich den Balkan-
querelen gegenüber neutral zu verhalten, was Österreich half,
Rußland nicht direkt schadete und Kollisionen der Preußen mit
den Türken, Franzosen und Engländern vermied. Angesichts
der weitgesteckten Ziele Berlins war es unumgänglich, vor
allem die Franzosen und Engländer nicht zu reizen. Der russische Gegenspieler Bismarcks, Fürst Gortschakow, fand die
preußische Haltung gar nicht brüderlich. Aber der Neffe
Wilhelms I. und unseres Prinzen Albrecht, Zar Alexander II.,
tolerierte dieses Spiel und blieb unbeirrt seinem Onkels treu.
Alexander war wie auch Nikolaus I. geschichtsbewußt, weshalb er die Neigung der russischen Hofpartei unter Gortschakow für eine engere Liierung mit Frankreich ablehnte.
Andernfalls wäre Preußen schon damals in eine Zange geraten
und kaum zum Führungsstaat Deutschlands aufgestiegen.

Prinz Albrecht war offensichtlich in diese Zusammenhänge
nicht eingeweiht. Er stand an der Peripherie der Ereignisse, die
durch Moltkes Stabspläne, Bismarcks Diplomatie und König
Wilhelms I. Entscheidungen ausgelöst wurden, ohne den tiefe-
ren Sinn zu erfassen, zumindest noch nicht um 1863/64. Die
europäischen Spannungen, die in der Luft lagen, spürte er
selbstverständlich auch. Deshalb suchte er Kriegssituationen,
um sich zu prüfen, sich nach Möglichkeit körperlich zu stählen
und sogar einen theoretischen Beitrag zu leisten. Das Erleben
der russischen Kavallerie hatte ihn derart beeindruckt, daß er
daran dachte, die preußische, die ihm ungelenk vorkam, nach
diesem Bild umzuformen: durch eine sehr veränderte Erziehung und Ausbildung von Schlachtrössern hochwertigster
Rassen und eine andere Taktik. So träumte er den Traum von
der schlagkräftigsten Kavallerie Europas in Preußen. Seine
Ideen werden nur indirekt durch verschiedene Äußerungen seiner Offiziere bruchstückhaft erkennbar, Aufzeichnungen
konnten bislang nicht aufgefunden werden. Schon im
November 1863 erfuhr Prinz Albrecht aus uns nicht erkennba-

rer Quelle von den Kriegsplänen Preußens gegen Dänemark. Deshalb schrieb er am 30. November einen Brief von Dresden aus an seinen königlichen Bruder: »An den König. Die sich vorbereitenden Ereignisse in Schleswig-Holstein können möglicherweise dahin führen, auch Preußischen Truppen die Gelegenheit zu bieten, dort aufzutreten. Für mich ist es von größter Wichtigkeit, den Krieg in der Nähe zu sehen, Erfahrungen zu sammeln, um später in der Lage zu sein, dem Vaterlande und der Armee nützen zu können, wenn Du einst dieselbe rufen solltest...« Daraus könnte man schließen, daß Albrecht nicht zu dem engeren Kreis gehörte, der in die geheimsten Pläne Berlins eingeweiht war. Für einen Vierundfünfziger ist es schon reichlich spät, sich auf die Truppenführung im Frontbereich einstellen zu wollen. Aber ein Prinz von Preußen hatte ja keine andere Hauptaufgabe als die, potentieller Armeeführer zu sein. Er kannte seinen Rückstand und bewies eine vorbildliche Haltung in Gestalt eines selten hohen Verantwortungsbewußtsein: »Ich bin bereit und bitte Dich dringend, mich dabei unter jeden kommandierenden General, auch Prinz Karl mit eingeschlossen, der jünger ist als ich, stellen zu wollen. Da mir jede Kriegserfahrung fehlt, so habe ich,..., kein Recht, ein umfassendes Kommando zu beanspruchen. Mir ist jetzt nur um Eins zu tun, nämlich zu lernen...« Er weist auf sein fortgeschrittenes Alter hin und endet seinen Brief mit derart rührenden Worten, daß der im Grunde gutherzige einstige Kartätschenprinz kaum ablehnen kann: »Beherzige, lieber Wilhelm, diese meine Wünsche in Deiner Huld und Gnade und brüderlichen Liebe zu mir und verweigere mir nicht meine herzliche Bitte. Albrecht«[107]

Wilhelm mußte erfreut sein. Zugleich hätte ihm ein eisiger Schreck in die Glieder fahren können, wenn er sich vorstellte, der künftige Feind hätte diesen Brief abgefangen. Dies schien nicht stattgefunden zu haben. Der huldvolle Bruder suchte und fand nüchterne Argumente: Die Krieg-Frieden-Frage war noch lange nicht entschieden. Die Anzahl der preußischen Kavallerie-Regimenter war kleiner als 1859, wo akute Kriegsgefahr bestand. Ergo gab es keine freie Planstelle für den lernbegierigen, kriegsversessenen Bruder. Wilhelm schrieb es nicht, aber wußte, daß Albrecht seit 1844 kein operatives Truppenkommando mehr innehatte, und inzwischen hatte sich vieles gewandelt. Schließlich fand der König einen Ausweg und schlug dem Kavallerie-General pro forma vor, sich dem Hauptquartier des Oberbefehlshabers der preußischen Truppen anzuschließen, wo in strategisch-taktischer Hinsicht mehr zu lernen sei, als in einer untergeordneten Regimentsführung. Albrechts Bescheidenheit honorierte er, aber mit Vorbehalt: »... Dein Anerbieten, selbst unter Fritz Karl im Kommando zu stehen, ist sehr edel, aber ich glaube, daß eine solche Abnegation erst an ihrer Stelle ist, wenn ein solcher, weit hinter Dir stehender Führer bereits eklatante Beweise seines Feldherrentalents gegeben hat, und nicht bei einem Apprentif (Lehrling, Anm. d. Verf.), der die ersten Beweise noch liefern soll, daß er etwas zu leisten vermag. Dein treuer Bruder Wilhelm«[108] Albrecht dankt trotz aller Enttäuschung mit herzlichen Worten. Er konnte aber den heißen Wunsch, selbst ein Kommando zu erhalten, nicht unterdrücken. Er hätte sich mit einer Eskadron zufrieden gegeben, was aber einem derart bejahrten Prinzen von Preußen aus Prestige-Gründen unmöglich zugemutet werden durfte. Als die Entscheidung gefallen war und der Krieg losbrach, attachierte der König Bruder Albrecht in den Stab des Generalfeldmarschalls Fürst von Wrangel.[109]

Prinz Albrecht erhielt 1863 eine verantwortungsvolle Aufgabe. Er wurde zum 2. Armee-Inspekteur ernannt, was ihn der militärischen Praxis näherbrachte, dafür sehr wahrscheinlich und für längere Zeit wieder weit weg von Dresden. Leider fanden wir keine Silbe davon, was Gräfin von Hohenau durchlebte. Monatelang war ihr Gatte 1862 im wilden Kaukasus, der noch immer als schwer bezwingbar galt, um sich selbst als Offizier zu beweisen. (Vgl.: Anhang, Dokumente und

Exkurse) Das ist eine Haltung, die eine Frau und Mutter bestenfalls mit klarem Verstand nachvollziehen kann, wohl niemals mit dem Gefühl. Schon im nächsten Jahr brannte ihr Gatte darauf, unbedingt eine Truppenführung an der Front eines bevorstehenden Krieges zu erhalten. Anstelle dessen mußte er Stabsarbeit leisten, die ihn nicht gefährdete, aber der Familie wieder viel zu oft und zu lange entfernte. Als im Februar 1864 der deutsch-dänische Krieg ausbrach, eilte Albrecht schnurstracks nach dem Norden. Um dem Rang eines Prinzen von Preußen gerecht zu werden, zeichnete man ihn als General, der er schon war, mit der Position eines Chefs des 7. Brandenburgischen Infanterie-Regiments Nr. 60 aus. Das änderte nichts daran, daß er befehlsgemäß als Beobachter beim Hauptquartier der Preußen zu verbleiben hatte. Prinz Kraft zu Hohenlohe-Ingelfingen, Artillerie-Offizier und Spezialist für Explosivgeschosse und Sprengkörper, berichtete nicht ohne leise Ironie über manche Episode, die bei all der Tragik, die Krieg bedeutet, den Leser amüsieren kann. Zum Beispiel war es um diese Zeit noch möglich, sich Gefechtshandlungen als unbeteiligter Zuschauer zu betrachten, ähnlich der Vorstellung im Freilichttheater. Wer heute solche Beschreibungen liest, sollte sich vorstellen, daß die Beobachter bei durchschnittlichen Werten von Minus zehn Grad stundenlang auf ihren Pferden saßen, von Ordonnanzen mit heißem Kaffee, Tee und Butterbroten versorgt. Das ließ den beißenden Nordost-Wind leichter ertragen. Prinz Hohenlohe beschrieb folgendes Bild: »Bei Beginn des Gefechts kamen viele Zuschauer an, so der Prinz Albrecht (Vater), der Großherzog von Mecklenburg (dessen Schwager), beide mit viel Gefolge...«[110] Im weiteren Text ist für gegenwärtige Begriffe schwer Vorstellbares zu erfahren: Um den Herren ein echtes Gefecht vorzuführen und das eigene Gelüst zu befriedigen, endlich dem Feind aus der Nähe zu begegnen, brannte ein Major von Beeren darauf, sich selbst endlich einmal beweisen zu können. Ohne Befehl handelte er. Sein Plan war schlicht. Er wollte den Feind mit drei

Kompanien seines Bataillons so lange drücken, bis er auf überlegene Kräfte stößt, um danach zurückzugehen. Es begann, was kommen sollte – ein »Tirailliren« (Infanterieschießen, Anm. d. Verf.). Es knallte endlich, aber keine der feuernden Seiten schien dabei sehr treffsicher. Bald hatten die Dänen das Spielchen satt und boten mehr Soldaten auf. Major von Beeren zog sich also planmäßig zurück, hatte einen einzigen leicht verwundeten Mann und brachte sogar Gefangene mit. Der Zweck war erfüllt. Herr Major hatten ein bißchen Krieg gespielt, beinahe das im Weiße Auge des Gegners gesehen, keinen Schaden angerichtet, aber auch keinerlei Nutzen, was den Frontverlauf anbetraf. Der schreibfleißige Prinz erzählt eine andere Episode, die an schwarzen Humor grenzt: Eine Gruppe von etwa dreißig Menschen, Zuschauer, hohe Herren und ihre Adjudanten, hielt sich nahe einem Chaussee-Haus auf. Rechts davon standen drei dänische Soldaten, von Eichbäumen gedeckt. Sie beschossen unbehelligt und in aller Ruhe dieses Konzentrat hocharistokratischer Würdenträger. Dieses »Tirailliren« beunruhigte niemanden. Die Kugeln flogen hoch über die auf weißem Schnee in den leuchtendsten Farben prangenden Militärs und platschten gegen den Hausgiebel. Das verwunderte zumindest einen, nämlich Prinz Hohenlohe, der die plattgedrückten Geschoßstücke nachdenklich betrachtete. Bei den 800 Schritt Entfernung, aus denen geschossen wurde, so schätzte man, durften die veralteten Minié-Gewehre den Dänen eine solche Aufschlagkraft nicht mehr haben.[111] Weil nicht sein kann, was nicht sein darf, führte Grübeln zu des Rätsels Lösung. Der Schnee mit seinem Geflimmere hatte das Entfernungsschätzen beider Seiten genarrt, Dänen wie Preußen. Es stellte sich heraus, daß die tatsächliche Entfernung nur 300 Schritt betrug! Um ein Haar hätte es allerhöchste Heldentode geben können. Zum Glück waren die Dänen zu langsam im Umdisponieren.[112]

Eine dritte Episode aus dem Nordfeldzug soll die letzte sein: Der originelle Generalfeldmarschall von Wrangel, der ähnlich dem alten Ziethen oder Blücher Probleme mit dem Hoch-deutschen hatte, lud Kronprinz Friedrich Wilhelm, Sohn König Wilhelms I., Prinz Albrecht und eine Reihe andere höhere Herren samt Gefolge zu Tisch. Die Leute drängten sich, der Raum war proppenvoll. Es wurde die siegreiche Erstür-mung der Düppeler Schanzen gefeiert, die die dänischen Militärs für uneinnehmbar hielten. Ein Major hatte ein feindli-ches »Spitzgeschoß« mitgebracht, das aus einem Kanonenboot abgefeuert worden war, aber nicht explodierte. Man fand, die-ser Blindgänger sei der würdigste Tischschmuck für diesen Anlaß und stellte ihn Wrangel direkt vor den Platz wie ein Blumenbukett. Es war drei Mal so dick wie eine Weinflasche und ein halbes Mal höher. Prinz Hohenlohe war der einzige, der die grauenhafte Gefahr erkannte, »aber niemand anders hatte eine Ahnung davon, und alle erfreuten sich des Anblicks. Wie glücklich doch die Nichtwissenden durchs Leben gehen!«[113]

Die übermächtigen Verbündeten hatten Europa gezeigt, wie stark und modern das vereinte deutsche Heer sein kann, respekteinflößend. Sie kehrten als Sieger zurück, ohne vom eigentlichen Dänemark einen einzigen Quadratzentimeter Boden okkupiert zu haben. Nur Schleswig-Holstein war heim-gekehrt ins Reich. Zum nördlichen Teil stimmte nun der Vers Fallerslebens: »... bis an den Belt.«[114]

Gesund, im Wissen ein wenig aufgemöbelt, kehrte Prinz Albrecht nach Dresden zurück. Zum Dank für seine Beob-achterverdienste wurde der nun kriegserfahrene General zur 3. Armee-Inspektion berufen, die ihn 1865 wieder wie gehabt vom trauten Heim fernhielt. Außerdem standen Manöver ins Haus. Die Erfahrungen des deutsch-dänischen Krieges hatten die Monarchen Europas aufgeschreckt. 1866 waren alle europäischen Armeen auf moderne Hinterlader umgerüstet. Da der Herr von Moltke der eigentliche Schlachtenlenker war, verstand man ringsum den Rest des einstigen Heiligen

Römischen Reiches deutscher Nation Preußen als den eigentlichen Sieger – in der militärisch-intelligenten Planung, in der korrekten Befehlsgebung, in der Modernität der Bewaffnung und in der reformierten Taktik. Das war der von Bismarck erhoffte Effekt. Wollte man die Kaiserkrone, mußte man den Österreichern einen nachhaltigen Dämpfer versetzen und sie danach in Bündnislaune versetzen. Also war auch die 3. Armee-Inspektion an der Vorbereitung des nächsten Krieges beteiligt. Wieder kannte Prinz Albrecht nicht die verdeckten Pläne. Er ahnte den nahe bevorstehenden Krieg infolge seiner Inspektionsaufgaben. Aber Genaues wußte er nicht. Der große Zusammenhang blieb dunkel. Inzwischen wurde auf diplomatischem Gefechtsfeld hart gekämpft. Der Neutralität Rußlands war sich Preußen sicher, weil es gegen Österreich ging, seinem Hauptkonkurrenten auf dem Balkan, insbesondere im Besitzstreit um das strategisch wie ökonomisch wichtige Donaudelta. Die Großmacht Frankreich sah in einer Auseinandersetzung zwischen den zwei deutschen Großmächten eine willkommene Gelegenheit, sie beide zu schwächen. Mit dem Versprechen der Nichteinmischung erhoffte sich die französische Diplomatie Landgewinn durch Gebietsabtretungen, ohne Krieg führen zu müssen, gewissermaßen Spesen für das Stillhalten einer militärischen Großmacht, die über Sieg oder Niederlage im Fall ihrer Einmischung entscheidend beitragen konnte. Sowohl Wien als auch Berlin wollten verhindern, von Frankreich in den Rücken gefallen zu werden. Noch besser: Wie könnte man Frankreich als Bundesgenossen gewinnen? Österreich wie Preußen mußten sich insgeheim fragen, wieviel man Napoleon III. anzubieten habe, um ihn herauszuhalten oder auf seine Seite zu ziehen? Wie hoch darf das Angebot nur sein, um nicht als Verräter am deutschen Vaterland zu gelten? Die Franzosen dachten angestrengt darüber nach, wie sie beide Länder gegeneinander ausspielen könnten, so daß mindestens einer der beiden Staaten Frankreichs Neutralität, noch besser, alle beide, diese hoch bezahlen mußten. Bismarck trat als erster in Verhandlung mit Frankreich und versprach nichts. Der König sei gegen Landvergaben. Napoleon wollte aber die Bewilligung »kleiner« Gebietsabtretungen – das Saarland und die linksrheinische Pfalz.[115] Bismarck lockte und verweigerte, Napoleon drohte und verhieß. Schließlich ging er auf Österreichs Angebote ein und schloß einen geheimen Neutralitätsvertrag, weil er vom Sieg der Österreicher überzeugt war. Sie boten ihm Venetien und weniger konkret einen neuen, unabhängigen Staat am Rhein an.[116]

Da Wien im deutsch-dänischen Krieg mit im Bunde war, mußte es wohl oder übel an der Beute beteiligt werden. Der Eine erhielt Schleswig, der Andere Holstein,[117] wie vereinbart in der Konvention von Gastein. Da die Preußen den Holsteiner Herzog nicht mehr unterstützten, weil er militärische Konzessionen verweigerte, die Österreicher aber diesen »undankbaren« Fürsten protegierten, marschierten preußische Truppen im österreichischen Holstein ein. Das war der Ausbruch des preußisch-deutschen Krieges gegen Wien. Wieder wurde Prinz Albrecht mobilisiert. Er verließ die Familie in Dresden, um am 18. Mai 1866 ein Kavallerie-Korps, etwa zwei bis drei Regimenter, aufzustellen. Eine höhere Kommandogewalt beanspruchte er aus anerkennenswerter Selbstbescheidung heraus nicht. In der *Allgemeinen Deutschen Biographie* wird ganz entgegen dem Eindruck der Gärtnerstochter Neumann der »Soldat durch und durch« beschrieben, »... als im J. 1866 der Ausbruch des Krieges gegen Österreich und dessen Verbündete ihm die ersehnte Gelegenheit zu ernsterer soldatischer Thätigkeit brachte. Von dem Grundsatz ausgehend, daß in Kriegszeiten ein jeder Offizier ohne Rücksicht auf sein Dienstalter an der von seinem Kriegsherrn ihm angewiesenen Stelle zu dienen habe, und von der Überzeugung erfüllt, daß er selbst für höhere Commandos nicht geeignet sei, erbat und erhielt er das Commando des Cavalleriecorps... Die damalige Verwendung der Reiterwaffe, welcher ihr Platz am Ende der Marschcolonne angewiesen war, brachte mit sich, daß das

Cavalleriecorps, welchem bis dahin die Theilnahme am Kampfe überhaupt versagt gewesen war, erst am Spätnachmittage..., als die Schlacht von Königgrätz bereits enschieden war... (und) nur in kleineren Abteilungen in das Gefecht eingriff...«[118]

Prinz Albrecht wollte unbedingt den geschlagenen Feind weiter verfolgen. Er war noch lange nicht auf seine Kosten gekommen, obwohl er einen Teil seines Korps selbst gegen österreichische Kavallerie führte und sich im dichtesten Kampfgetümmel befand. »Später äußerte der Prinz, er habe sehr wohl gewußt, daß dieses eigentlich nicht ›sein Platz‹ als Korpskommandeur wäre, er habe es aber für nöthig gehalten, bei dieser ersten Attacke seinen Reitern zu zeigen, daß er sich nicht scheue, mit einzuhauen...«[119]

Sein Stabschef, General der Kavallerie von Witzendorff, beurteilte die Führungskünste seines königlich-prinzlichen Chefs recht nüchtern und kritisch. In seiner Witzendorff-Biografie heißt es: »Die praktische Verwendung der Reiter-waffe erfolgte nicht so, wie er es sich gedacht hatte (durch Prinz Albrecht, Anm. d. Verf.). ...er griff ein, wo er nur konnte, und hat vieles verhütet...«[120]

Albrecht verübelte es seinem Stabschef mit dem kühleren Kopf nicht, daß er ihn von unbedachten Handlungen fernzu-halten versuchte. Er schlug ihn vielmehr mit einer schmeichel-haften Begründung zum hochbegehrten Orden Pour le mérite vor. Aus mehreren Texten zum gleichen Sachverhalt kann geschlossen werden, daß von Witzendorff die Weiterverfol-gung österreichischer Reiter verhindert hat. Ihm war offenbar bekannt, daß der prinzliche Schlagetot Gefahr lief, in eine Falle zu geraten. General Albrecht Prinz von Preußen mußte sein Korps zusammenfassen und auf freiem Feld halten lassen. Dort fand ihn Prinz Hohenlohe, dem er den Weg versperrte mit seinen Gepäck- und Munitionswagen, den Küchen und der ganzen Hofhaltung, die mit in den Krieg zog. Prinz Hohenlohe war mit seiner Artillerie auf dem Weg nach Zwittlawka und hatte es eilig, weshalb ihn das Albrechtsche Feldlager stark behinderte. Er teilt uns ein wenig preußische Sachsen-freundlichkeit mit: Prinz Hohenlohe begegnete gefangenge-nommenen sächsischen Reitern, die ihm entgegen vorbeige-bracht wurden: »Es war für uns eine große Freude, denn die Sachsen sind bei uns viel beliebter als wir bei ihnen. Diese Leute hatten sich nun nach Aussage der Begleiter besonders gut geschlagen und sich wie die Löwen gegen die Übermacht gewehrt. Ich sprach mit ihnen und konnte ihnen die angenehme Nachricht bringen, daß die Sachsen bei uns gegen Versprechen in der Heimat frei herumgingen.«[121]

Am 21. September 1866 zogen die preußischen Truppen zur Siegesparade in Berlin ein. Danach war Gottesdienst im Dom am Lustgarten, 16 Uhr ein großes Diner im Residenzschloß und am Abend eine großangelegte Illumination. Die wurde durch Regen und Wind gestört, auch der König, der mit seiner Königin und den königlichen Prinzen durch die Stadt fuhr und überall jubelnd begrüßt wurde.[122]

Für den kampfdurstigen Prinz Albrecht war der Krieg zu Ende, bevor er für ihn so richtig begonnen hatte. Für die Teilnahme am Feldzug erhielt er wie sein Stabschef die hohe Auszeichnung des Pour le mérite. Unverletzt kehrte er nach Dresden zurück, vom Kommando seines Kavalleriekorps ent-bunden und erst 1869 anläßlich seines Geburtstages wieder einmal dem 1. Garderegiment zu Fuß à la suite gestellt.

Endlich konnte Rosalie Gräfin von Hohenau ihren Prinzen für längere Zeit wieder im Haus haben. Allerdings war hin und wieder ein Verreisen nicht zu umgehen. Dem Militär hatte man eine zivile Pflicht aufgebürdet. Für die Legislaturperiode von 1867 bis 1870 wurde er zum Reichstagsmitglied und Vertreter des Wahlkreises Gumbinnen-Insterburg gewählt. Das brachte ihn in die unmittelbare Nähe des litauischen Dragoner-regiments (zu Pferde), das seinen Namen trägt und für das er eine Art Patenschaftspflichten zu erfüllen hatte. Das hieß, eine weite Wegstrecke von Dresden über Berlin und Königsberg bis Insterburg zurückzulegen. Glücklicherweise waren die Fortschritte bei der sächsischen wie preußischen Eisenbahn so weit gediehen, daß er per Expreß schon von Dresden bis Berlin, und von Berlin bis Königsberg fahren konnte. Nur das Stück bis Insterburg war sicherlich noch nicht erschlossen von einem Schienenstrang.[123]

In keiner Aufzeichnung, gleich, von wem, wird die stürmische Entwicklung des bayrischen, sächsischen und preußischen Eisenbahnwesens auch nur mit einem Wort erwähnt. War es doch eine unermeßlich große Erleichterung, den weiten Weg von Dresden bis Königsberg in einigen Stunden zurücklegen zu können, wofür man früher unbequemes Fahren und tagelange Reisen in Kauf nehmen mußte.

Prinz Albrecht hatte einmal einem Mann geholfen, aus einer unbedeutenden Lebenssituation in die unmittelbare Nähe des preußischen Königs gerückt zu werden. Dort blieb er, um Friedrich Wilhelm IV. und vor allem mit innerster Anteilnahme Wilhelm I. zu dienen. Die Geschichte erwähnt ihn nicht, obwohl er durchaus kein unwichtiges Rädchen im preußischen Staatswesen wurde. Er nahm Einfluß auf eine Weise, die bis heute von jedem System einer Gesellschaft gebraucht wird. Im modernen Verständnis würde man ihn vielleicht den Medienchef Preußens genannt haben. Der kleine Mann trug keinen Adelstitel, war vielseitig, wendig, und er erhielt Anerkennung, Vertrauen und Orden. Als er sich in der Schauspielerei versuchte, geriet er auf ein Gemälde, was ihn freute, aber Zufall war. Als überzeugter Konservativer, das damals so viel wie Parteigänger der Monarchie hieß, schrieb er ein patriotisches Theaterstück. Prinz Albrecht war davon so beeindruckt, daß er seinen Bruder Friedrich Wilhelm IV. dazu bewegen konnte, sich von dem Mann mit dem bürgerlichen Namen Louis Schneider den Text vorlesen zu lassen. Von der Vortragskunst des bühnensprachlich vorgebildeten Schauspielers überzeugt, engagierte ihn der König zum Vorleser. Geschickt verknüpfte der Mann angenehm zu hörende Textpassagen gelegentlich mit Bemerkungen, die dem königlichen Zuhörer gefielen. Der rührige, geistig bewegliche Mann nutzte die Zeit und avancierte zum Herausgeber der Zeitschrift *Soldatenfreund*. Da er Russisch beherrschte, was eine Seltenheit war, durfte er Prinz Albrecht und andere hochgestellte Personen nach Rußland begleiten. Dort sicherte er sich bald einen »Freund«, der über interessante Nachrichten verfügte, natürlich gezielte Auskünfte als Gegenleistung im Ärmel. Bald wurden die Auswirkungen der stillen, verdeckten Diplomatie Schneiders in ihrem Wert erkannt, so daß man ihn an manchen europäischen Hof schickte, wo er von Außenministern, selbst von Fürsten kleinerer wie größerer Länder ernst genommen wurde. In einzelnen Fällen übertrug man ihm diplomatische Missionen, was die Einladung zum vertraulichen Gespräch zur Folge hatte – zu Landesvätern und ihren Beratern. Er trieb sogar Spionage, wie wir das heute nennen würden. Dabei trat er offen auf, teilte seine Ermittlungen ohne Tarnung auch in Briefen mit, die eine lange Reise zu machen hatten. Das brachte ihm einen Rang ein, der seiner Herkunft und Position nach nicht mehr überstiegen werden konnte: Louis Schneider wurde Geheimrat. 1869 lud ihn Prinz Albrecht zu einer Rußlandreise ein. Er fuhr zum Fest der Georgsritter an den Zarenhof nach St. Petersburg. In seiner dreibändigen Memoirenschrift bemerkte der Geheimrat: »Er bot mir von der Grenze ab einen Platz in dem Kaiserlichen Extrazuge an...«[124]

Das war ein besonderes Erlebnis. Die Ausstattung der russischen Fernzüge war schon um 1869 luxuriöser als in Europa, wurde aber von den Sonderwagen des Zaren noch weit übertroffen. Die russische Eisenbahn hatte von Beginn an eine größere Spurweite, als die europäischen Gleise. Das ergab den Vorteil, geräumigere Personen- wie Güterwagen auf die Reise schicken zu können, die nicht selten wochenlang dauerte. Die Suite des Prinzen Albrecht begab sich wahrscheinlich am

Grenzpunkt Tauroggen-Memel in den russischen Zug, der seine Gäste durch seine Prachtentfaltung und den höchsten Reisekomfort gefangennahm, ein Erlebnis. Zeitgenössischen Schilderungen nach zu urteilen kontrastierte diese innere Behaglichkeit scharf mit dem Bild, das der Blick durch das Fenster offenbarte: die Armut und Trostlosigkeit der russischen Dörfer. Der kleine Geheimrat, der so gut Russisch sprach, freute sich, daß »...meine dortigen Bekanntschaften und Verbindungen dem Prinzen und vielleicht sogar selbst meinem Könige nützen können...«[125] Der clevere Journalist hatte einige Bitten an den Prinzen, die er mit einem Angebot einleitete. Er wollte die Reisekosten innerhalb Preußens selbst tragen. Dafür wäre er sehr dankbar, in Petersburg wohnen zu dürfen, wo er wolle. Er möchte um keinen Preis zum Gefolge des hohen Herrn gehören und unabhängig vom Protokoll bleiben. Es ginge ihm einzig darum, dem König zu nützen. Das hieß, sich zu jedem Ort frei und zu selbst gewählter Stunde bewegen zu dürfen, wohin kein Mitglied eines prinzlichen Gefolges gelangen könnte. Er möchte an Persönlichkeiten herankommen, deren Gesprächszeiten wohl selten mit dem Zeitplan der offiziellen Prinzenvisite unter einen Hut zu bringen wären. Bei dieser Gelegenheit brachte der gewitzte kleine Herr Geheimrat noch einen Seitenhieb auf den streng rechnenden Friedrich Wilhelm IV. an; Seine Majestät hatten 1860 die Mitreise nach St. Petersburg erlaubt: »... Ja! aber auf Ihre Kosten!«[126]

Für wie bedeutsam man den Geheimrat am russischen Zarenhof hielt, geht aus einigen Episoden hervor: Er arbeitete täglich in den Zimmern Prinz Albrechts und sah auf diese Weise nicht nur den Zaren, Alexander II., sondern wurde von diesem auch ins Gespräch gezogen. Wer des Zaren Huld genießt, wird unweigerlich von den Persönlichkeiten seiner Umgebung respektiert, was zu weiteren Kontakten führt. Schneider wohnte bei Generalleutnant Jasykow. Dadurch konnte er allmorgendlich acht Uhr den Prinz von Preußen mit

144

den Stadtneuigkeiten vertraut machen. Durch Albrecht erhielt er die Zeremonialvorschriften für das Georgsfest, einer Reihe von Feiertagen. Er erhielt aber auch den Rapport des Großfürsten über die Gesamtstärke der russischen Truppen des St. Petersburger Militärbezirks, Arbeit für die Nacht. Der Geheimrat übersetzte den Text und telegrafierte ihn unverzüglich nach Berlin, ein umfangreiches Material. Es kostete zwei Nächte. Der gesamte Schriftverkehr von preußischer wie von russischer Seite ging durch seine scharfen Augen und seinen feinsinnigen Verstand. Eines der herausragendsten Ereignisse für den »kleinen Mann« war der Handschlag des Zaren zur Begrüßung, seine im Gespräch offenbarten Vertrauensbeweise, wohl wissend, mit wem er sprach. Er kündigte Herrn Schneider an, ihn während der Festtage auf den besten Platz zu stellen und war sich sicher, alsbald Schwarz auf Weiß die Rußlandfreundlichkeit des »Journalisten« in deutschen Blättern wiederzufinden. Deshalb ließ er ihm auch die außergewöhnliche Ehre widerfahren, ihn persönlich durch einen Raum zu führen, den man russisch-preußisches Traditionskabinett nennen könnte. Derartiges hatte das Berliner Schloß, überhaupt keine preußische Residenz, aufzuweisen. Alles, was der unscheinbare graue Spatz aus Berlin inmitten der vielen leuchtend farbigen Militärs zu sehen bekam, hatte auch Prinz Albrecht betrachten dürfen, weshalb die Wiedergabe des Erlebten in Schneiders graphischem Bild zumindest den optischen Eindrücken Prinz Albrechts gleicht, wenn auch die inneren Reflexionen sehr verschieden ausgefallen sein mögen. Der Geheimrat erkannte in der Ausstattung und Anordnung des Kabinetts des Zaren Ähnlichkeiten mit dem des Königs von Preußen. Die Petersburger Extravaganz bestand in den sorgfältig gesammelten und ausgestellten Gegenständen, die an die enge, ja auch familiäre Beziehung beider Fürstenhöfe erinnern: Porträts, Souvenirs, Kleidungstücke wie die riesige Kosakenmütze des Zaren Nikolaus I., aber auch Nippes, Papiere, Bücher ... Schließlich ein Gemälde Krügers, das Bild einer Berliner Parade vor der Schinkelwache, auf dem sich Schneider wiederfand, als Schauspieler, neben ihm seine damaligen Kollegen Gern und Rüthling. Mit Schmunzeln und einem inneren Einverständnis wird Prinz Albrecht registriert haben, daß der Zar den einzigen Zivilisten in der farbenprächtigen Szene – einige tausend Uniformen – persönlich abholte. Zum Abschreiten der Front. Das war dem »kleinen Mann« aus Berlin etwas peinlich, der doch lieber im Hintergrund verblieben wäre. Beide Herrscher bereiteten sich zum hohen Anlaß im Leben russischer Offiziere einen exzellenten Höhepunkt, der sich so leicht nicht wiederholen ließ. Im Überschwang der Hochgefühle zeichnete der Herrscher aller Reußen (Russen) König Wilhelm I. mit dem Georgskreuz I. Klasse aus. Leider übermittelte Herr Schneider nicht die Begründung, die sehr schwergefallen sein dürfte. Die Verleihungsvorschriften waren streng, und dieses Kreuz der ersten Klasse wurde selten vergeben. Wer das erhielt, mußte für Rußland Außergewöhnliches geleistet haben sowohl an Tapferkeit als auch an Können. König Wilhelm I. wurde in allerhöchste Freude versetzt: »Berlin 8. Dezember 6 1/2 Uhr Abends. Dem Prinzen Albrecht von Preußen. Nein, welche Ehre ist mir widerfahren! Ich bin überglücklich, aber vollständig erschüttert! Ich revanchire mich, indem ich dem Kaiser den pour le mérite offerire, so biete es ihm an. Wilhelm«[127]

Für Prinz Albrecht und sein Gefolge war diese Rußlandreise wieder erlebnisreich und diplomatisch mit einer bestimmten Zielstellung arrangiert. Schneider öffnete in seinem Buch die Geheimtür einen Spalt breit und teilt uns mit, daß es zwischen Preußen und Rußland nicht nur klares Wasser gab. Der »russische Bismarck«, Fürst Gortschakow, hatte die Absichten der Preußen durchschaut und sympathisierte keineswegs mit dem Führungsanspruch für ganz Deutschland. Ihm wäre es lieber, eine weit stärkere Bindung an Frankreich herzustellen, was immer einen militärischen Pferdefuß hatte: das groß gewordene Preußen in der Zange zu halten. Um zu erfahren, woher der aktuelle preußische Wind weht, lud er den »kleinen Geheimrat« zu sich. Er erwies ihm echte russische Gastfreundschaft, die ihrer Alkoholhaltigkeit wegen leicht Zungen lösen kann. Bismarck kannte die Falle, die ihm Napoleon III. gestellt hatte, im preußisch-deutsch-österreichischen Krieg, weshalb er sich auf den Gewinn Holsteins beschränkte und die süddeutschen Fürstentümer gar nicht bestrafte für ein Bündnis mit Wien, sondern für ein Bündnis mit dem Norddeutschen Bund gewann. Auch Sachsen wurde diesmal nicht gerupft, sondern betont freundlich unberührt gelassen. Bismarck wußte auch, daß der einflußstarke Partner Gortschakow nur der konsequent preußenfreundlichen Haltung des Zaren wegen noch nicht offenkundig gegenhalten konnte. Alexander II. überraschende Ordensverteilung an König Wilhelm I. war insofern von weitreichenderer Bedeutung, als es auf den ersten Blick scheinen mag. In erster Linie war es ein »Klapps« auf das andere Lager am Zarenhof, wohlberechnet und gut gezielt. Die Freude Wilhelms war die schöne Bestätigung für den Erfolg des zweiten Anliegens, das Alexander II. mit seiner Hochherzigkeit verfolgte. Albrecht hingegen geriet womöglich in einige Verlegenheit. Der mußte, sei es, wie es sei, sein Kreuz, vielleicht das einzige, erst einmal hergeben. Wer führt schon einen Ersatzorden von der gleichen Sorte mit sich, wenn er auf Reisen geht? Ob Albrecht verstand, welch politisches Gewicht das Kreuzchen am Halsband hatte? Hatte er begriffen, daß Alexander II. sich mit der Verleihungsgeste über die Bedenken seiner maßgeblichsten Staatsmänner demonstrativ hinwegsetzte? Der Zar hatte den Österreichern noch nicht vergessen, welche Wunden sie ihm schlugen. Durch deren Mitwirkung erreichte er seine Balkanziele nicht und verlor den Krimkrieg. Auch Frankreich gegenüber, das auf Seiten der Türken gegen Rußland focht und ein wenig Revanche für 1812 nahm, empfand er tiefverwurzelte Antipathien. Wenn von all dem, was mit dem Lebensbild Albrechts wenig im Zusammenhang zu stehen scheint, berichtet wird, so deshalb, um die Wurzeln aufzudecken, die Preußens Entschlossenheit mit Energie versorgten, den Krieg gegen den Hauptgegner der deutschen Reichseinheit unter Preußens Führung zu wagen. Wieder mußten umfassende diplomatische Vorbereitungen getroffen werden, um das allergrößte Ziel mit Aussicht auf Erfolg anzusteuern. Des Zaren unbeirrbare Verbundenheit mit seinem Onkel Wilhelm in Berlin, seine deutsche Mutter und die Vorliebe der Romanows für alles Deutsche behagte Russen der verschiedensten sozialen Schichten – vom Hochadel bis zu den Dienstleuten – herzlich wenig. Bei großen Banketts, Diners und Abendgesellschaften nähte man den Lakaien die Taschen zu, damit die Gäste erhielten, was der Chefkoch ihnen zugedacht hatte. Im Empfinden der Russen war das eine deutsche Erfindung und vertrug sich nicht mit ihrer Großherzigkeit. Fürst Gortschakow bewegten natürlich Sorgen ganz anderer Dimension, zum Beispiel die Frage, ob es nicht für Rußland dienlicher sei, zwei deutschen Großmächten gegenüberzustehen, die sich gegenseitig bedrohen, als einem deutschen Riesen, der ob seiner wachsenden Stärke immer unberechenbarer wird? [128] Was dann, wenn sich Deutschland mit anderen Großmächten verbündete, um sich ostwärts auszudehnen? Außerdem seien die russischen Großfürstinnen nicht vergessen, die deutschen Landesvätern von Kleinstaaten angeheiratet wurden und ihre Interessen in Frage gestellt sahen – »Deutschlandbewußtsein« hatten sie nicht. Der preußische Sieg bei Königgrätz erfreute Alexander II. und einige Offiziere höherer Rangstufen, bei weitem aber nicht alle Großfürsten.[129] Oberst v. Schweinitz, 1866 Militärbevollmächtigter Preußens am Petersburger Hof, berichtete vom Verlauf der Geburtstagsfeier zu Ehren König Wilhelms I.: Alle Mitglieder der preußischen Gesandtschaft und Träger preußischer Großkreuze wurden zu einem Diner geladen. Das war so üblich. Diesmal aber war das anders. Nur der Gesandte wurde gebeten, und der grimme Fürst Gortschakow erschien nicht. Es kam keine heitere Stimmung auf. Die Großfürsten fühlten sich unbehaglich in ihren preußischen Uniformen.[130] Der Zar freute sich über die Erfolge der preußischen Armee, bedauerte aber den Krieg.[131] Wilhelm I. hatte sich Vertrauen erworben, weil er dem Vorschlag Englands und Frankreichs zustimmte, die streitenden deutschen Mächte und den Deutschen Bund zu einer Konferenz einzuladen, um einen Krieg zu vermeiden. Österreich lehnte ab, was Bismarcks Zielen entgegenkam. Damit war nicht Preußen der Aggressor, und Alexander ging ihm nicht verloren. Deshalb konnte Geheimrat Schneider einen bedeutsamen Ausspruch Alexanders II. überliefern, der vom Jahr 1869 stammt: »Man giebt sich von den verschiedensten Seiten her alle mögliche Mühe, um Rußland von Preußen zu trennen und Mißtrauen zu säen, aber so lange ich lebe wird es nicht gelingen! Meine Gesinnungen ändern sich weder gegen den König, noch gegen Preußen!«[132]

Als Schneider bei Gortschakow zu Gast war, äußerte sich der Hausherr aufgebracht über einen Artikel, der in der Wiener *Freien Presse* erschienen und boshaft-feindlich sei. Der fixe »kleine Mann« erbot sich, sofort einen Gegenartikel zu verfassen, womit er seinem König diente, dem Fürsten schmeichelte und dennoch ein bißchen Kritik an seiner Haltung zu Frankreich versteckte, die gegen Preußens Pläne gerichtet war. Die Vorgeschichte zur größten Tragödie des Kriegsjahrzehnts zwischen 1864 und 1871, des deutsch-französischen Krieges, wurde für Prinz Albrechts persönliches Leben, für seine Familie, für Preußen, Rußland, Frankreich und ganz Europa in höchstem Maße bedeutsam. Sie leitete einschneidende Veränderungen ein. Die Überlieferung Louis Schneiders zeigt das in Bildern. Der pfiffige »kleine Mann« spürte oder wußte, daß seine Korrespondenzen mit Petersburger Freunden von Gortschakows Instanzen gelesen wurden, was dieser beim Diner offen bekannte. Schneiders Haltung zu den preußisch-russischen Beziehungen entsprachen des Fürsten Ansichten, was der Pfiffikus beim Abfassen seiner Briefe wohl bedachte. Der mitlesende Gortschakow wußte wiederum, wessen Interessen der preußische Medienchef vertrat, weshalb er ihn ernst nahm. Niemand weiß heute zu sagen, wie stark die Kulissenschiebereien Schneiders politische Entscheidungen tatsächlich beeinflußt haben. Auf jeden Fall hat dieser kleine graue Mann im Hintergrund Wirkung erreicht. Er erfuhr bei dem russischen Partner Bismarcks genau, woran er war: Würde Preußen einen Vorwand finden, über den Main zu gehen, werde Rußland das nicht zulassen, bei aller Freundschaft zu Preußen.[133] Dem mußte vorgebeugt werden. Es galt, die Unbeirrbarkeit der herzlichen, freundschaftlichen Verbundenheit des Zaren zu pflegen und geschickt zu stimulieren und den klarsehenden Gortschakow, den soeben die Wiener verärgert hatten, zu Dankbarkeit zu verpflichten. Umgekehrt fand der kluge Russe Spaß an der Groteske, das er ausgerechnet einen Preußen seinen Weizen in Wien bestellen ließ. Albrecht war zweifellos in Schneiders Schachzug eingeweiht. Wenn man deutsch und gedämpft sprach, war der Gedankenaustausch aller weiterer Vorsichtsmaßnahme enthoben – es gab noch keine »Wanzen«. Im beiderseitigen Einvernehmen nutzte Schneider wieder eine Nacht, aus der der Gegenartikel hervorging. Am nächsten Morgen begab sich der »kleine Mann« zum russischen Kanzler, der Wert darauf legte, seine Sekretäre mit deutschen Namen – Hamburger und Geheimrat Westmann – an diesem Gespräch teilhaben zu lassen. Gortschakow soll mit Schneiders Positionen zufrieden gewesen sein, wollte nur genauer erläutert wissen, womit der kleine Geheimrat seine milde Kritik an ihm begründete. Von vornherein darauf gefaßt brachte er zwei Gründe an, die man heute mit einem Lächeln bedenken könnte: Erstens müsse er als Preuße schreiben und durch nichts erkennen lassen, daß er im russischen Interesse handele. Zweitens sei es nun einmal zur Tatsache geworden, Preußen als eine innerdeutsche Großmacht in Europa zu beurteilen. Es lag unserem Geheimrat daran, seinem Gesprächspartner mit dem russischen Großmachtbewußtsein dicht vor Augen zu halten, daß da eine neue aufgewachsen war. Das schien Gortschakow wenig zu beeindrucken, hatte er doch längst erkannt, was daraus erwachsen konnte, wenn man die immer weiter aufstrebenden und territorial sich rasch aufblähenden Preußen nicht in die Zange nahm. Deshalb wiederholte er seinen Standpunkt: »Das ist alles sehr schön und gut, aber wir werden doch nie zugeben können, daß Preußen seine Herrschaft über ganz Deutschland ausdehnt...«[134] Das tapfere Schneiderlein will dem Riesen geantwortet haben: »... Wenn aber 40 Millionen Deutsche auf die Idee kommen sollten, sich nach ihrem Wunsche zu konstituieren, so werden sie zuverlässig weder Rußland noch irgend ein Land in der Welt um Erlaubniß bitten.«[135]

Gortschakow ließ sich sein weites russisches Herz durch die Nadelstiche eines Zwergleins nicht verengen. Der Berliner Meinungschef hatte ihm einen brauchbaren Artikel geschrieben. Das zählte. Er verzieh ihm das kritische Schwänzchen und lächelte sicherlich im stillen über die scheinheilige Bemerkung des grauen Männleins, er schreibe in niemandes Auftrag und sei ein freier Journalist, der überall seine Meinung ungehindert veröffentlichen könne. Er schenkte ihm nicht ganz uneigennützig sein Porträt. Vielleicht könnte er es in Berliner, Wiener und Petersburger Zeitungen wiederfinden.[136]

Schneider faßte geschickt die Petersburger Ergebnisse zusammen und Albrecht forderte einen Ersatzorden an, als sie wieder in Berlin waren und zum Rapport erschienen. Bei der Gelegenheit teilt uns der Herr Geheimrat unverblümt mit, wie frei er eigentlich war: Wilhelm I. redigierte ihm wichtig erscheinende Artikel höchst persönlich und versah sie mit den ihm genehmen Akzenten. Diese Art Anhänglichkeit zur Tagespresse scheint machtbesitzenden Politikern bis heute ans Bein gebunden und der philosophisch zu definierende Begriff von der Wahrheit ankert auf diese Weise fast im Subjektiven. Albrecht nahm es wie Bruder Wilhelm I. und die der verdeckten diplomatische Kämpfer etwas fernstehenden Königsfreunde sicher mit erhabener Freude und patriotischem Stolz

auf, daß der Herr Schneider eine überaus günstige Zusammen-
fassung der Ergebnisse des Jahre 1869 in die führende Zeitung
brachte:« Alles gerieth dem König, weil er auch nichts unter-
ließ, was zum Gelingen nöthig...«[137]

Bismarck wußte hingegen sehr wohl, von welchen Tücken
Wilhelms I. Ambitionen, die so glücklich zu verlaufen schienen, umlauert war. Napoleon III. war es mittlerweile gelungen,
Übereinkünfte mit Österreich und Italien zu erzielen, die der
deutschen Reichseinigung massiv entgegenwirkten. Österreich rüstete zum Krieg. Prinz Albrecht wurde darauf vorbereitet, bei einem bayrischen Oberbefehlshaber mit einer Kavallerie-Division zu fechten. Dahinter steckte ein geheimes
Militärbündnis, das mit den süddeutschen Staaten erreicht
werden konnte. Alexanders II. KGB (die damals ähnlich
berüchtigte Ochrana) erschnüffelte schon 1868, welche
Kriegsgefahren von Österreich ausgehen, aber auch von
Frankreich. Die einen wollten Bosnien und die Herzegowina,
die anderen linksrheinische Gebiete okkupieren. Deshalb bot
er etwas an, das für die spätere Reichseinigung von ausschlaggebender Bedeutung wurde, nämlich 300 000 Russen an der
österreichisch-galizischen Grenze, Stoßrichtung Pruth-Donau-
mündung, zu stationieren. Der österreichische Kanzler erfuhr
über seine geheimen Kanäle davon und teilte Paris mit:« Die
Neutralität Rußlands hängt von der unseren ab.«[138] Noch 1868
bedauerte Zar Alexander II., daß die drei östlichen Monarchien, die Europa Frieden und Sicherheit garantieren, nicht
mehr als Alliance existierten. Deshalb wünsche er doppelt«...
jene Entente zu verewigen, die zwischen Preußen und Rußland
besteht«[139]. Schon damals schien der russische Geheimdienst
gut organisiert zu sein. Berlin erhielt von Petersburg genaue
Informationen über die französische Rüstung. Beide Seiten
rechneten mit einem österreichisch-französischen Angriff.
    Im Sommer 1870 überstürzten sich die Verwicklungen. In
Spanien wurde der Königsthron frei. Die preußische Diplo-

matie erreichte, daß dem Prinzen Leopold von Hohenzollern die Krone angeboten wurde. Die Franzosen sahen sich in die Zange genommen und intervenierten bei Wilhelm I., der gerade in Ems einen Kuraufenthalt genommen hatte. Es schien ihm nicht so wichtig, wer in Spanien regiert und er verfaßte ein keineswegs friedensgefährdendes Telegramm. Bismarck fälschte es ein wenig um, damit Napoleon III. ein Beharren Preußens auf einer Hohenzollerschen Thronbesteigung herauslesen konnte. Das war der Funke, den die französische Kriegspartei brauchte, um Louis Bonaparte zur Kriegserklärung an Preußen zu bewegen. Gemessen an der rücksichtslosen Rigorosität, mit der im 20. Jahrhundert Kriege vom Zaun gebrochen werden, wirkt der französische Wortlaut wie ein scharfer Kontrast durch seine Höflichkeit: Frankreich betrachte Preußens Entschluß als ein gegen seine territoriale Sicherheit gerichteten Schritt. Deshalb glaube es, unverzüglich seine Ehre und seine Interessen verteidigen zu müssen und betrachtet sich von nun an (19. Juli 1870, 13.30 Uhr) im Kriegszustand mit Preußen. »Der Unterzeichnete hat die Ehre, Sr. Excellenz die Versicherung seiner hochachtungsvollen Ergebenheit auszudrücken... Berlin, 19. Juli gez. Le Sourd«[140]

Wieder war ein langer und schwerer Abschied auf Schloß Albrechtsberg unvermeidlich geworden. Rosalie Gräfin von Hohenau hatte ihren Gatten in diesem Jahrzehnt Jahre nicht gesehen. Jede Rückkehr war ein Fest, zumal er gesund heimkehrte, obwohl er bei Königsgrätz sein Leben unmittelbar aufs Spiel gesetzt hatte. Wieder bat Prinz Albrecht seinen Bruder, den König, ihn für jedes beliebige Kommando im Truppendienst zu verwenden, nur »nicht dem Großen Hauptquartier zu attachiren«. Er wolle seine Pflicht mit seinen Armen erfüllen, wie es jedem felddienstfähigen Preußen zukomme, ohne auf seinen vom Rang eines Prinzen noch Anciennetät hergeleiteten Anspruch Rücksicht zu nehmen.[141] Der Prinz erhielt, wie längst geplant, die 4. Kavalleriedivision,

Erbprinz Leopold von Hohenzollern-Sigmaringen
`Der unfreiwillige Kriegsgrund
für den deutsch-französischen Krieg'

die zur bayrischen Armee gehörte, geführt von seinem Neffen Prinz Friedrich Karl. Der hatte sich in zwei Kriegen feldherrlich als talentiert erwiesen, weshalb es diesmal gegen den »Lehrling« keine königlichen Einwände gab. Dafür aber dessen Rührungstränen ob der großen Selbstbescheidung Albrechts. Erfahrene Offiziere wollten den auf Krieg versessenen jüngsten Sohn der Königin Louise davon abbringen, eine Fronttruppe selbst zu führen. Sie sahen seine 61 Jahre und den völligen Mangel an körperlichem Training, das ein jüngerer Offizier durch häufigere Manöverdienste meist aufzuweisen hatte. Generalleutnant Chappuis tat sein Möglichstes: »... Seine Königliche Hoheit möchten es nicht ungnädig aufnehmen, wenn wir es wagen, ihm davon gänzlich abzurathen; es gehöre der stählerne Körper eines junge Mannes dazu, um die geistige und körperliche Thätigkeit eines Kavallerie-Divisionsführers ertragen zu können.«[142] Mit großen Worten, die einem nüchternen Zeitgenossen am Ende des 20. Jahrhunderts wie eine hohle Phrase vorkommen können, erwiderte Prinz Albrecht genau das, was er fühlte: »Wenn ich dabei zugrunde gehe, wird wieder einmal ein Preußischer Prinz für seinen König und sein Vaterland sterben!«[143]

Übereinstimmend wird von vielen Seiten Albrechts Tapferkeit im Kriegsgeschehen hervorgehoben, jedoch fallen in den Berichten von Stabsoffizieren, Vorgesetzten und kompetenten Zufallszeugen kritische Bemerkungen über Seiner Königlichen Hoheit mangelnde strategische Weisheit. Sein unmittelbarer Vorgesetzter, der bayrische General von der Tann kritisierte den hohen Herrn für schwerwiegende Fehler, wie es sich zeigen sollte: »Von der südlich stehenden 4. Cavallerie=Division kam aber keinerlei Meldung, welche über die Annäherung des Feindes berichtete; die Truppen blieben deshalb in den eingenommenen Cantonnements und Bivouaks.«[144]

Die Abteilungen der leichten Kavallerie, Ulanen und Husaren, die zu einer Kavallerie-Division gehörten wie auch

Generalfeldmarschall Prinz Friedrich Carl,
Oberbefehlshaber der 2. Armee des deutschen Heeres

schwere Reiter oder auch Panzerreiter – Kürassiere –, hatten die spezielle Aufgabe, Feindberührung zu halten, aufzuklären, aber nicht, sich in Gefechte einzulassen, sofern vermeidbar. Albrechts Aufklärer hatten verhängnisvoll ungenau berichtet. Die Kräfte des Gegners wurden unterschätzt, wozu man nach dem raschen Sieg nach Sedan allgemein neigte, und seine Standorte nicht korrekt ermittelt. Südlich Paris stand aber die völlig intakte Loire-Armee bei Orléans, General von der Tanns Eroberungsziel. Dank der Aufklärungsmängel der Albrecht-schen Husaren ahnte niemand, »als am 8. Oktober das Vorrücken gegen Süden begann, daß dieß der Anfang eines langen, blutigen Abschnitts in diesem Kriege würde. Man glaubte, nur eine Episode abtun zu müssen und hatte, wie die Folge zeigte, einen neuen Feldzug durchzuführen.«[145]

Die Erfolge bei Orléans, die weit schwerer zu erringen waren, als die bisherigen, führten zu französischen Rück-zügen, begrenzt, keineswegs chaotisch. Wieder wurde es dem Draufgänger Albrecht untersagt, den Gegner zu verfolgen. Sein General hatte erkannt, wofür der Soldat Prinz kein Gespür zu haben schien: Im Erfolgsfall erbrachte die Attacke kein den Kriegsverlauf beeinflussendes Ergebnis, im wahrscheinlichen Mißerfolg aber stärkte es den Gegner zumindest moralisch und materiell. Geheimrat Schneider, im Hauptquartier in Versailles angesiedelt, behielt Prinz Albrecht, dem er sich von Herzen verbunden fühlte, sehr aufmerksam und mit Sympathie im journalistischen Auge. Er hatte entdeckt, daß der General-oberst der Kavallerie, der Prinz Albrecht inzwischen geworden war, schon vor Beginn der Offensive gegen Orléans dem Hauptquartier, also Wilhelm I. und damit Moltke, ernste Bedenken gemeldet hatte. Zwischen den aktuellen, taktischen Aufklärungsaktionen der leichten Reiterei und Albrechts stabsmäßiger Gesamtübersicht bestand anscheinend ein Un-terschied. Schneider berichtet: »... daß der frühere Bericht des Prinzen an den König nicht übertrieben war, wie man damals in einigen Offizierskreisen des Hauptquartriers anzunehmen geneigt gewesen war und es nicht für gut hielt, daß der Prinz direkt an den König geschrieben habe«.[146]

Die hohen Herren im Stab hatten von Albrechts Feldherren-fähigkeiten keine hohe Meinung wie der Prinz in klarer Selbst-erkenntnis auch. Da er noch keine überzeugenden geistigen Leistungen im Krieg gezeigt hatte, nahm man den Inhalt seiner Bedenken nicht ernst. Man verübelte ihm aber, nicht den Dienstweg eingehalten zu haben und sah darin eine wenig ehrenhafte Inkonsequenz zu seiner sonst so anerkennswerten Selbstbescheidung. Von der Tann erhielt seine Befehle vom Versailler Hauptquartier, weshalb auch er persönliche Initia-tiven außerhalb des verordneten militärischen Stuhlgangs ablehnen mußte. Der Pechvogelprinz geriet in eine mißliche Lage. Sein von ernster Besorgnis diktierter Entschluß, den direkten Kanal zu wählen – schließlich blieb das ja in der Verwandtschaft, ein Brief an den König – und die Fehler seiner schnellen Reiter in der Meldung an den General v. d. Tann gal-ten als ein Versagen, ein Vorteil für den Vorgesetzten. Der konnte damit die unerwartet hohen Verluste und das keines-wegs mehr zügige Vordringen der Bayern auf einen Sünden-bock schieben. Das unantastbare Hauptquartier hingegen lehnte die Vorgehensweise Albrechts ab, auch wenn der Inhalt zur Wahrheit mit einer bösen historischen Dimension wurde. Soldaten und Offiziere achteten den draufgängerischen Prinzen, vielleicht liebten sie ihn sogar, obwohl er das, was er an Entbehrung und Härte von sich abforderte, auch manchem, vor allem Offizieren, aufbürdete. Größtes Mitgefühl zeigte er den Pferden gegenüber, direkten Verwandten hingegen ver-hielt er sich in bestimmten Situationen schonungslos, was den einen zum Unwillen reizen konnte, alle anderen aber zu befrie-digen schien. Zumindest ging man mit Albrecht durchs Feuer und verzieh ihm manchen Bock, der mit viel Glück nicht ins Unglück führte. Er biwakierte zum Beispiel nichtsahnend und frohen Mutes im Rücken starker französischer Einheiten. Die ahnten glücklicherweise nicht, zu welchen unglaublichen

158

Fehlern die Preußen fähig sein könnten und kamen nicht auf die Idee, Albrechts Regimenter in ihrem Hinterland zu suchen.

Es gibt zahlreiche Episoden zu des Prinzen Verhalten im einzigen Krieg, den er ausgiebig, auf längere Zeit endlich erlebte. Sein Leben lang mit einem hohen Vorschußorden als Zehnjähriger dekoriert, strebte er nach militärischen Eignungsproben. Er war praktisch und sportlich veranlagt, kein tiefsinniger Denker. Es behagte ihm nicht, meistens von großen, entscheidenden Situationen ferngehalten zu werden, in denen er sich »mit seinen Armen« liebend gern kämpfend bewährt hätte. Als sich nun der Lebensabend genähert hatte, wies er es weit von sich, als überaltert zu gelten, stand er doch mit großer Verspätung vor seinem Lebensziel.

Der deutsch-französische Krieg wurde zum Gipfelereignis, beinahe bis zu dessen Beendigung zur Erfüllung der Lebensaufgabe, auf die er unablässig hingearbeitet hatte. Wir nehmen die Zeiten heraus, wo er mit Familiengründungen und Frauengeschichten befaßt war. Aber diese Phasen brachten ihn nur zeitweilig vom Grundinteresse ab. Er bemerkte in dem langen Verlauf seines militärischen Berufes nicht, daß er vom König auf Distanz gehalten wurde. Seine höchsten Brüder folgten ihren Beratern. Seine Selbstbescheidung, zu der er sich fand und so anerkennenswerte Selbsterkenntnis energisch walten ließ, kam offensichtlich den Überlegungen der großen Schlachtenlenker entgegen, wenn wir Generalfeldmarschall von Waldersees Urteil vertrauen wollen. Der hielt Prinz Albrechts Ernennung zum Kommandeur der 4. Kavallerie-Division für einen Besetzungsfehler. In den Überlieferungen finden sich zahlreiche Episoden, die vor allem seine Tapferkeit und eiserne Selbstdisziplin, seine Vorbildwirkung und enge, innerste Verbundenheit mit allen Untergebenen bezeugen, gleich, welchen Rang sie begleiteten. So hatte Generalleutnant von Chappuis den »... Vorzug, im Granatfeuer neben dem braven Prinzen zu stehen[147], der sich in gnädigster Weise, seine Cigarette rauchend, mit mir unterhielt. Als mehrere Granaten

Prinz Albrecht in der Schlacht bei Orgères
'Raucherpause im Granatfeuer'

einschlugen, sagt er ganz ruhig: »Ich werde doch weiter vorreiten, denn ich scheine Euch mit den vielen Pferden... die Granaten herzulocken.« Der Prinz ritt näher an die feindlichen Batterien heran...«[148]

Auch der Versailler Stab akzeptierte die Kühnheit Albrechts zunehmend, weshalb weitere Berichte von ihm ernster genommen wurden, wenn sie Hinweise auf besorgniserregende Erscheinungen gaben. Er beklagte sich beim König über die Zunahme der Tätigkeit von Franctireurs[149], »... die... anfingen, seinen braven Regimentern sehr lästig zu werden. Er selbst, ..., habe schon mehrere Nächte auf freiem Felde in der Mitte seiner Division bivouakiren müssen, da er absolut keinen Ort habe finden können, wo Sicherheit vor einem Überfalle vorauszusetzen gewesen wäre...«[150]

Nachdem aus dem Hinterhalt in einem Ort Ablis eine Eskadron Albrechtscher Husaren und bayrische Infanteristen niedergemacht worden waren, entbrannte eine furchtbare Wut. Die Bevölkerung wurde aus dem Ort getrieben, alle wehrfähigen Männer erschossen und die Häuser niedergebrannt.[151]

An anderer Stelle wird berichtet vom hartnäckigen Widerstand der Bevölkerung in einem Ort Chateaudun: »Die Theilname der Bevölkerung an dem Kampf weckte die Wuth der Soldaten, der lange Widerstand steigerte die Erbitterung. Es wurde Befehl gegeben, keinen Pardon zu ertheilen, in Folge dessen alles niedergehauen wurde...«[152]

Bei der Festlegung von Kontributionen – Kriegsschuldenzahlungen – waren die verbündeten Deutschen auch nicht zimperlich, was ein weiterer Grund zur Steigerung des Wiederstandswillens der Bewohner wurde. General v. d. Tann forderte nach der Einnahme von Orléans »1 Million Francs in Baarem, binnen 24 Stunden zu erlegen, gab sich später mit 600 000 zufrieden... Außerdem wurden 600 Stück Rinder, 300 000 Cigarren und die Auslieferung sämtlicher in der Stadt befindlicher Pferde verlangt. Die Soldaten bezogen in den Häusern der Einwohner Quartiere...«[153]

Etienne Beaumetz, Les voilà, 1880, Öl auf Leinwand
Mitwirkung von Zivilisten bei Kriegshandlungen

Man nahm in ärmeren Gemeinden in Zentnern bemessen Kaffee, alle Vorräte an Hafer und Mehl, Wein, Zigarren und vor allem ausnahmslos alle brauchbaren Pferde. Für Albrecht war das eine natürliche Angelegenheit,« c`est la guerre«. Seine Kriegskameraden überlieferten ein wohlwollendes Bild von ihrem Prinzen. Er führte gehorsam, willig und auch freudig die Befehle jüngerer Generale aus. Immer wieder wird das militärisch-praktische Geschick Albrechts herausgestellt, vor allem aber seine aufopferungsvolle Haltung. Sein gesundheitlicher Zustand verschlechterte sich mit der immer rauher werdenden klimatischen Entwicklung bis in den frostklirrenden Winter hinein. Trotzdem teilte er die Strapazen seiner Division. Er wollte um jeden Preis Vorbild sein ohne Rücksicht auf sich selbst. Er kannte im Urteil seiner Biographen nur »... Rücksicht auf andere, Rücksichten, die stets von der größten Herzensgüte und von dem liebenswürdigsten, kameradschaftlichsten Sinn Zeugniß ablegen...«[154]

Albrecht kannte das Führungsprinzip, mit dem am sichersten Erfolge zu erzielen sind: Alle Untergebenen vom Stabschef bis zum »Putzer« müssen zu der Überzeugung gelangen, daß er keine Privilegien für sich beansprucht, sondern seine Pflicht mit allen unter den gleichen Bedingungen erfüllt, seiner verantwortungsvollen Dienstpflicht nach aber härter gegen sich selbst, noch engagierter, als der »einfache Mann«. Es sprachen sich Einzelheiten herum, die einen Nimbus erzeugten, den man als volkstümlich im besten Sinne bezeichnen darf. Albrecht setzte sich nie in die für ihn etatmäßig bereitgestellte Kutsche. Wurde ein Offizier krank, bestand er darauf, daß er sich in seinen Wagen setze.[155] Er ritt stets an der Spitze seiner Division, was er bis zu 16 Stunden ausgehalten haben soll. Danach mußte man den Einundsechzigjährigen aus dem Sattel heben, weil die Gelenke steif geworden waren, aus Altersgründen, später auch der Kälte wegen. Zunehmend peinigten ihn nervöse Kopfschmerzen, besonders bei Hitze. Sein krankes Auge tränte in kalten Dezembertagen bei grellem

Französische Zivilisten, die auf deutsche Soldaten geschossen haben,
vor einem Feldgericht

Schneelicht. Dann schmerzte es noch stärker. Diese beispielhafte, aber selbstzerstörerische Willenskraft, die über den physischen Energien lag und an die körperlichen Überanstrengungen seiner legendären Mutter erinnern, spornte junge Soldaten an, ließ sie schweigen, wenn sie unter den Anstrengungen der schweren Märsche litten. »Bei jedem Wetter, im Gefecht, im Granat- und Chassepotfeuer, auf dem ermüdendsten Marsch saß der Prinz mit der ihm eigenen Kraft und Eleganz in königlicher Haltung zu Pferde, die imponirend auf Offiziere und Reiter wirkte.«[156]

Die weit jüngeren Offiziere erzählen, wie sie sich durch Veränderung der Sitzhaltung Erleichterung zu verschaffen suchten, während sie sich vor Müdigkeit kaum im Sattel halten konnten. Der Prinz soll wie aus Erz gegossen auf seiner Lipa (zu deutsch Linde) gesessen haben. Der aber ritt nach dem Befehl »Das Ganze halt!« noch ein Stück weiter, damit niemand sehen sollte, wie schwer ihm das Absitzen wurde. Außerdem verdrückte er sich mit dem Säbelgurt zuweilen die Hüfte, was während des Ritts schmerzhaft wurde. Durch die Feindseligkeit der Bevölkerung und die Gefahr, von Franctireurs aus dem Hinterhalt überfallen zu werden, wurde in kalten Spätherbstnächten im Freien gelagert. Ein Offizier aus Albrechts Stab berichtete, daß er ihn nachts rief. Ein Schüttelfrost hatte den älteren Herrn überfallen: »Sofort erhob ich mich, war aber nach dem langen Ritt so steif, daß ich wie ein schwer Betrunkener mich kaum auf den Beinen halten konnte und hin und her taumelte...«[157] Der junge Mann stolperte über die Füße des Stallmeisters Hecht und weckte auch den aus einem Erschöpfungsschlaf. Beide bedeckten den Prinzen mit dem Woylach[158] eines Husarenpferdes. Kaum graute der Tag, als der Divisionsgeneral Prinz Albrecht auch schon am Schlafplatz aufsuchte, wer ihm nachts aus der Not geholfen hatte, um sein Bedauern über diese Störung auszudrücken: »... und dankte mir... mit einer Innigkeit, die mir unvergeßlich bleibt.«[159]

Requisition für die Armee vor Paris

Seine bedenkliche Seite hatte Albrechts Unerschrockenheit und geradezu herausfordernde Todesverachtung in unmittelbarer Feindberührung für andere, die er in Gefahr brachte. Davon fanden sich mehrere Episoden. Weinberge sind ein unübersichtliches, gut zu verteidigendes Gelände, verlustreich für den Angreifer, der den Gegner nicht sieht, aber gesehen wird. Unbekümmert verfolgte der Prinz Franzosen, die sich dorthin geflüchtet hatten und wurde beschossen. Die unmittelbar folgende Eskadron, etwa 120 Reiter, verlor Männer und Pferde. Der persönliche Adjudant, Major von Grodzki, erkannte die Sachlage und wollte den Prinzen rasch in Deckung hinter seine Reiter bringen. Der aber beschleunigte sein Schlachtroß Lipa zum gestreckten Galopp, was ihn weit über die Spitze seiner Reiter hinausbrachte. Plötzlich aber parierte er das Pferd, wandte sich um und sagte mitten in der Schießerei in unnachahmlich liebenswürdiger Weise: »Zürnen Sie nicht. Sie haben Ihre Pflicht gethan, es thut mir leid, daß Sie mich heftig gesehen haben, Sie wissen aber nicht, wie schwer es thut, immer bevormundet zu werden.«[160] Sprach's und hielt, um sich dem Gros seiner Division weiter hinten anzuschließen.

Eine ähnliche Reaktion erlebte der britische Oberst Wright, der den verwundeten von Versen als Stabschef vertrat. Er wollte seinen königlichen Vorgesetzten davon abhalten, einen Angriff zu reiten, der auf einen Gegner trifft, dessen Stärke nicht erkundet war. Außerdem lag der Geländevorteil bei den Franzosen. Der besorgte Militärfachmann erhielt von einer Stimme Antwort, die vor Erregung vibrierte: »... er bäte dringend, ihn für seine Person von der Attacke nicht zurückzuhalten, im Krieg 1866 habe er wie ein Kind gehorsam zurückbleiben müssen, und schloß: ›Ich bitte Sie innigst, mir das nicht wieder anzuthun.‹«[161]

Offenbar war ein Divisionschef verpflichtet, Lageberichte abzugeben, die im Hauptquartier von Versailles ausgewertet werden sollten. Bei der Gelegenheit erwähnte der Prinz einen Oberst Altenburg, der als russischer Offizier seinem Stab zuge-

167

wiesen worden war. Es schien ihm ein Vergnügen zu sein, solche Gäste in unmittelbare Nähe der Front zu beordern und Gefechtsaufgaben zuzuweisen. Dieser russische Oberst fiel fast ohnmächtig vom Pferd, als eine Granate dicht an seinem Kopf vorbeijaulte. In einer anderen Frontsituation muß man sich den Prinzen hoch zu Roß, ein Butterbrot kauend, vorstellen. Währenddem fauchten Granaten über die auf einem Hügel haltende Gruppe um Albrecht. Die Einschläge kamen von hinten nach vorn immer näher, was des kühnen Generals Appetit keineswegs bremste. Keiner wagte, den hohen Herrn zum Verlassen dieses mordsgefährlichen Standortes zu bewegen. Es traute sich aber auch keiner, vor dem Divisionschef in Deckung zu springen, obwohl es in allen Gliedern gezuckt haben mag. Und da geschah es. Unvermeidlich. Ein Major von Hahnke hatte vom Versailler Oberkommando eine Meldung zu überbringen und sich über die Lage zu informieren. Der Menschenfreund Albrecht bot ihm zunächst ein Butterbrot an, ein prinzliches. Das bekommt man nicht alle Tage. In diesem Augenblick schlug eine Granate zwischen den Pferden ein, die glücklicherweise nicht krepierte. Der Zufall hatte unmißverstehlich gewarnt. In der nächsten Sekunde schlug eine nahe dem Prinzen ein, die alle Umstehenden mit Erde überschüttete. Des Königs Ordonnanz war verschwunden. Major von Hahnke lag im Feld, sicher ohne das erhabene Butterbrot. Er war am Kopf getroffen, erholte sich aber bald wieder. Albrecht war sehr erschrocken, hielt den Mann für schwerverwundet und schien seinen Leichtsinn zu begreifen, der anderen das Leben kosten konnte, wenn ihm sein eigenes schon nicht zu schade war. Solche Augenblicke rückten die edle Tapferkeit des Prinzen in ein fragwürdiges Licht. Da Albrecht aber eben Albrecht war, entschuldigte er sich bei von Hahnke und hatte das dringende Bedürfnis, seine Schuld vor dem Betroffenen wieder gut zu machen. Hatte er einem Diener in jäher Aufwallung ein hartes Wort gesagt, so wurde dieser anderntags königlich beschenkt. Was der arme von Hahnke erhielt, war

168

der Kriegssituation und dem geschmacklichen Ausdruck von preußischem Patriotismus gemäß. Ein Adjudant wurde beauftragt, zu der Stelle zurückzureiten, wo der Offizier verwundet worden war, so viel wie möglich Granatsplitter zu finden, wovon einer den Unglücklichen getroffen hatte und das alles seinem hohen Chef zu übergeben. Der bedankte sich herzlich. Tage später mußte der junge Adjudant zum Stabsquartier des Oberkommandos reiten, um die Geschoßstücke mit den herzlichsten Grüßen des Prinzen von Preußen auszuhändigen. Nach einem Gefechtserfolg jagte Albrecht zu dem Regiment, das den Hauptanteil daran trug. Als er sich näherte, sah er, wie die Geschützfahrer auf die Pferde einhieben, weil gut gezieltes Chassepot-Feuer verlustreich zu werden drohte. Da rief der Pferdefreund und Kavallerie-General aus Passion: »Kinder, laßt doch den armen Pferden eine Verschnaufpause!« Sein Jugendfreund Major von Reclam, den er seiner ausgezeichneten Französischkenntnisse wegen und als Kriegsberichterstatter im Gefolge hatte, durfte eine kesse Lippe riskieren: »Das ist originell, wegen der Französischen Artillerieklepper sollen wir uns hier totschießen lassen!?«[162]

In jedem Krieg treten die grausamsten Situationen auf, die sich unauslöschlich in die Erinnerung einspulen und noch in Jahrzehnten danach wie ein abrufbarer Farbfilm herangeholt werden können. Aber selbst in Augenblicken akuter Todesgefahr bleibt manchem Soldaten der Sinn für Humor erhalten, so daß Episoden bei durchaus tragischem Hintergrund und akuter Lebensgefahr erheiternd wirken können. Erfahrungen besagen, daß die ständige Todesnähe das Bedürfnis nach einem befreienden Lachen steigert, woraus wohl der Begriff »Galgenhumor« hervorging. Am 2. Dezember 1870 ergab sich solch ein Augenblick. Nach Hauptmann Helvigs Bericht herrschten 10 Grad Minus. Der Divisionschef saß 16 Stunden im Sattel und mußte vom Pferd gehoben werden, weil er völlig erstarrt war. Man führte ihn zu einem kleinen Gehöft mit einer steinernen Umfassungsmauer. Aus einem Fenster strahlte hel-

Gefangene an der Loire. Prinz Albrechts Kürassiere bringen
bei klirrendem Frost Gefangene in das Hinterland

les Licht. Major von Reclam hatte den Prinzen untergefaßt und Hauptmann Helvig öffnete die Tür. »... in demselben Augenblick prallte ich zurück, denn um das Kaminfeuer saßen und lagerten zwölf französische Infanteristen;...«[163] Mit einem Blick übersah der preußische Stabsoffizier, daß die Gewehre entweder herumlagen oder an die Wand gelehnt worden waren – also nicht sofort schußbereit. Albrecht zögerte keinen Augenblick. Ihm war kalt, und er ließ sich nicht die erhoffte Verschnaufpause und die so anheimelnde Wärme nehmen. Er trat ein, als sei es die natürlichste Angelegenheit. Die Franzosen machten höflich Platz, mehrere lüfteten ihre Käppis. Ein Toter lag auf der Diele, ein Verwundeter dicht neben ihm. Der stöhnte in Intervallen, dazwischen wimmerte er. Der Prinz setzte sich mitten unter die Franzosen. Als ihn das Feuer ein wenig erwärmt hatte, begann er, sich lebhaft mit einem Gascogner zu unterhalten. Außer von Reclam und von Helvig war nur noch der Historienmaler Freyberg dabei – vier gegen zwölf. Wie es sich herausstellte, handelte es sich um versprengte Soldaten. Sie waren während des Angriffs der Albrecht'schen Kavallerie zwischen die Reiter geraten. Die einen wurden gefangengenommen, die anderen entkamen in einzeln stehende Bauernhöfe, um das Ende des Gefechts abzuwarten. Die eilig vordringenden Reiter nahmen sich nicht die Zeit, jedes Gehöft abzuklappern. Und so kam es, daß Waffenstillstand herrschte in der kleinen Hütte, die eine wie die andere Seite keine Lust verspürte, ein Handgemenge zu beginnen und den schönen Momentanfrieden zu stören. Die durchfrorenen Preußen in ihrer großen Minderheit brauchten dringend diese Verschnaufpause, und die Franzosen waren kriegsmüde, erschöpft und suchten nicht minder einen ruhigen Ort, der Wärme und Sicherheit gibt. Sie ahnten nicht, wer unter ihnen saß. Vielleicht hatten sie den Generalsrang erkannt. Außerdem, wenn solche großen Vögel einfliegen, kann man nie wissen, was für Teufeleien vor der Türe lauern. Die Herren benahmen sich zu sicher, verdächtig sicher. Und so genossen die beiden Kriegsparteien friedliche Koexistenz, bis sich die hohen Herren der preußischen Seite wieder verabschiedeten, der eine so perfekt, als sei es ein Franzose. Diese heitere Szene, die sehr leicht die letzte in Albrechts Leben sein konnte, kann man heute im Schloßpark von Charlottenburg in Berlin auf einem Bronzerelief bewundern, das am Sockel eines Denkmals befestigt ist, auf dem der Reitergeneral Prinz Albrecht in voller Größe aufragt.

Da der Prinz zum echten Preußentum erzogen worden war, trennte er strikt zwischen Pflicht und Privatsphäre. Sein Enkelsohn Bernhard, das erste Kind seiner Tochter Charlotte, war seinem Stab zugeteilt worden. Insgeheim war der Großpapa Albrecht ein bißchen stolz auf diesen Prachtkerl, weshalb er es sich absolut verkniff, im Dienst irgend welche verwandtschaftlichen Rücksichten walten zu lassen. Eines Tages ergab sich die Lage, daß die Brigade Krosigk vom Gros der Division getrennt wurde. »Um die Lage wiederherzustellen«, wie es in der verkorksten militärischen Fachsprache so heißt, befahl Wilhelm I., den linken Flügel der Franzosen anzugreifen, um Krosigk zu entlasten. Das Problem bestand darin: Generalmajor von Krosigk wußte davon nichts. Wie würde er reagieren? Prinz Albrecht befahl dem kleinen Erbprinzen von fast 20 Jahren, sich durch die feindlichen Linien durchzuschlagen, um von Krosigk zu benachrichtigen. Dem Adjudanten widerfuhr eine menschliche Regung. Er schlug vor, einen älteren, erfahrenen Offizier damit zu beauftragen. Die schroffe, knappe Antwort lautete: »Instruieren Sie den Erbprinzen und lassen Sie ihn sofort zu Krosigk reiten.«[164]

Die einzige Vergünstigung für den Herrn Enkelsohn bestand in einer doppelten Portion Butterbrot, weil der junge Herr einen unstillbaren Hunger entwickelte. Der zum Hofstaat des Prinzen gehörige Fourier (Versorger, Anm. d. Verf.) namens Hucke ging auf diese Weise in die historische Literatur ein. Der Hofmarschall von der Schulenburg hatte Hucke diese humane Geste befohlen. Nur so war die Durchbrechung des Reglements denkbar. Da man Stab und damit Troß Prinz Albrechts durch hochrangige Beobachter, Zaungäste des Krieges, arg belastet hatte, suchte er nach sinnvoller und gefahrbringender Beschäftigung für den unnützen Ballast. Vielleicht wollte er damit abschrecken, vielleicht Lasten anderer verringern, sei es, wie es war: Prinz Albert von Sachsen-Altenburg mußte Rekognoszierungen durchführen. Heute würde man das ein berittenes Spähtruppunternehmen nennen. Major von Reclam teilte er je nach Bedarf Offizieren als Dolmetscher oder Textübersetzer zu. Der ähnlich Albrecht hochbetagte General von der Schulenburg, dekoriert mit den höchsten Tapferkeits- und Ruhmesorden, arithmetisch mehr als Albrecht, in Rußland mit einem noch höheren Georgskreuz, mußte Dienste wie eine einfache Ordonnanz versehen – »Mädchen für alles«. Der erfolgreiche, hochbegabte Kavallerie-Offizier wurde abgestellt, um Albrechts Hofhaltung zu dirigieren – einundsechzigjährig. Man dachte, er entkäme in diesem Alter dem körperlich nicht mehr zumutbaren Frontdienst. Am 24. Dezember sandte Prinz Albrecht seinen letzten, sorgenvollen, militärisch knapp und präzise formulierten Lagebericht an den König. Die Loire-Armee war noch nicht geschlagen. Seine auf deutscher Seite berühmt-kühne 4. Kavallerie-Division, bei den Franzosen berüchtigt, kam erst um 1 Uhr nachts ins Quartier, um um 5 Uhr morgens schon wieder auszurücken. Die Männer waren so müde, daß sie es unterließen, sich etwas zu kochen. Der Divisionskommandeur beklagt sich über zu knappen Proviant. Es herrscht Glatteis, weshalb die Proviantkolonnen den Anschluß an die schneller marschierende Truppe nicht erreichten. Trotz Kälte, Glatteis und scharfem Wind war der Gesundheitszustand der Mannschaften gut. Die Pferde hingegen konnten der Finsternis wegen nicht alle neue Hufeisen erhalten. Der gegnerische Druck mußte stark sein, denn er berichtet, daß vier zusammengeschmolzene Infanteriedivisionen nur mit äußerster Anstrengung die erfochtene Position halten, keinen Fußbreit verlieren, aber auch keinen gewinnen.

173

Die 4. Division unterstützt die Infanteristen, aber die berittenen Batterien haben ihre Granaten verschossen, Nachschub fehlt. Die Märsche sind für die Brigaden äußerst anstrengend. Des Glatteises wegen müssen die Pferde geführt werden. Major von Hagen ist an Ruhr erkrankt, Major von Reclam an einer Augenentzündung. Sie mußten nach Orléans ins Lazarett gebracht werden. Am 29. Dezember 1870 mußte der unbeugsame, zähe, eisern disziplinierte Prinz Albrecht von Preußen, unbesiegt vom Feind, unverwundet durch Schlachten und Gefechte gegangen, vor der Schwäche seines Körpers kapitulieren. Allen Anzeichen nach erlitt er den ersten Schlaganfall. Kopfschmerzen, Augenschmerzen, Schüttelfröste, die auf ein Nervenfieber hindeuteten, ignorierte er, so gut er es vermochte. Sein Wille war bei weiten stärker als sein Körper. Die Warnung Generals von Chappius traf zu. Eine Reiterdivision im Krieg zu führen, bedarf eines jungen, gestählten Körpers. Der jugendliche Geist konnte die Alterung seiner Physis nicht aufhalten.

KAPITEL 6

DAS ENDE

Albrecht suchten Zustände heim, die schon am 27. Dezember 1870 bedenklich waren. Es begann eine lange Leidenszeit. Der tatendurstige Haudegen wurde ans Bett gefesselt, was ihm unvorstellbar war. In Maintenon nahe dem berühmten Fontainebleau stand sein Krankenlager. Ein Dr. Thomas behandelte ihn in der darauffolgenden Zeit.

Das Leben hatte wieder einmal einen Mann bestraft, der kurz vor dem verdienten Lohn für seine übermenschlichen Anstrengungen umgestoßen wurde. Nicht der historische Gegner, sondern sein Körper streckte ihn auf das Gefechtsfeld, dem er zu viel zugemutet hatte.

Albrecht konnte nicht am 1. Januar 1871 nach Versailles reiten, um seinen Bruder, König Wilhelm I., zum neu angebrochenen Jahr zu beglückwünschen. An seiner Statt mußte von Hagen reisen, der soeben die Ruhr überstanden hatte. Heinrich von Hagen traf den König am Stehpult arbeitend an, die Gänsefeder in der Hand. Er ließ den Offizier der 4. Division sofort vor und war begierig zu hören, wie es seinem Bruder erginge. Das veranlaßte den so viel älteren königlichen Bruder zur ungebrochen fürsorglichen Anteilnahme, die er Albrecht in jeder Lebensphase bewiesen hatte: »Mein Bruder muthet sich zu viel zu, ich will gleich an ihn schreiben und ihn bitten, sich mehr zu schonen.«[165]

Der Oberbefehlshaber bat den jungen Offizier, ihm Näheres über die Dezemberkämpfe zu berichten. Es war bis in den Stab der verbündeten Heere vorgedrungen, wie hart, verlustreich und an Geländegewinn langsam der in seinem Charakter so wandelbare, örtlich so grundverschiedene Krieg fortgeschritten war. Der militärischen Dingen von ganzer Seele aufge-

175

Kriegsrat in Versailles. Hauptquartier des Oberbefehlshabers
König Wilhelm I. von Preußen; links vorn Kronprinz
Friedrich Wilhelm, daneben sitzend Moltke
und Graf Bismarck, stehend Kriegsminister von Roon

schlossene König – wir erinnern uns, er wäre aus bürgerlichem Hause kommend Feldwebel geworden –, ließ dem Major aus Albrechts Frontstab höchste Ehre widerfahren. Er gab ihm ein Stückchen von dem ab, was seinem ins Unglück geratenen Bruder zustand. Er lud ihn kurzerhand zum Neujahrs-Mittagstisch ein, begierig, viel zu hören. Aus dem, was danach folgte, wird ersichtlich: er brauchte ein Bild von der persönlichen Wirkungsweise seines ältesten Kavallerie-Generals, der für ihn allem Anschein nach der vom Leben so benachteiligte kleine Abbat geblieben war. Natürlich verstehen wir diese »Benachteiligung« aus der Familiengeschichte des Hochadels, aus der Relation der Stellung Albrechts zu seinen königlichen Brüdern und deren Fähigkeiten, nicht zuletzt auch eine Frage der von der Natur mitgegebenen intellektuellen Anlage.

Zurück zu von Hagen. Zum Neujahrs-Diner des Oberbefehlshabers wurden planmäßig die höchsten und für die Kriegführung entscheidensten Persönlichenkeiten befohlen – der militärische Vorgesetzte lädt nicht ein. Es mag für von Hagen ein merkwürdig mulmiges Gefühl gewesen sein, neben den König plaziert zu werden, ein Stuhl höchster Auszeichnung, aber wahrscheinlich nicht A-Klasse, der rechte, sondern B-Klasse, der linke. Der so unbedeutend scheinende »kleine Offizier« erkannte Köpfe wie Moltke, Bismarck, einen Fürst Kutusow und andere. Von der Ruhr gerade so befreit und gezwungen, der Neujahrsbratensoße das Gewürz von Pulvergestank, Pferdeschweiß und Männerblut in die Vorstellungskraft des höchsten aller Herren beizumischen, wird ihm der eigentliche Grund seiner Einladung – das Diner in Vertretung des Prinzen Albrecht am Tisch des obersten Kriegsherrn einzunehmen – auf den Magen geschlagen sein. Außerdem hatte er zweierlei Anstrengungen zu absolvieren: möglichst genau das Bild vom Krieg an seinem Abschnitt und vom strahlenden Prinzen, dem Tapfersten aller Tapferen, zu entwerfen, aber auch genauestens auf jedes Wort des Königs zu hören, um es im Gedächtnis zu behalten. Wollte er doch dem kranken

Prinzen den Wortlaut so korrekt wie nur irgend möglich wiedergeben. Deshalb wiederholte er sich während des so ganz zweitrangig gewordenen Speisens immer und immer wieder den erlauchten Text, damit er vom Gehörgang in die Erinnerungszellen eingehe und sich dort niederschlage wie die Tonaufzeichnungen auf einem Magnetband. Diese Merkfähigkeitsleistung sollte in von Hagens Ambition das kostbarste Geschenk an seinen General werden.

Aber es kam noch besser. Der Kronprinz Friedrich Wilhelm, der spätere Kaiser Friedrich III., schickte seinem so heimtückisch getroffenen Onkel einen Lorbeerkranz und befahl, ihm zu übermitteln, er sei ein leuchtendes Vorbild für die ganze Armee, für alle deutschen Prinzen und Fürsten. Das Vaterland habe seinem Onkel viel zu danken, darüber herrsche eine einheitliche Meinung.[166] Die Steigerung dazu erzielte Wilhelm I. durch eine spontan formulierte Begründung zur Auszeichnung Prinz Albrechts anläßlich des Neujahrstages, die eigentlich in seinem Beisein in nämlicher Runde vorgenommen werden sollte. Der für sein praktisches und realistisches Denken bekannte König soll nach dem Gedächtnisprotokoll von Hagens wörtlich wiedergegeben werden. Bei aufmerksamen Lesen kann man unter Weglassung der Ausschmückungen die zwei Hauptbeweggründe erkennen, die bemerkenswert sind: »Ich habe meinem Bruder das Eichenlaub zum Orden pour le mérite verliehen, ich hoffe, es wird ihm Freude machen. Er hat die Auszeichnung mehr als verdient, nicht allein für seine Tapferkeit, für seinen Heldenmuth, für seine Aufopferung, sondern er hat die ihm verliehene Auszeichnung noch viel mehr dadurch verdient, daß er in seiner hohen Stellung, bei seinem hohen Range das Kommando einer Division geführt hat und nicht eine Silbe, nicht ein Laut des Unmuths darüber geäußert, daß Andere niederen Ranges mit höheren Kommandostellen betraut sind, im Gegentheil, er hat das Kommando seiner Division mit derselben Opferwilligkeit weitergeführt, als er jüngeren Generalen unterstellt war, das danke ich ihm und vergesse ihm nimmer.«[167] Es ist wohl eine Rarität ersten Ranges geworden, Auszeichnungen dieser Höhe für eine Charakterleistung zu verleihen, für einen in klarer Selbsterkenntis geleisteten Verzicht. Wilhelm I. ließ seine Zuhörer durch die Intonation seiner Sätze tiefgehende innere Rührung erspüren.

Bald danach durfte Albrecht die Labsal seelischer Stärkung erfahren: Zwei Telegramme erreichten das Bett des Unglücklichen. Das eine enthielt die Kabinetts-Order zur Verleihung des Eichenlaubs zum »pour le mérite« in einem schrecklich verschraubten Kanzleipreußisch, und das andere war ein sehr privat intoniertes, das Wilhelms herzliche Anteilnahme am Schicksal seines Bruders fühlbar werden ließ: »Glück zum neuen Jahre! Wie bedaure ich Dein Unwohlsein und Dein Nichtkommen, da ich gehofft hatte, Dir selbst das Eichenlaub zum Orden pour le mérite zu übergeben, das Du so ehrenvoll und ruhmvoll an der Spitze Deiner tapferen Division erworben hast. Schonung zu guter Besserung! Wilhelm«[168]

Das waren drei Geschenke an den vor allem in der Seele wunden Albrecht – Eichenlaub, Lorbeerkranz und Anerkennung im höchsten Führungsstab Deutschlands, das dem Ziel, vereinigt zu werden, sehr nahegerückt war.

Es sind aber keinerlei Briefe oder Berichte überliefert, welchen Kontakt es zwischen Juli und Neujahr 1870 zur Familie gab. Der Mann, der so unbeugsam um die begehrenswerte Rosalie gekämpft hatte, schien sich auf sich selbst zurückgezogen zu haben und war all denen, die später über ihn schrieben, verschlossen geblieben. Auch aus Dresden ist uns gar nichts bekannt geworden, obwohl dieser letzte Krieg der längste, härteste und vor allem verlustreichste war. Ursache zu größter Besorgnis, Motivation und starker Antrieb, sich brieflich zu äußern.

Die militärische Laufbahn Prinz Albrechts war mit dem Schlag von Montainon beendet. Es wurde ein Resumé verfaßt, in dem

Der Krieg zeigt sein Gesicht
Preußische Husaren der 4. Kavalleriedivision
(Kommandeur Generaloberst Prinz Albrecht)
reiten ein französisches Bataillon nieder

Albrechts Leistungen nüchtern, fair, aber auch kritisch abge-
rechnet zu finden sind, hauptsächlich abgefaßt von Hauptmann
Helvig. Da ist mehr von dem I. Bayrischen Armee-Korps die
Rede, innerhalb dessen die 4. Division unter dem Kommando
des Generalobersten Prinz Albrecht von Preußen und die ihr
zukommandierte Kürassierbrigade[169] taktische Faktoren
waren. Die Laudatio hingegen hebt die Ursachen für Gefechts-
erfolge und das, was heute aus humanistischer Sicht unter stark
veränderten ethischen Urteilswerten als grausames, womöglich räuberisches Landsknechtsunwesen gesehen werden könnte, aus der Sicht der Zeitgenossen heraus. Alle die vielen
Beiträge aus dem 19. Jahrhundert ergeben ein bewegendes
Schlußbild, reich an scharfen Kontrasten: Die persönlichen
Führungsqualitäten Prinz Albrechts, dem »Bürgerfreund«,
hatten offenkundig keinen geringen Einfluß auf die standhafte
Haltung seiner 4. Division. Die schlichte Formel hat sicher ein
Preuße erfunden: »Wer nicht gehorchen kann, darf auch nicht
befehlen.« Damit läßt sich die eiserne Selbstdisziplin und ihre
heilsame Wirkung abschließend zusammenfassen, wohl das
bedeutendste Merkmal in Albrechts Grundhaltung, mit der die
zuletzt öffentlich hoch anerkannte Selbstbescheidung einher-
geht. Die militärische Akzeptanz wird beim Stabschef Helvig
versachlicht formuliert: »Die 4. Cavallerie=Division ... überall
keck durchtrabend, ... nimmt Front gegen Angerville, die etwa
zurückgehende feindliche Infanterie aufzufangen, nach Umständen niederzumachen...«[170] Grausame Sprache des Krieges,
damals für niemanden verwunderlich, ethisch unbelastet.

Anders verhält es sich mit der erbarmungslosen, mörderi-
schen Vergeltungsaktion bei Ablis gegenüber dem Dorf Varize
in der Intonation Helvigs: »Wir wiederholen, daß es eine harte
aber nothwendige Repressalie war, jene Ortschaft nieder-
zubrennen...; aber das Commando des I. Corps[171] war nie
gezwungen, so drastische Exempel zu statuiren, wie es z. N.
die 4. Cav.=Division mit dem Orte Varize schließlich thun
mußte ...«[172]

Albrechts Name wird ausgelassen. Es war die 4. Division, die der Franctireure und der Unterstützung durch die Bevölkerung wegen alle lebenden Menschen für schuldig befand und grausam bestrafte. Helvig betont indirekt: Die Preußen waren es, in keinem Fall die Bayern! Keiner liest, aber jeder weiß, Albrecht war verantwortlich. Der geschickt das heißeste Eisen in der Formulierung der Sachverhalte umgehende Bayer schreibt aber etwas auf, das für den Neuzeitleser nicht uninteressant scheint. Er reflektiert über die Berechtigung ziviler Eingriffe in militärfachliche Kriegführung und stellt etwas klar, was in den Jahrzehnten nach dem Zweiten Weltkrieg vielfältig verdreht und verwirrt wurde: Frankreich hat den Krieg erklärt, womit ihm die formal-völkerrechtliche Auslöserrolle und bei Niederlage die Schuld zukommt. Deshalb glaubt sich der regional Siegende berechtigt, Kriegsschuldsühne gegen die Bevölkerung in eroberten Gemeinden einzufordern, in der Höhe willkürlich, allerdings dem hohen Bedarf an Versorgungsnachschub der Armee angemessen. Das schloß auch bei bayrischen Generälen wie von der Tann Rücksicht auf die in Not geratene Bevölkerung aus. In deutschen Zeitungen wurde detailliert zur Genugtuung der zivilen Bürger darüber berichtet. Wer nahm da schon moralischen Anstoß? Härte erzeugt Gegendruck. Die Bereitschaft, sprich unbändige Wut der Landesbewohner steigerte sich und gipfelte aus mindestens zwei Hauptmotiven in bewaffnetem, kriegsrechtlich illegalem Widerstand: Zorn auf die beutegierigen, rücksichtslosen Deutschen und abgrundtiefe Verbitterung über das Versagen der französischen Armee bei Sedan und der zu oft bewiesenen niedrigen Kampfmoral der Soldaten, die im Grunde gut geplante Operationen zum Scheitern brachten. Die Franctireurs wurden bald weit mehr gefürchtet, als die regulären Truppen. Aus Albrechts Lageberichten geht vielfach hervor, daß er ernsthaft durch die Heckenschützentätgkeit daran gehindert wurde zu tun, was vorgesehen war. Es gab keine sicheren Quartiere mehr in festen Ortschaften, was sich im harten, früh einsetzenden Winter 1870 äußerst belastend auf den Gesamtzustand der Eroberer auswirkte. Helvig bringt es im Sachverständnis auf den Punkt: »Solange nur die Beiderseitigen Armeen sich bekämpfen, bleibt der Krieg, wenn der Ausdruck nicht paradox erscheint, civilisiert; Von dem Augenblicke an, wo die Bevölkerung ihren blinden Haß und ihre rohe Leidenschaft in unser blutiges Handwerk mischt, heißt es ›Aug um Aug, Zahn um Zahn‹!«[173] Er benennt die Auswirkungen: hinterlistiger Mord und raffinierte Grausamkeit als Ergebnis der Bemühungen, durch zielstrebig geschürten Haß Widerstandswillen zu erzeugen. Die betroffene Seite wiederum muß sich gegen die Ausbrüche ungezügelter Volksleidenschaft schützen. Beim Charakterbild Albrechts, schon in des Herrn Ancillon Psychogramm beim Vierzehnjährigen vorgeprägt, ist es denkbar, daß er das konsequent harte Vorgehen, die radikal eingesetzte Vergeltungsaktion gegen die Tötung seiner Husareneskadron aus dem Hinterhalt spontan billigte und dabei sein Vaterkomplex Pate stand. So kompromißlos hart, wie er gegen sich selbst war, konnte er auch als Feind werden, wenn seine im besten Wortsinn geliebten Soldaten nicht im regulären Gefecht fielen, sondern ermordet wurden. Aus dem psychologischen Bild heraus kann man nicht wissen, aber schließen, daß er als ein im Grunde seines Herzens gutmütiger Mann wie ein Vater die ihm anvertrauten Kinder verteidigte wie ein Löwe seine Jungen, und daß ihn in seinem Verständnis hinterhältige Ermordungen zum Totschlag verleiten konnten. Aus dem Persönlichkeitsbild, das seine Offiziere und Vorgesetzten vom Frontkommandeur Prinz Albrecht zeichneten, war das Edelste, was er zu verteidigen hatte, seine Reiter. Hauptmann Helvig resümiert auch die Führungsfehler Albrechts, wobei er von der »Unthunlichkeit einer Cooperation auf dem Gefechtsfeld« spricht, Ursache eines unvermeidlich gewordenen Rückzugs in der Verantwortung der 4. Division. Des Prinzen Biwakieren im Hinterland der Franzosen – »vollständig im Rücken des

Feindes« (Helvig) – erbrachte Anfangsverluste von 37 Offizieren und 902 Mann! [174] Solche Fehlleistungen des Prinzen waren es unter anderem, die den Generalfeldmarschall von Waldersee veranlaßten, die Personalentscheidungen des preußischen Generalstreiks kritisch zu beurteilen: »Die größten Fehler geschahen bei der Besetzung der Kavalleriedivisionen...

Prinz Albrecht war überhaupt nicht recht ernst zu nehmen; er hatte den kreuzbraven und unternehmungslustigen, aber auch sehr aufgeregten und konfusen Versen als Generalstäbler, sodann einen Hofmarschall, persönliche Adjudanten, Freunde, und natürlich einen großen Apparat an Küche usw. bei sich, so daß mindestens eine Schwadron nötig war, ihn und seine Schätze zu sichern. Das war sehr schade, denn die Kavallerie war gut und enthielt manche ausgezeichnete Kraft...«[175]

Waldersee nennt sechs Divisionschefs, wovon er nur einen gelten läßt – Graf zu Stolberg. Alle anderen konnten seiner Ansicht nach besser besetzt werden (von Hartmann, Graf von Groeben, von Rheinhaben, Herzog Wilhelm von Mecklenburg-Schwerin). Königliche Prinzen mußten, ob sie wollten oder nicht, auch im Krieg ihren Hofstaat mit sich führen und repräsentieren.[176] Es wäre Albrecht lieber gewesen, sich mit einem Minimum zu begnügen, lehnte er doch sogar die ihm zustehende Karosse für sich ab. So sehr der sportlich-ritterliche Soldatenfreund Albrecht die mörderische, durch keinerlei juristische Grenzen mehr eingeengte Heckenschützentätigkeit von Zivilisten verabscheute, so verächtlich verhielt er sich feigen feindlichen Soldaten gegenüber, die er dann, wenn sie tapfer gekämpft hatten, mit Achtung und Höflichkeit behandelt sehen wollte. Eine Episode beleuchtet diese Seite seines Wesens: Auf einem Marsch begann die Eskadron, hinter der er gedankenversunken mit sich allein herritt, plötzlich zu galoppieren. Vielleicht hatte er einen Zuruf überhört. Jedenfalls jagte er hinterher. Plötzlich wurde gehalten. Etwa eine halbe Kompanie Franzosen – 100 Mann – sah er zu seinem Erstaunen zwischen seinen Ulanen stehen. Der französische Offizier salutierte. Der Trupp hatte sich ergeben, ohne einen Schuß abgegeben zu haben. Der Prinz fuhr den Offizier hart an und rief ihm laut seine Verachtung zu, wie er sich habe so überraschen lassen können. Der kleine, sehr korpulente französische Captain sah den hohen Preußen ganz verdutzt an und wollte entgegnen: »! Mon general«...«Schweigen Sie, Herr! Warum haben Sie nicht feuern lassen?« rief der hocherregte Prinz. Allmählich kam Albrecht die Szene selbst etwas merkwürdig vor, schließlich war er nicht des Franzosen Vorgesetzter. Als der eingeschüchterte Franzmann, der einen angetrunkenen Eindruck machte, endlich zu Worte kam, war zu vernehmen: sein Verhalten habe etwas mit der Unzuverlässigkeit seiner Leute zu tun. Sie hätten ihm den Gehorsam verweigert.[177]

Im Januar wurde der Krieg weitergeführt. Paris war längst eingeschlossen und wurde von den Kommunarden verteidigt, die nach Napoleons III. Gefangennahme im September bei Sedan eine Volksregierung gebildet hatten und gut versorgt waren. Erst am 28. Januar 1871 konnte ein Waffenstillstand abgeschlossen und am 26. und 27. Februar der Friedensvertrag unterzeichnet werden. Noch am 26. Februar überbrachte Wilhelm I. die ersehnte Neuigkeit an alle deutschen Fürsten und an den Zaren, der ihm die Bundestreue hielt. Endlich war dieser unerwartet grausame und blutige Krieg zu Ende.[178]

Albrecht war im Februar wieder so weit hergestellt, daß man ihn nach Versailles verlegen konnte. Das rechte Auge war fast erblindet. Seine Nerven befanden sich in einem Wechselzustand von überspannter Erregung oder extremer Erschlaffung. Das erinnert abermals an Ancillon, den ehemaligen Erzieher, der diese Übererregbarkeit des Prinzen schon festgestellt hatte und davor warnte, ihn psychisch seelisch zu überfordern. Doch unausweichlich teilte sich dem geschwächten Generaloberst die hochgespannte Situation zwischen Waffenstillstand und Friedensabkommen mit. Er nahm sie auf, weil er sie wie Atemluft begehrte, und er lechzte nach seiner Division. Was war mit ihr, wie ging es ohne ihn? Die schöne Verblendung aller väterlichen Chefs. Wieder war sein Wille kraftvoller, als der nicht sehr gehorsame Körper. Dennoch empfing er jeden Besucher und nahm alle Meldungen seiner Offiziere entgegen, selbst die unwesentlichsten.[179] Solange er den Divisionsmechanismus inganghalten mußte, war eine Meldung nicht einfach ein Text, sondern bedurfte einer Wertung, eines Entschlusses und konsequenter Umsetzung. Das hieß zumindest zu sichern, daß die Verwirklichung kontrolliert wurde. Das hatte er gelernt, von klein auf. Diese Disziplin des Vorgesetzten war ein Geheimnis der Gesundung der preußischen Armee auf einen Stand, der endlich wieder die Berufung auf den Alten Fritz erlaubte. Überhaupt wuchs Albrecht in die Heeresreform hinein, die das Kriegsjahrzehnt ermöglichte, in dem Wilhelm I. nur Siege zu verzeichnen hatte. Der Mann der Tat war kein Friedrich der Große. Aber er war klug genug, die Ratschläge und fundierte, weitreichende Ideen seiner gescheitesten Männer herauszufordern, Kritik zu verlangen und die Besten von ihnen zu fördern – Bismarck, Moltke und andere. Erfolge geben dem Erfolgreichen Recht. Also stellte man Wilhelm I. in die Nähe Friedrichs II., was so wenig stimmte wie es am Ergebnis gemessen zu stimmen schien. Genau an dem Tag, als Albrecht auf sein Ruhelager in Versailles gebettet wurde, am 5. Februar 1871, traf den robusten, zwölf Jahre älteren Wilhelm der Hexenschuß. Deshalb konnten beide nicht ohne Wermutstropfen die Siegesparade in Paris erleben. Wilhelm I., für einen Pferderücken untauglich geworden, saß in seiner Kalesche und Prinz Kraft zu Hohenlohe-Ingelfingen schrieb in seine Erinnerungen: »...der, elend wie er war, aber trotz seiner Leiden es nicht versäumen wollte, diesem Triumph der preußischen Waffen beizuwohnen.«[180]

Der König überwand seine peinigenden Rückenschmerzen etwa Mitte März. Er hatte am 18. Januar den Höhepunkt seines

Lebens erreicht, der kaum noch übertroffen werden konnte – die Gründung des Deutschen Reichs im Spiegelsaal von Versailles quasi im Herzen der energischsten Gegner der deutschen Reichseinigung, und die Krönung zum deutschen Kaiser. Mit diesen Triumphen im Rückenmark kehrte er als Sieger nach Berlin zurück. Aber seinen jüngsten Bruder hatte es schwer getroffen. Kaum in Dresden angelangt, mußte er sich einer Augenoperation unterziehen. Die Sehkraft des rechten Auges blieb verloren. Nur die schmerzhafte Entzündung konnte eingeschränkt werden. Die Gärtnerstochter erinnerte sich: »In dem Krieg hatte sich der Prinz ein schweres Leiden zugezogen und kam schon krank nach Schloß Albrechtsberg zurück.«[181]

Nach all dem Glück, das dem ältesten der Hohenzollern widerfahren war, schien diesen das Pech seines Abbat sehr zu Herzen zu gehen. Wenn auch inoffiziell, aber er besuchte seinen Bruder und damit die Verbannte in Dresden. Außer ein paar Sätzen im Bericht der Neumannstochter gab es darüber keinerlei Presse. Immer noch. Dafür empfing ihn die Herrin des Hauses: »Als nach Schlusse des Deutsch-Französischen Krieges Kaiser Wilhelm in Dresden weilte, besuchte er den Prinzen. Es war ein großer Tag für das Schloß und seine Bewohner. Die Gräfin empfing den Kaiser als Schloßherrin und Gemahlin des Prinzen.«[182]

Am 16. Juni 1871 fand in Berlin die Siegesparade statt. Der Prinz hätte es sicher nicht verwinden können, diesen stolzen Tag zu versäumen. Solange noch ein Funken Leben in ihm war, mußte er teilnehmen. War doch die Armee und besonders ihre Reiterei alles, woran alle seine Bestrebungen und jetzt seine Gedanken hingen. Noch einmal seine Offiziere sehen, womöglich seiner 4. Division begegnen, und das auf seinem treuen Schlachtroß, das ihn so unverletzt wie er selbst geblieben war durch fünf Schlachten und einundzwanzig Gefechte getragen hatte. Endlich erhielt er einen unglaublich hohen Lohn an diesem Tag: Der Kaiser verlieh dem Generaloberst der Kavallerie

Siegesparade in Berlin am 16. Juni 1871

den Rang eines Generalfeldmarschalls! Auch freudige Erregung, ein Gefühlsrausch im Erleben der höchstmöglichen Ehrung können töten. Auf seiner treuen Stute Lipa traf Albrecht ein erneuter Schlaganfall. Inmitten des feierlichen Einzugs der Truppenteile durch das Brandenburger Tor.

Er überstand nach langem Krankenlager den zweiten Schuß, den kein Franzose abgefeuert hatte, sondern der Körper, der sich für die Überforderung bitter rächte, die ihm abverlangt worden war. Rosalie mußte ihn pflegen und war sehr wahrscheinlich glücklich, als er, wieder gehfähig, zu seinem Schreibtisch strebte, um etwas Bleibendes zu hinterlassen. Im Frühjahr 1872 befaßte er sich mit Entwürfen zu einem neuen Exerzierreglement für die moderne Kavallerie. Im August arbeitete er mit Hilfe seines persönlichen Adjudanten, Rittmeister von Poncet, an Erinnerungen an seine Felddivision: »... (die) konnten den schwer leidenden Herrn sein körperliches Siechthum oft für Stunden vergessen machen.«[183]

Im September stand der Geburtstag des Kronprinzen bevor, dem der alte Kaiser immer noch nicht den Thron überlassen wollte. Der Besuch hoher Gäste aus Rußland war zu erwarten und Abordnungen der Albrechschen Regimenter – seiner litauischen Dragoner und der russischen Kürassiere. Es hielt den siechen Prinzen nicht mehr in Dresden, er mußte hin, sie wiedersehen, die vielen guten alten Bekannten. Wie üblich nahm er Quartier in seinem wunderschönen Palais an der Wilhelmstraße und setzte sich an einen Platz, den er in letzter Zeit besonders liebgewonnen hatte – nahe den Geschützen, Beutestücke. Der aufmerksame Bruder Wilhelm ließ sie dort aufstellen. Sie waren von Albrechts Division in den schweren Kämpfen bei Artenay genommen worden. Sie gehörten gewissermaßen ihm, waren untrennbar mit dem einzigen und letzten Krieg verbunden, für den er sich Jahrzehnte vorbereitet hatte und der zu spät für ihn kam. Und da traf ihn der dritte Schlag. Gerade hatte ihm der Zar von Rußland den russischen Marschallstab überreicht, ein Übermaß an Ehrung, das schon ins Makabre abzugleiten drohte, war es doch nicht mehrals eine Geste beim Zustand Albrechts. Der Schlag ließ ihm sein Bewußtsein, nahm ihm die Sprache und lähmte alle Glieder. Er konnte sich nicht einmal durch Zeichen verständlich machen. Eine kleine Freude sollte ihm erhalten bleiben, die er ständig vor Augen haben würde. Sein tränendes Auge blickte auf eine Decke, auf der in Kunststickerei die Namender Schlachten und Gefechte zu lesen waren, in denen der zum Krieger Geborene und Erzogene an der Spitze seiner Reiterfür ein erhabenes Ziel gekämpft hatte – für das neue, geeinte Deutschland gegen alle, die dem entgegentraten. Niemand weiß, ob den so schwer Getroffenen tatsächlich solche Gedanken bewegten. Sie würden aber zu seinem schlichten Soldatengemüt passen und ihm das Bewußtsein bis zur Todesstunde erhalten, seinem Pechvogelprinzenleben doch einen guten Sinn so ganz am Ende noch gegeben zu haben. Schließlich hatte er, als der Lebensfaden schon zerreißbar dünn geworden war, höchste Ehrung erfahren. Seine Kritiker könnten gedacht haben, daß es sich um Staffage handelt, aus der keinerlei Schaden mehr erwachsen kann. Seine Freunde hingegen freuten sich mit ihm und fanden es gerecht. Sie sahen mehr den Menschen Albrecht als den unbegabten Feldherrn, der eben das von sich genau wußte und nur beanspruchte, was er zu bewältigen vermochte. Leider können wir nur vermuten, was die Gräfin von Hohenau durchlebte, die sicher am ehesten verstand, daß es eigentlich ihr Gatte selbst war, der sich den tödlichen Schuß beibrachte. In keinem der überlieferten Schriften ist davon die Rede, einem verspäteten Heldentod begegnet zu sein, so, wie vieles vom Wichtigsten in Albrechts Leben entweder zu früh eintrat und Korrekturen immer zu seinen Lasten ausfielen oder zu spät, so daß er in einer Lebensaltersphase, wo Familienglück in seiner ausgereiftesten Blüte erlebt wird, sich in die Verwicklungen von Kriegen stürzte, weit entfernt von den damit in bange Ängste getriebenen Liebsten.

Erst am 8. September kurz nach dem letzten Schlag wurde die Dresdner Gattin benachrichtigt. Die Nähe des Todes erwirkte die Erlaubnis, in die Berliner Residenz zu reisen und im Prinz-Albrecht-Palais Wohnung zu nehmen – bei ihrem Gatten. Das Dresdner Journal berichtete am 14. September 1872: »Die Gemahlin Seiner königlichen Hoheit, die Frau Gräfin Hohenau, traf mit beiden Söhnen auf die erste Nachricht von dem gefährlichen Anfalle sofort am Montag von Albrechtsberg bei Dresden hier ein und übernahm die Pflege des Kranken. Fortwährend werden demselben Beweise großer Theilnahme aus allen Kreisen zu theil. Seine Majestät der Kaiser von Rußland besuchte den kranken Oheim noch gestern Nachmittag.«[184]

Bruder Wilhelm schrieb fleißig an seine Schwester Alexandrine, an andere Nahestehende und Verwandte, während er in Baden zu einem Kuraufenthalt weilte: »Baden, den 10. Oktober 1872. Albrechts Zustand ist, wie Du auch sagst, trostlos; am 4. beauftragte ich die Gräfin[185], wenn es die Ärzte erlaubten, ihm meine Theilnahme auszusprechen; aber sie erlaubten es nicht. Die Gräfin schrieb mir, es scheine ihr, daß die Klarheit der Besinnung abnehme, was man fast wünschen mögte bei der Unmöglichkeit, sich verständlich zu machen?...«[186]

In Dresden wurden im Nachgang zu den Berliner Bulletins regelmäßige Meldungen über das Befinden des Prinzen veröffentlicht. Ein Auf und Ab wird daraus ersichtlich – der starke Lebenswille kämpfte mit dem immer schwächer werdenden Kräftereservoir, bis sich am 16. Oktober die Katastrophe ankündigte: »... bedenklicher Zustand; durch Steigerung aller Erscheinungen ist Lebenskraft sehr geschwächt...«[187] Am 17. Oktober erfuhren die Dresdner: »Wie der Telegraph bereits gemeldet hat, ist Seine königliche Hoheit Prinz Albrecht (Vater) gestern Abend kurz vor Mitternacht verschieden...«[188]

In den verschiedensten ausführlicheren Nachrichten deutscher Zeitungen nimmt die Dresdner Familie entweder gar kei-

191

nen Platz ein oder nur einen empörend zweitrangigen: »Se. Majestät der Kaiser und König, Ihre Majestät die verwitwete Königin, Ihre königlichen Hoheiten der Prinz Albrecht (Sohn) von Preußen und die Frau Herzogin Wilhelm von Mecklenburg-Schwerin sowie das ganze königliche Haus sind durch das gestern Abend 11 Uhr, im soeben vollendeten Alter von 63 Jahren, erfolgte Ableben Sr. königlichen Hoheit des Prinzen Friedrich Heinrich Albrecht von Preußen in tiefe Trauer versetzt worden.«[189]

Das *Dresdner Journal* zitierte die *Neue Preußische Zeitung*, die mit Trauerrand erschien und überliefert uns ein anderes Charakteristikum: »Der tapfere und umsichtige Cavaleriegeneral brachte den Keim zu seinem Tode aus dem letzten Feldzuge heim in welchem seine freudige Hingebung an König und Vaterland keine Schonung seiner Person duldete. Der Schlaganfall, der ihn zuerst in Feindesland... traf, repetirt zuerst am 16. Juni 1871,..., dann während der Dreikaiserzusammenkunft hier am 8. September; sein Krankenlager endete gestern mit einem Lungenschlag. Mit Sr. Majestät dem Kaiser und Könige, mit dem gesamten königlichen Hause trauert die Armee.«[190]

Hier schimmert der kleine graue Spatz hindurch, Geheimrat Schneiders weiße Fläche, die *Neue Peußische Zeitung*. Aber auch Louis Schneider erwähnte mit keinem Wort Gattin und Söhne. Dafür widmete er dem Kaiserlichen Bruder einen kleinen Absatz in seinen Lebenserinerungen:

»Durch die Krankheit und den Tod des Prinzen Albrecht von Preußen trat eine sehr trübe Zeit für mich ein. Er hatte mir stets und dauernd großes Wohlwollen erwiesen, und ich fühlte mich ihm auf das Dankbarste verpflichtet. Bei meinen Papieren liegen viele Briefe von ihm, die sein unbegrenztes Vertrauen in meine Anhänglichkeit an ihn beweisen.«[191] Geheimrat Schneider bewies während des Krieges 1870/71 seinem Gönner und sicherlich im echten Wortsinn auch Freund Albrecht Treue und viel Aufmerksamkeit. Deshalb kannte er auch die Berichte, die vom »kleinen Prinzen« an den »großen König« direkt in den Stab des Oberbefehlshabers gingen. Auch dort genoß er volles Vertrauen. Vielleicht erklärt das seine absolute Zurückhaltung in der Erwähnung der Familienbeziehungen – er wollte sich nichts verscherzen, schon gar nicht bei dem zum Kaiser erhobenen König von Preußen, mit dem er auf das engste verbunden war. Aber sehr viel anders, als mit Albrecht. Was eine unkomplizierte, kameradschaftliche Freundschaftsbeziehung auf der einen Seite war, sah auf der königlich-kaiserlichen nach einer dienstlichen Vertrauensstellung ersten Ranges aus, die Privates auf Distanz hielt.

Aus den damaligen Zeitungen erfahren wir, daß Prinz Albrecht so bescheiden wie möglich aus dem Leben gehen mochte, ähnlich allen anderen entscheidenden Wendepunkten in seinem Leben – Geburt, Hochzeiten, Siegesfeiern im dritten Rang und Beerdigung ohne Prunk und Massenauflauf. Er war nun einmal an Bedeutung der kleinste aller vier Prinzen aus dem Schoß der zur Legende gewordenen Königin Louise und beschied sich damit, nie über die Rolle des Abbat im Vergleich zu den anderen drei Älteren hinweggekommen zu sein. Aber das Volk entschied auf seine Weise: »Das Palais wird nicht leer von dem Besuche von theilnehmenden Leidtragenden aus allen Ständen...«[192]

Die Bürger hatten nicht vergessen, daß Albrecht der leutseligste war mit dem großen Herzen. Es hatte sich herumsgesprochen, daß er oft Nothilfe für die Ärmsten leistete, besonders, wenn es sich um Soldaten aus seinem Regiment handelte. Die »kleinen Leute« hatten ihm einen Lorbeerkranz gewunden, der aus Episoden geflochten war. Auf ihn fiel etwas von dem Licht, das einst seine Mutter genoß wegen der sehr ähnlichen, schönen Eigenschaft, ungeachtet der gehobenen Stellung nicht die Sprache verloren zu haben, die jeder versteht. Es half nichts, daß er ausdrücklich in seinem Testament darauf bestanden hatte, es solle keine Ausstellung seiner Leiche stattfinden, wie sonst üblich bei Sterbefällen in der königlichen Familie.[193]

Man konnte denen, die ihn liebten, und es waren plötzlich erstaunlich viele, nicht diesen letzten Dienst versagen. Er erhielt ein königliches Begräbnis. Am 20. Oktober 1872 konnten die Dresdner erstmals lesen, daß es einen Sohn Albrechts gab, der der zweiten Ehe entstammte: »Gestern Abend 9 Uhr fand in dem Palais des Prinzen Albrecht eine Trauerfeierlichkeit statt im engsten Familienkreis, welcher der Kaiser, die königlichen Prinzen, Prinz Albrecht Sohn, die Schwiegersöhne..., der Graf von Hohenau und das prinzliche Hauspersonal beiwohnten...«[194]

Danach, um Mitternacht, fand in aller Stille die Überführung des toten Doppelmarschalls ins Berliner Schloß statt, sechsspännig, gefolgt von allen männlichen Familienmitgliedern. Am nächsten Tag bekam das Volk von Berlin ein großartiges Schauspiel geboten, die Überführung Albrechts vom Schloß zum Dom am Lustgarten. Vorweg ritten die Gardereiter mit ihren blitzenden, goldenen Helmen, spiegelnden Brustpanzern auf ausgesucht schönen weißen Pferden, nach ihnen folgte die Hausdienerschaft, die Hofbeamten des Prinzen und die Abordnungen seiner Regimenter, die von dem russischen General Baron von Meyendorff geführt wurden, von zehn Obersten detachiert, die auf gepolsterten Unterlagen die Orden und Ehrenzeichen des verspätet Gefallenen der Menge zur Bewunderung voraustrugen. Unmittelbar hinter den Obristen schritten acht Pferde, geführt von acht Rittmeistern, die den Leichenwagen zu ziehen hatten. Es werden vier weitere Oberste gemeldet, die die Zipfel des Leichentuches hielten und sechzehn Majore, die kräftigsten vielleicht, die den Sarg in den Dom zu tragen hatten. Die brave Stute Lipa wird an vielen Stellen in den Zeitungen erwähnt, die dem Sarg ihres Herrn unmittelbar folgen durfte. Die Aufzählung sieht in fast allen Berichten etwa so aus: »Unter Vortritt von vier Obersthofchargen folgte Prinz Albrecht Sohn, der Herzog von Sachsen-Meiningen, der Herzog Wilhelm von Mecklenburg-Schwerin, von dem Kaiser und dem Prinzen Karl geführt, der

194

Kronprinz, sämtliche Prinzen des königlichen Hauses, die anderen hier anwesenden deutschen Fürsten, die Abgeordneten der fremden Souveräne, die Ministerien und die Generalität. Am Eingange zum Dome empfing die Domgeistlichkeit den Sarg... beim Sprechen des Segens erfolgten 36 Kanonenschüsse und dreimaliges Gewehrfeuer.«[195]

Kronprinz Friedrich Wilhelm (später Friedrich III.) geriet in eine fatale Lage. Er hatte am 18. Oktober Geburtstag – mitten im Zyklus der Trauerfeierlichkeiten um Onkel Albrecht, deren Höhepunkt am 19. Oktober erreicht wurde. Das Dresdner Journal stellte erst am 21. Oktober 1872 fest: »Bemerkt mag nachträglich hier noch sein, daß Se. Majestät der Kaiser auch der Frau Gräfin von Hohenau, der Gemahlin des verewigten Prinzen Albrecht, einen Besuch abgestattet hat und beide Söhne aus der Ehe des Prinzen mit derselben der Leichenfeier im Dom ... beigewohnt haben.«[196]

Von einigen Hofdamen wurde die Leichenrede des Generalsuperintendenten Hoffmann als taktlos empfunden: »(er) brachte seine Scheidung, seine zweite Heirat an, was doch Alles in einer Leichenrede nicht nöthig ist!«[197] An gleicher Stelle erzählt diese Dame vom Kaiser, der mit seinem Kuß auf den Sarg am ergreifendsten gewirkt hatte, um dann die Gräfin Hohenau zu erwähnen, »für die man einen aparten kleinen Sitz eingerichtet hatte, unten neben dem der Königin-Witwe...«[198]

Der gewissenhafte Staatsdiener, Generalsuperintendent Hoffmann, bot offensichtlich des teuren Toten Leben realistisch dar. Nach seinem Segensspruch und dem Verhallen des Kanonendonners und des Gewehrgeknatters überführte man Albrechts Leiche in das Familienmausoleum nach Charlottenburg, wo die Königin Louise und Friedrich Wilhelm III. liegen, um den jüngsten ihrer Söhne vorerst im Vorraum provisorisch zu betten. Das war der ausdrückliche Wunsch Rosalie Gräfin von Hohenaus.[199] Über die Kondolenzen des Dresdner Hofes und der Bürgervertretungen ist nichts bekannt.

König Wilhelm am Sarkophag seiner Mutter, der Königin Louise,
im Mausoleum zu Charlottenburg (19 Juli 1870)
Auf Wunsch der Gräfin Rosalie von Hohenau soll das Mausoleum
die spätere Ruhestätte ihres Gatten Prinz Albrecht werden.

Die Witwe Albrechts soll ein sehr zurückgezogenes Leben auf Schloß Albrechtsberg geführt haben und starb schon sieben Jahre danach mit etwa 53 Jahren. Aus dem Badehaus am Schloßteich wurde ein Mausoleum, wohin ihr auch noch andere Familienmitglieder folgten. Das Dresdner Leben Prinz Albrechts und seiner Familie verlief still. Nur die Illumination des Schlosses, der Fontänen und das Feuerwerk zum Geburtstag Rosalies erinnerten die Dresdner an den königlich-prinzlichen Wohnsitz des fremden Preußen nahe der sächsischen Residenz. Der weitergeführte Name von Hohenau, die Zurückgezogenheit der Witwe, die am Ort wenig spürbare Anwesenheit der Söhne ließen den Prinz Albrecht allmählich in Vergessenheit geraten. Selbst der Name der von ihm initiierten Schlösser wich den jeweils aktuelleren Namensgebungen. Der Odolkönig Lingner, der die Villa Stockhausen gekauft hatte, wurde zu Beginn des 20. Jahrhunderts für die Dresdner zu einem hochaktuellen Begriff, weshalb der Volksmund nicht mehr von Schloß Albrechtsberg sprach, sondern von »den Lingnerschlössern«. Nach 1951 bürgerte sich das Wort »Pionierpalast« ein und will heute noch nicht ganz weichen, obwohl seit 1990 dem eigentlichen Namen »Schloß Albrechtsberg« Gerechtigkeit widerfuhr. Nur nicht seinem Bauherrn, der auch in der preußischen und deutschen Geschichte des 19. Jahrhunderts kaum Erwähnung findet und auf Denkmälern von nationaler Bedeutung gar nicht erscheint. Auf dem Niederwalddenkmal am Rhein stehen Wilhelm I., der Kronprinz und Bruder Karl in der Mitte der bedeutenden Männer des deutsch-französischen Krieges. Albrecht erscheint links in der hintersten Reihe weit außen, dank seiner überragenden Körperlänge. Die glanzvollste Würdigung erfuhr er, wie so vieles zur Lebenszeit, verspätet – anläßlich seiner Beisetzung. In Dresden dagegen beginnt Albrecht in den neunziger Jahren des 20. Jahrhunderts interessant zu werden. Hat er doch der deutschen Architekturgeschichte ein gegenwärtig schon selten gewordenes Denkmal und den Dresdnern eine

Kostbarkeit hinterlassen – sein spätklassizistisches Schloß. Es blieb unverändert in seiner inneren Struktur und wurde dadurch kulturgeschichtlich bedeutungsvoll. Auf diese Weise erlebt die Erinnerung an den Preußen, der in Sachsens Metropole siedelte, eine schöne Wiederauferstehung. Albrecht, der viel Gutes tat, erwies sich den Sachsen freundlich, indem er ihnen etwas erbaute, statt zu zerstören oder wegzunehmen.

Brief der Prinzessin Marianne von Niederland an Prinz
Albrecht:

»Mein lieber alter Abbat!
Unschlüssig, wie ich mein Brieflein anfangen sollte, da ich Dir
so lange nicht schrieb und so Manches sich zwischen uns
gedrängt hat, entschloß ich mich, wie ehedem auch jetzt die
Sprache des Herzens zu schreiben. Du bist nun zwar nicht
mehr mein Gemahl, aber bist und wirst stets bleiben mein lie-
ber Vetter und mein Bruder in Christo, unserem Herrn, dem Du
ebenso wie ich, in der H. Taufe geweihet worden bist. Alt bist
Du nun zwar nicht, doch für mich bist Du mein lieber Alter, da
es unsere Liebe ist, die alt ist: Wir waren dreizehn Jahre alt, als
sie begann!!!
Die Erinnerung am heiligen Taufbund liegt recht nahe, wenn
die Confirmation unserer Tochter heran nahet. Du hattest ver-
sprochen, ohne Condizionen, bei dieser feierlichen Gelegen-
heit mich wieder sehen zu wollen, doch ich fühlte, wie peinlich
Dir dieses abgezwungene Versprechen sein mußte und erklärte
deshalb dem Könige, Deinem Bruder, bei meiner Anwesenheit
in Potsdam und hernach in meinem Brief vom 16. Oktober, daß
ich nicht zur Einsegnung unserer Tochter Charlotte nach
Berlin kommen würde, wenn Du Dich zu der Zeit dort befinden
solltest. Meinen späteren Brief an Deinen Bruder Wilhelm
schrieb ich in der Hoffnung, Dein Herz zu rühren ..., Char-
lottchens Mama, und Dich dafür zu stimmen, freiwillig die
Erklärung abzugeben, mich wieder sehen zu wollen, um mit
mir gemeinschaftlich unser Kind zu segnen. Doch diese Hoff-
nung war, wie so manches andere, getäuscht, es war Gottes
Willen nicht, daß es gelingen sollte, und Deine, mir durch

Wilhelm überbrachte Antwort raubte mir die letzte Hoffnung auf eine Versöhnung, wozu das erste Abendmahl unserer ältesten Tochter eine so schöne Gelegenheit bot.

Unter diesen traurigen Verhältnissen erinnere ich Dich noch ein Mal daran, daß ich mich nicht aufdrängen wollte, und Dir Deine Freiheit bereits 1842 gegeben haben würde, wenn der König, Dein Bruder, nicht verlangt hätte, daß ich alles tun sollte, um Dich zurück zu führen. Dein Glück habe ich gewollt, als wir vereint waren; Deine Ruhe und Deinen Frieden will ich befördern, nun daß wir getrennt sind: aber meine Kinder lieben mich, wie ich sie liebe, deshalb kann ich mich von ihnen nicht trennen, sie sehen zu können, ist daher meine Bedingung. Welch ein Opfer ich bringe, und zwar Deinen Kindern bringe, daß ich nicht zur Einsegnung komme, läßt sich nicht mit Worten beschreiben, wenn Du Dich an das Herz Deiner Frau erinnerst, dann wirst Du es begreifen. Oh wenn Du Dich entschließen könntest, mir vor Allen die Hand zur Versöhnung zu reichen! Doch wenn Du das nicht kannst, wie kannst Du teilnehmen am Opfer der Versöhnung, am heiligen Abendmahl des Herrn?

Ich gehe zu weit, mein lieber Abbat, und fühle es wohl, das hast Du mit Gott und Deinem Gewissen abzumachen; mit dem meinigen aber verträgt es sich nicht, mir länger durch Königliche Macht befehlen zu lassen, die Gemahlin eines Mannes zu sein, der mich los sein will, obgleich er dazu keinen Grund angeben kann als eine Abneigung zu seiner Gattin, gegen eine unschuldige Frau, die ihm dennoch bis zum Tod gut bleiben wird, und für ihn betet, auf daß Gott ihm den Frieden und die Ruhe des Herzens schenken möge, welche sie, durch Seine Gnade, in so hohem Maße genießt.

Marianne
Haag im Februar 1848«

Friedrich Wilhelm IV. Ankündigung an den Bruder Prinz Carl

B: 4 Oct 42

Bester Carl
Ich komme um 2 Uhr mit Extra nach Glienicke & bitte um ein
frugales Diné und um 1/2 4 oder 4 Uhr Extra wieder zurück-
rolle.
Addio
Dein Fritz

Notiz des Prinzen Carl

Albrecht, dessen Geburtstag, war mit Wilhelm u. mir hier in
Glienicke, es war kurze Zeit nach seiner Flucht aus Camenz, u.
hatte eine heftigste (Auseinandersetzung) mit dem König der
ihm ankündigte, daß wenn er noch eine Zusammenkunft mit
Frl. R. v. Rauch (der Hofdame) habe, so ließ er sie ins entfern-
teste Stift Pommerns einsperren, und dort solle er sie nicht zu
sehen bekommen, weil sie an dem ganzen Skandal in Camenz
die Schuld trage, alles vom jungen Stockhausen und ihr mit
Albrecht verabredet und eingefädelt fand, dieser mit ihr
Ehebruch getrieben, u. dem König sein (Ausbruch) war furcht-
bar, daß wenn er (Albr.) den Hintergedanken hege, Frl. R. R.
heirathen zu wollen, was die Religion und das Landrecht ver-
böten, Er der König niemals seine Einwilligung geben werde,
Albr. schwor hoch und theuer, daß er gar nicht im Entferntesten
daran dächte, u. alles Verleumdung sei, was man von einer
festen Verabredung fasele etc., etc.
C.

Briefwechsel mit Pfarrer Dr. Rückert anläßlich der geplanten Trauung von Prinz Albrecht und Frl. Rosalie von Rauch.

Dem Pfarrer wird die Trauung befohlen, aus heutiger Sicht so makaber wie unverständlich:

»Ew. Hochwürden

habe ich bei Zufertigung des beifolgenden höchsten Rescrips zu ersuchen, Sich, wenn Sr. Königlichen Hoheit Prinz Albrecht von Preußen in Altenstein eingetroffen sein wird – der Tag der Ankunft ist noch unbestimmt – bei Höchstdemselben zu melden und über die Formalität der Trauung Beredung halten. Ob der Prinz eine Trauung zur linken oder zur rechten beabsichtigen, werden Sie dabei erfahren, und sich nach der Bestimmung Sr. Königlichen Hoheit zu richten haben. Es soll nämlich im Preußischen Königshause schon vorgekommen sein, daß eine morganatische Ehe durch Trauung zur rechten Hand vollzogen wurde.

Ew. Hochwürden

ganz ergebenster

Harbon

Meiningen, 3ten Juni 1853

Das Datum wurde genau festgelegt.

Herrn Pfarrer, Dr. Rückert, in Schweina

Nachschrift:

Dem Vernehmen nach wird der Prinz am 9. d.M. früh in Altenstein eintreffen und Abends die Trauung stattfinden.

Hb.«

... Albrecht traf indes mitnichten ein. Inzwischen erhielt der Geistliche eine weitere Nachricht, auf daß die Eintragungen ins Kirchenregister fehlerfrei würden und vor allem die Anrede des Trauungspfarrers dem neuesten Stand entspricht:

»An den Herrn Pfarrer, Dr. Rückert, in Schweina

Tochter des verstorbenen Kriegsministers, General der Infanterie von Rauch

WB

202

Dem Herrn Pfarrer Dr. Rückert wird hiermit berichtigend eröffnet, daß das im Rescript vom 3. d. M. genannte Fräulein Rosalie von Rauch aus Berlin von Sr. Hoheit dem Herzog von Meiningen mit dem Namen und Stand einer Gräfin von Hohenau – nicht einer Baronin von Hohenau – gnädigst ertheilt worden ist.

Meiningen den 9ten Juni 1853

H. St. Ministerium

An H. Hofrath Elbig zur Besorgung abgegangen.«

Nachdem alle Schreibfehler, Denkfehler und sonstigen Unebenheiten auf langen Wegen quer durch Deutschland berichtigt waren, war es beinahe möglich, der stillen Trauung getrost entgegenzusehen. Eine Absicherung war allerdings noch unvermeidlich und wahrscheinlich durchsetzbar entgegen heutigen Verhältnissen:

»Bester Herr von Wechmar!

Die Trauung meines Schwiegervaters ist auf Montag, den 13ten Juni festgesetzt, Abends 7 oder 8 Uhr. Haben Sie daher die Güte, die Herren, welche dazu nach Altenstein gehen, davon zu benachrichtigen und Ew. Excellenz das Grafendiplom mitzugeben.

Es wäre meinem Schwiegervater angenehm, wenn die Meininger Blätter und Correspondenten der Kreiszeitung die Trauung nicht erwähnten. Ich gehe von Altenstein zum Jubiläum nach Weimar, um im Auftrage meines Vaters zu gratulieren...

Ihr treu ergebener

B Georg Erbprinz

Berlin

den 10ten Juni 1853

Abends 3/4 9 Uhr

Meiner Frau geht es viel besser!«

Aus der Briefsammlung der archivierten Korrespondenz des Prinzen Albrecht mit seinem Bruder Prinz Carl von Preußen

(Geheimes Staatsarchiv – Stiftung Preußischer Kulturbesitz, Berlin -Dahlem) und Prinz Wilhelm ist zu entnehmen, daß die am 13. Juni 1853 »still« getrauten Neuvermählten auf Schloß Altenstein, fast geradlinig etwa 25 km von Eisenach, ihr Quartier genommen hatten. Am 14. Juni, also tags darauf, schrieb Albrecht Briefe mit der Benachrichtigung des Ereignisses. Zu einem nicht bestimmbaren Zeitpunkt, aber bald danach reisten sie nach Dresden, um für ein Jahr in der Villa Stockhausen Unterkunft zu finden, bis das eigentliche Schloß Albrechtsberg 1854 bezugsfertig wurde.

Das ist auch der Zeitpunkt, wo der Prinz Albrecht von Preußen für die Stadtgeschichte Dresdens wie für Deutschland kulturhistorisch bedeutsam zu werden begann und am sächsischen Hof als Repräsentant des Berliner Hofes und ranghöchster Preuße innerhalb von Sachsen nicht unbemerkt blieb. Anläßlich feierlicher Anlässe, z.B Hochzeiten und Truppenrevuen, kam es zu Kontakten und gegenseitigen Ehrbezeugungen. Der zweite Sohn Albrechts, Graf Friedrich von Hohenau, wurde 1896 Militär-Attaché bei der preußischen Gesandschaft in Dresden.

Prinz Albrecht an seinen Bruder Wilhelm, der als »Herr Lehmann« in England weilt:

Deinen Brief vom 23. (im Gefechtstage bei Schleswig, von dem Du natürlich leider keine Ahnung hattest)[200] erhielt ich gestern zu Potsdam durch die (...) und sage Dir meinen treuen, herzlich innig geliebten Bruder, 1000 Dank für Dein treues Andenken, Gott segne Dich, Du theurer lieber Freund.

Körperlich geht es Dir gut und dies ist schon etwas, denn wenn die Seele in Gram, gerechter Erbitterung und Wut vergehen will, so bleibt es stets erfreulich zu hören, daß der Körper zu resistiren weiß, bei mir litt aber auch damals[201] dieser und leidet noch, wofür Dich der Himmel bewahren mag, doch zeigen sich solche Nachwehen oft erst später. Du hattest ganz recht, das Kommando zu Schleswig auszuschlagen, sobald man solche schmachvollen Bedingungen daran knüpft, welche Dich zu einem Verbrecher stempeln, denn nur solchen verwehrt man ihre Heimat – ! Diese Umstände waren mir unbekannt, ich danke Dir für diese Aufklärung. Die Erbitterung ist hier aber gar nicht so schlimm gegen Deine Person –, man spiegelt dieses oben nur so vor, weil vielen Deine Anwesenheit unbequem lästig sein würde, namentlich man in militärischen Beziehungen Dein Erscheinen nicht wünscht, weil sie wissen, daß Du dem G:C: das Wort reden würdest. Jetzt Z:G: wird das G.D. = Kps [Berliner Garde-Regiment, Elite-Truppe des Königs; Anm. d. Verf.] *aus seinem Verbande gerissen und zu dem Reserve Armé Cps. bei Bamberg (5000 Mann) geschickt, diese Handlung zeigt klar, daß man (...) mäßig eine Zerstückelung des Cps:* [Korps, Berliner Garde; Anm. d. Verf.] *beabsichtigt. Sind diese und dann ähnliche Demonstrationen bewerkstelligt, stehen sie erst unwiderruflich fest, ist keine rückgängige Bewegung mehr möglich, dann werden wir das Glück haben, Dich hier zu sehen –. Ich bin –, war es auch nachmalig –, fest davon durchdrungen und mir kann keiner diese Meinung rauben – (sie mag unrichtig sein), daß hier niemand gewagt haben würde, Dich anzuklagen –. Schreien und Handeln sind zweier-*

*lei. Ein mutiges Auftreten, anpassungsfähiges Auftreten kraft
seiner eigenen Persönlichkeit imponiert immer.–*

*Bin ich doch, verzeih mir, wenn ich von mir reden muß, ich bin
indes viel zu bescheiden, um mir deshalb etwas einzubilden
oder um nach Popularität zu streben, was niemals in meiner
Absicht liegt, dies versichere ich Dir – bei der Liebe zu Dir,
obgleich man es mir ganz anders auslegt, am 19ten abends in
einigen Straßen meiner Umgebung gegangen, die nächsten
Tage ebenfalls[202] wieder, und zwar am Tage (Uniform, Mütze,
ohne Mantel) um zu zeigen, daß der Rock des Königs noch
etwas gilt, und niemand tastete mich an, und kein Wort der
Mißbilligung wurde laut, und so wandelte ich in die belebten
Teile der Stadt. Hätte man mich spießen wollen, so konnte man
es tun, da ich die Begleitung der sich mir anbietenden Bürgerwehr zu meinem Schutz entschieden ablehnte. An jenem oben
bezeichneten Abend begegnete ich einem Mann, der mich
kannte, ein achtbarer und zuverlässiger Mensch, und mir er-
zählte, daß er vom Schloß käme und bestimmt wußte, wie eben
eine Deputation dort auf Deine Entfernung von hier angetra-
gen habe bei Androhung, das Leben von: F:* [von Fritz =
Friedrich Wilhelm IV., Anm. d. Verf.] *und das Vorschreibens
neue (...), achselzuckend fügte er hinzu: »nicht er wird ihnen
auch nicht den Gefallen getan haben!« und richtig, so ist es
gekommen.*

*Man sagte nämlich, es habe sich plötzlich am 19. eine Partei
gebildet (die Namen nenne ich nur mündlich) die, pour d'et-
vorneur les esprit v: F:, den Haß, der auf ihm lastet und man
wirklich für sein Leben gefürchtet habe, es sich zum Geschäft
gemacht haben, Alles Unheil von ihm auf Dein Haupt zu wäl-
zen. Sechs Wochen sind vergangen, und ich bin noch heute
überzeugt, daß meine Ansicht die einzige richtige ist, da mehrere Leute, denen ich das mitteilte, mir Recht gaben, und ich
nirgends das Gegenteil vernommen habe.*

*Meiner Ansicht nach kannst Du jeden Augenblick zurücktreten
sobald Du es willst und in der Mitte deiner Getreuen deiner*

G:C: weilen [vermutlich »Garde du corps«, Anm. d. Verf.]*,
vorausgesetzt, das andere sich durch etwaige ausgestoßene
Drohungen, nicht einschüchtern lassen. Drohte man mir doch
am Tage der Rebellion Beerdigung, wo ich in – loco – mich
befand* [am Ort, im Albrecht-Palais; Anm. d. Verf.]*, bei meinem Nichterscheinen zur Festlichkeit mein Haus zu demoliren
und kamen von allen Seiten dringende Aufforderungen, ich
solle zur Feierlichkeit erscheinen, da ja die Soldaten gleichzeitig bestattet würden, eine Lüge, ich aber erklärte daß nicht 10
Pferde mich von meinem Domizil wegschleppen würden,
solange nicht auch militär. Deputationen dort wären und dies
bat ich die Leute, so laut zu erklären, wie ihre Lungen Kraft
hätten. Der Erfolg lehrte das mir, da ich nicht nach dem
Schlosse ging um Diener zu machen, sondern ruhig zu Hause
blieb, weder Katzenmusik²⁰³ gebracht noch Fenster zerschla-
gen, noch mein Dach demoliert wurden, also es waren leere
Drohungen und wie gesagt, Schreien und Handeln sind zweierlei Dinge.
Ebenso bestimmt hatte ich ausgesprochen, nachdem man mich
warnte, doch wenigstens unter diesen dringenden Verhältnissen die Stadt zu verlassen, daß ich dies nicht thun würde, denn
wollte man mich angreifen, so würde ich dies ruhig abwarten,
aber fortgehen thäte ich bestimmt nicht, dies habe ich gehalten. Le diable n'est pas ausi meihans qu'il est noir.–
Von den Veränderungen und Reduktionen im Kriegsministe-
rium hast Du vermuthlich schon gehört, ...*

Dieser Brief Prinz Albrechts an seinen zur Flucht veranlaßten
Bruder Wilhelm (in der Zeit der »Kartätschenprinz«) ist insofern interessant, als er zumindest mit Worten die der preußischen Monarchie wie dieser überhaupt im europäischen Sinne
Treue bewahren will und die Revolutionäre verachtet. In der
Fortsetzung dieses sehr langen Briefes stellt er detailliert dar,
welche Persönlichkeiten, z. B. Camphausen, die preußisch-
monarchistische Militärmacht entkräften, quasi »entpreußen«

wollten. Mit Empörung kommentiert er die Vorgänge im Schloß, denen Friedrich Wilhelm IV. nicht mehr Herr werden konnte und vorübergehend Kompromisse schließen mußte, um juristisch fixierte Zugeständnisse bei Wiedererlangung der militärischen Überlegenheit zu annullieren und die ihm vom Frankfurter Parlament angebotene Kaiserkrone ablehnte. Er wollte nicht nehmen, was mit dem »Ludergeruch der Revolution« behaftet war.

Dieser Brief ist ein Beispiel von mehreren derartigen Belegen, die die nie unterbrochene Zuneigung und gegenseitige Hilfeleistung der Brüder Wilhelm und Albrecht illustrieren. Unter anderem wird auch hierdurch erklärlich, weshalb Wilhelm 1854 nach Dresden kam, gewissermaßen illegal, um dem Erstgeborenen aus der morganatischen »Dresdner Ehe« Pate zu stehen, der bezeichnenderweise auf Wilhelm getauft wurde – Ehre dem Albrecht nahestehendsten Bruder. Es ist nicht aufzuklären, ob der König Friedrich Wilhelm IV. davon wußte.

Erinnerungen des Generalfeldmarschalls Walter Freiherr von Loë über die Kaukasusreise Prinz Albrechts

Die im Buchtext (Vgl. S. 129) stark verknappte Wiedergabe aus der Laudatio der Offiziere Prinz Albrechts zum kaukasischen »Abenteuer« erfährt durch einen Begleiter des Prinzen, den späteren Generalfeldmarschall Walter Freiherr von Loë eine genauere Darstellung: Nach einer anstrengenden Reise in harten, wenig gefederten russischen Tarantassen und Posttelegas bei hoher Geschwindigkeit – Tagesleistung etwa 185 km – gelangte Prinz Albrechts Suite in Stawropol an, Grenzstadt zu Georgien. Die Fahrt war entlang der Donau bis Odessa per Schiff bewältigt worden. Von der südrussischen Hafenstadt aus wurde durch Steppenlandschaft mit all ihren Beschwernissen im Eiltempo gereist. Kosaken eskortierten den Zug. In Stawropol angekommen, begrüßte sie General Jewdokimow, »... der sich bei einer Parade durch einen Sturz mit seinem Pferd überschlagen hatte...« und verletzt war. Deshalb »...forderte er den Prinzen Albrecht auf, an seiner Stelle das Kommando bei dem geplanten Vorstoß in das Pschechatal zu übernehmen.« Im Urteil des Freiherrn von Loë verlief die Unternehmung harmlos. Es gab einige kleine Zusammenstöße, eine erwünschte Gelegenheit für die preußischen Offiziere, ihren persönlichen Mut zu zeigen. »Alsbald wandelte sich die bisher eher zurückhaltende, höfliche Zuvorkommenheit der russischen Offiziere in vertraute kameradschaftliche Herzlichkeit...«Der Bericht läßt mehr die Selbstdiesziplin und gesuchte Härte der Reiseumstände denn militärische Leistungen als das herausragende Moment seitens Prinz Albrechts erkennen. Für manche Episode, die darauf Bezug nimmt, ein Beispiel: Ein solcher »knochenharter« Reisewagen, der auf sehr schmalem Gebirgspfad fuhr, stürzte samt Pferden und Insassen einen Abhang hinunter, Prinz Albrecht verletzte sich, lehnte aber jeglichen Aufenthalt ab – keine Schonung seinetwegen![204]

Loë zum diplomatischen »Vorkrieg« vor dem deutsch-österreichischen Feldzug 1866

Freiherr von Loë war um 1865 preußischer Militärattaché in Paris. Er hatte die vom preußischen Generalstab »gesammelten Nachrichten über die Organisation, die Vorzüge und Mängel des französischen Heeres« an Ort und Stelle auf ihre Aktualität und Stichhaltigkeit hin zu überprüfen.

General von Gebsattel schrieb: »Das Urteil Loës über die französische Armee ließ sich in dem Satz zusammenfassen: sie ist nicht kriegsbereit, nicht auf den Krieg vorbereitet, außerdem augenblicklich durch die Expedition nach Mexiko nicht unerheblich geschwächt.« Außerdem mußte eine ständige Besatzung von 80000 Mann nach Algerien, um »den Zustand der Ruhe« zu erhalten. Mit den 30 000 in Mexiko stationierten Soldaten fehlte Frankreich ein Truppenkontingent von ca. 110 000 Man Dazu kam, daß die Umrüstung auf Hinterlader

noch nicht abgeschlossen war. Die Artillerie schoß wenig treff-
sicher. Der Truppentransport war für den Fall der
Mobilmachung ungenügend vorbereitet. »Im Jahre 1865 herrschte in Frankreich Friedensstimmung; und, wie in
Deutschland vor dem Weltkriege, war auch damals dort der
Finanzminister im Bunde mit der Volksvertretung erfolgreich
bemüht, auf Kosten der Armee Einsparungen zu
erzielen.«Freiherr von Loë wurde im März 1866 zu König
Wilhelm I. berufen und betonte dort in Gegenwart von
Moltkes, Frankreich sei augenblicklich unfähig, einen großen
Krieg zu führen, »jedenfalls könne der Marsch auf Wien ohne
erste Sorge für die Sicherheit der Rheinlande unternommen
werden.« Wie auch Freiherr von Loë bestätigt, war Napoleon
III. vom Sieg der Österreicher überzeugt, was außerdem den
preußischen Absichten dienlich war.

Beamtendeutsch des 19. Jahrhunderts

Die Staatsdienerhöflichkeit erforderte einen hohen Aufwand
an Formen, um einen einzigen Satz zur Information an einen
der höheren Bediensteten wie einen Ministerpräsidenten zu
übermitteln:

»Euer Hochwohlgeborener Herr
Hochgeehrter Herr MinisterPräsident
Gnädiger Herr,
Des Königs Hoheit der Prinz Albrecht hat mir den Befehl ert-
heilt, Eurer Excellenz das einliegende Wappen ehrerbietigst zu
überreichen.
Zu tiefster Unterthänigkeit
erstirbt führ Excellenz unterthänigster Diener
Grohmann
Hofrath und Hofstaats
Secretär
An den Herzoglichen
Minister Präsidenten
Order
Herrn von Wechmar
Excellenz
Meiningen

Werdegang

1. 1. 1816
6 Jahre: Ohne militärischen Grad á la suite des Königlichen Landwehr-bataillons – Garde – geführt

4. 10. 1819
10. Geburtstag: Sekondelieutenant im 1. Garderegiment zu Fuß (= Unter-leutnant)

31. 3. 1827
17 Jahre: Premierlieutenant (= Oberleutnant)

4. 10. 1827
18. Geburtstag: Stabskapitän = Hauptmann

4. 10. 1828
19. Geburtstag: Major im 1. Garderegiment zu Fuß, 1. Kommandeur des I. Bataillons des 1. Garde-Landwehrregiments sowie kommandiert zur Führung einer Eskadron im Regiment Garde du Corps (= analog Kompanieführer, Gardereiter)

9. 6. 1829
19 Jahre: Chef des Kaiserlich-russischen Kürassierregiments Nr. 7, Geschenk des Zaren Nikolaus I., Schwager Albrechts, anläßlich seiner Verlobung

4. 10. 1829
20 Jahre: dem Regiment Garde du Corps aggregiert (= zugeteilt, Corps – 2 Kavallerie-Divisionen)

30. 3. 1831
21 Jahre: Oberst und Chef des 1. Dragoner–Regiments Insterburg – auch »Litthauisches Dragonerregiment Nr. 1, künftig »Regiment Prinz Albrecht« bis 1918

212

30. 3. 1833
23 Jahre: Generalmajor mit Patent und Kommandeur der 6. Kavallerie-Brigade (= Patent-Kompetenzbeglaubigung)

30. 5. 1835
25 Jahre: zusätzlich Führer der 2. Garde–Kavallerie–Brigade

8. 9. 1840
Kommandeur der 5. Division in Frankfurt a. O.

7. 4. 1842
32 Jahre: Generallieutenant

2. 10. 1844
vom Kommando der 5. Division entbunden

23. 3. 1852
42 Jahre: General der Kavallerie ohne Kommando

18. 10. 1861
52 Jahre: á la suite dem Regiment Garde du Corps aggregiert (= ohne Kommando)

17. 3. 1863
53 Jahre: Berufung zum Inspekteur der 2. Armee-Abteilung

7. 12. 1864
55 Jahre: Ernennung zum Chef des Kavallerie-Regiments Nr. 60 ehrenhalber, ohne Kommando

18. 5. 1866
56 Jahre: Mit der Formierung eines Kavallerie-Korps bei der 1. Armee beauftragt, das er im deutsch/preußisch-österreichischen Krieg führte

17. 9. 1866
von der Führung des Kavallerie-Korps entbunden

4. 10. 1869
60. Geburtstag: á la suite dem 1. Garderegiment zu Fuß aggregiert

18. 7. 1870
60 Jahre: Kommandeur und Generaloberst der 4. Kavallerie-Division im

deutsch-französischen Krieg

16. 6. 1871
61 Jahre: Generalfeldmarschall ehrenhalber, zweiter Schlaganfall an diesem Tag (Siegesparade in Berlin)

8. 9. 1872
62 Jahre: Kaiserlich-russischer Generalfeldmarschall ehrenhalber anläßlich des Dreikaisertreffens in Berlin, dritter Schlaganfall mit tödlichem Ausgang

Teilnahme an Feldzügen

1862
Feldzug der russischen Kaukasusarmee gegen Georgien; Sieger in einem Gefecht gegen Tscherkessen

1864
Teilnehmer am deutsch–österreichischen Krieg gegen Dänemark als Beobachter im Hauptquartier Generalfeldmarschall Wrangels

1866
Teilnehmer am deutsch/preußischen Krieg gegen Österreich und seine Verbündeten (Hannover, Baden, Württemberg ...) als Kommandeur des Kavallerie–Korps der 1. Armee, die Prinz Friedrich Karl befehligte. Direkte Feindberührung bei Gitschni und Königgrätz am Ende der Schlacht

1870
Kommandeur der 4. Kavallerie–Division, verstärkt durch ein Kürassierregiment (»Panzerreiter«). Teilnahme an den schweren Schlachten bei Wörth, Weißenberg, Sedan, Orléans, Artenay und Ligny. Insgesamt bestand er 21 Gefechte und 5 Schlachten ohne Verwundung auf seiner Stute Lipa. Am 27. Dezember wurde er felddienstunfähig durch ersten Schlaganfall.

Auszeichnungen

| 4. 10. 1819 | Ritter des Ordens vom Schwarzen Adler |
| 2. 10. 1835 | Großkreuz des anhaltinischen Ordens Albrechts des Bären |

28. 9. 1841	Kette zum Schwarzen-Adler-Orden
17. 10. 1844	Dienstkreuz
24. 12. 1862	Schwerter zum Roten-Adler-Orden = Orden II
31. 7. 1866	Orden Pour le mérite
19. 10. 1870	Eisernes Kreuz 1. Klasse
31. 12. 1870	Eichenlaub zum Orden Pour le mérite
16. 6. 1871	Marschallstab der preußischen Armee
8. 9. 1872	Marschallstab der Kaiserlich–russischen Armee

In Dokumenten erwähnte Reisen Prinz Albrechts von Preußen

1839
Für längere Zeit in Rußland, Teilnahme an Großmanövern (z. B. bei Borodino)

1843
Große Reise nach Klein-Asien (Orient) – Ägypten, Nubien, Jordanien, Jerusalem

1860
St. Petersburg, Beerdigung der Schwester Charlotte, Zarin von Rußland

1862
Längere Reise nach Rußland – Ukraine, Kosakenmanöver; Teilnahme an einer militärischen Aktion gegen Tscherkessen; von da an fast regelmäßige Reisen zum Georgsfest als Ritter des Georgskreuzes nach St. Petersburg bis 1869

1805
Rußland im Bündnis mit England und Schweden; Koalition gegen
Frankreich mit Österreich und Preußen; Napoleons Sieg bei Austerlitz
über Österreicher und Russen. Preußen muß Ansbach mit Beyreuth und
linksrheinische Gebiete abtreten. Dafür geht das England geraubte
Hannover an Preußen.

1806
Gründung des Rheinbundes gegen Österreich und Preußen, dem außer
Kurhessen und Braunschweig alle deutschen Staaten beitreten. Verzicht
Habsburgs auf die deutsche Kaiserkrone. Preußen erklärt Napoleon Krieg,
um die entrissenen Gebiete zurückzuerobern. Doppelschlacht bei Jena und
Auerstedt wird verloren. Napoleon zieht am 27. Oktober in Berlin ein.
König Friedrich Wilhelm III. wurde durch die »Kriegspartei« innerhalb
des preußischen Kabinetts zum Krieg gedrängt, den er in einer Woche verliert. Königin Louise reiste am 14. Oktober vom Schlachtfeld ab und begab
sich am 17. Oktober auf die Flucht nach Königsberg, später bis Memel. Sie
erkrankte schwer, ohne sich auskurieren zu können.

1807
Napoleon schlägt die Russen in Ostpreußen, besetzt Königsberg und
schließt mit Zar Alexander I. Waffenstillstand. Im Frieden zu Tilsit am
9. Juli verliert Preußen alle westelbischen Gebiete, Cottbus und Peitz an
Sachsen, Südpreußen und Neu-Ostpreußen an Herzogtum Warschau,
Danzig, Hela und andere.
Königin Louise demütigt sich für Preußen vor Napoleon, um mildere
Friedensbedingungen zu erreichen, vergeblich. Preußen verliert die Hälfte
allen Landes und an Einwohnern. Die Reformen Steins und Hardenbergs
werden durchgesetzt (zivil) und die von Clausewitz, Scharnhorst und
Gneisenau (Heeresreform). Die Bauernbefreiung wird abgeschlossen, die
neuen Bürgerrechte gelten auch für Soldaten.

1808
Exil der preußischen Königsfamilie in Königsberg.
Geburt des achten Kindes der Königin Louise – Prinzessin Luise.

1809

Geburt des neunten und letzten Kindes der Königin Louise am 4. Oktober
– Prinz Friedrich Heinrich Albrecht von Preußen; Rückkehr nach Berlin,
Ankunft am 24. Dezember

1810

Holland und Norddeutschland werden Frankreich eingegliedert. Napoleon
heiratet die Tochter des österreichischen Kaisers, Marie Louise.
Am 19. Juli stirbt Königin Louise, einer Lungentuberkulose und Polypen
im Herzen erlegen. Oberhofmeisterin Gräfin Voß werden alle Kinder überantwortet (80jährig).

1812

Napoleon marschiert bis Moskau und erleidet vollständige Niederlage,
Flucht bis Paris. Die preußischen Hilfstruppen unter General York gehen
auf die russische Seite über (25. Dezember). Vertrag von Tauroggen ist
Beginn der Erhebung Preußens gegen Napoleon, gegen die zögerliche
Haltung Friedrich Wilhelms III.

1813

Bündnis zu Kalisch zwischen Rußland und Preußen; Blüchers Sieg an der
Katzbach; Sieg Napoleons in der Schlacht um Dresden, Niederlage bei
Kulm und in der Völkerschlacht bei Leipzig.
Die alte Koalition wird erneuert: Preußen, Österreich, Rußland: Friedrich
Wilhelm III. kann sich nicht um Familienangelegenheiten bemühen.

1814

Sieg über Napoleon, Verbannung auf Elba. Beginn des Wiener Kongresses
bis 1815.
Gräfin Voß stirbt, Prinz Albrecht in der Obhut Bediensteter im
Kronprinzenpalais.

1815

Napoleons Rückkehr für 100 Tage; Entscheidungsschlacht bei Waterloo
(Belle-Alliance); Sachsen verliert zwei Drittel seines Territoriums an
Preußen, behält Königskrone. Begründung des Deutschen Bundes, der bis
1866 bestand. Metternich sichert Monarchien. Preußen erhält fast alle
Gebiete zurück, Neufestlegung der russisch-preußischen Ostgrenzen,
Entstehung der preußischen Provinz Sachsen mit Magdeburg als
Hauptstadt; ca. 10,5 Mill. Einwohner, Berlin 193 000. Zar Alexander I.
initiiert Heilige Allianz, Zeit der Restauration.

1817

Älteste Schwester Prinz Albrechts heiratet den Zarewitsch (Großfürsten Nikolaus) und tritt zum griechisch–orthodoxen Glauben über; getauft auf Alexandra Fjodorowna

1819

Ermordung des Dramatikers Kotzebue, Demagogenverfolgung in Deutschland, Gedanke der deutschen Reichseinigung gilt als revolutionär (unzulässig). *Schwarz-Rot-Gold* Symbol der »Einigung von unten«, die »deutschen Farben«. Rücknahme der preußischen Reformen, Repressalien gegen die preußischen Patrioten Arndt, Schleiermacher und Jahn, scharfe Umsetzung der Karlsbader Beschlüsse, initiiert vom preußischen König und Metternich.

1822

Die zwanziger Jahre waren das Hochzeitsjahrzehnt der Hohenzollern-familie in Berlin. Prinz Albrechts Schwester Alexandrine heiratet Paul Friedrich, Großherzog von Mecklenburg–Schwerin.

1823

Sicherung der Vorherrschaft des Adels in Preußen durch Edikt zur Bildung von Provinzialtagen.
Kronprinz Friedrich Wilhelm heiratet Prinzessin Elisabeth von Bayern (katholisch).

1824

Der 54jährige König von Preußen und Witwer der Königin Louise heiratet die 24jährige Auguste Gräfin von Harrach (morganatisch), Katholikin.

1825

Dekabristenaufstand in Rußland. Nikolaus I. wird Zar, grausame Ver-folgung des aufständischen Adels.
Hochzeit der jüngsten Schwester Luise in Holland mit Kronprinz Friedrich. Prinz Albrecht lernt seine künftige Gattin kennen (er 16jährig, sie 15jährig).

1827

Prinz Carl von Preußen, Bruder Albrechts, heiratet Prinzessin Marie von Sachsen-Weimar. Prinz Albrechts Verlobung mit Prinzessin Marianne von der Niederlanden.

1829

Erster russisch-türkischer Krieg (1828 begonnen) endet mit Sieg Rußlands.

Prinz Wilhelm, der spätere Kaiser, Bruder Albrechts, heiratet Prinzessin Augusta von Sachsen-Weimar, jüngere Schwester Maries von Sachsen–Weimar.

1830

Julirevolution in Frankreich, Absetzung des letzten Bourbonenkönigs, Bürgerkönig Philipp (König der Bankiers). Belgien trennt sich gewaltsam von den Niederlanden (Holland); Revolution in Polen gegen Rußland; Bürgerunruhen in Sachsen, Kurhessen, Braunschweig, Göttingen, geringfügig in Berlin. Begeisterung für die polnischen Revolutionäre in Frankreich.

Prinz Albrecht heiratet Prinzessin Marianne mit Verzögerung in Holland und ohne Volkfeste in Berlin und Potsdam; Geldspenden des Königs zur Beruhigung der Bürger anstelle der Festausgaben. Die polnischen Revolutionäre werden in Deutschland begeistert gefeiert; Entstehung eines »Polenthemas« in der Literatur des Vormärz.

1831

Russen schlagen polnischen Aufstand nieder, Verlust der autonomen Rechte. Ausbruch der Cholera, von Osten kommend.

Gneisenau stirbt in Posen, Hegel und Stein in Berlin an der Cholera. Die Königsfamilie bleibt verschont. Geburt der ersten Tochter Prinz Albrechts.

1832

Hambacher Fest – Forderung nach deutscher Einheit und Republik und souveränes freies Polen.

Einzug der Neuvermählten in das Prinz-Albrecht-Palais an der Wilhelmstraße in Berlin.

1833

Gründung des deutschen Zollvereins; Erstürmung der Frankfurter Hauptwache durch Burschenschaftler. Abschaffung der Sklaverei im britischen Imperium.

1834

Beginn der russischen Expansionskriege im Kaukasus.

1837

Die Bücher des »Jungen Deutschland« (Börne, Heine, Gutzkow...) sind verboten. Protest in Hannover gegen Aufhebung des Grundgesetzes, Entlassung der Göttinger Sieben (Gebrüder Grimm, Weber, Gervinus, Dahlmann...).

Geburt des ersten Sohnes aus der Ehe Prinz Albrechts, jetzt mit »Vater« nachbenannt, weil der Sohn auch ein Prinz Albrecht von Preußen (Sohn) war.

1838
Arbeiter Englands fordern Wahlrecht (Chartistenbewegung). Todesurteile in Berlin gegen Handwerksgesellen wegen Mitgliedschaft in illegalen Handwerkerverbänden; Zar Nikolaus I. Ehrenbürger Berlins.

1840
Geburt und Tod der zweiten Tocher Albrechts, Elisabeth. Das »Reisejahrzehnt« Prinz Albrechts setzt ein, Reisen vorrangig nach Rußland, aber auch in alle bedeutenden europäischen Städte und nach dem Orient bis zur nubischen Wüste. Tod König Friedrich Wilhelm III., Thronbeseitigung Friedrich Wilhelms IV.

1842
Offener Ausbruch der Ehekrise Prinz Albrechts. Prinzessin Marianne gibt ihn frei, ohne an Scheidung zu denken. Geburt des vierten Kindes, der dritten Tochter Alexandrine.

1844
Attentat auf König Friedrich Wilhelm IV., Weberaufstand in Schlesien, Haftbefehl der preußischen Regierung gegen Marx (in Paris lebend) wegen Hochverrats und Majestätsbeleidigung.

1845
Mißernten, Preissteigerungen, Protestversammlungen der Bürger fordern politische Reformen.

1846
König Christian VIII. von Dänemark will die Sonderstellung Schleswig-Holsteins aufkündigen (z. B. nationale Autonomie), was bis 1848 in gewaltsamen Auseinandersetzungen eskaliert.

1847
Umwandlung des Bundes der Gerechten in Bund der Kommunisten (Deutschland) – »Proletarier aller Länder, vereinigt euch!«.

1848
Krieg des Deutschen Bundes mit Dänemark um Schleswig-Holstein bis

1850; Revolution in Frankreich, Ausrufung der Republik; Frankfurter Vorparlament; Aufstand in Venedig gegen Habsburg, Mailand von Österreich befreit; Aufstand in Wien; Aufstand in Neapel, in Ungarn (Kossuth); Marschall Windischgrätz schlägt Revolution in Österreich nieder. Zweite französische Republik nach blutiger Niederschlagung der ersten, Verfassung, Louis Bonaparte Präsident. Franz Joseph I. Kaiser in Wien bis 1916. Märzaufstand in Berlin, Barrikadenkämpfe. Friedrich Wilhelm IV. zieht Truppen aus der Stadt ab; Berufung eines liberalen Ministeriums; huldigt 230 Märzgefallenen in schwarz–rot–goldener Schärpe; Bruder Wilhelm (Kartätschenprinz) muß als Herr Lehmann nach England, sein Palais wird »Nationaleigentum«. Im Mai löst Wrangel an der Spitze seiner Truppen die preußische Nationalversammlung auf. Neue Verfassung.: Dreiklassenwahlrecht. Albrecht reitet unbewaffnet mit König durch Berlin; sein Palais wird durch Barrikade beschützt. Die Bürger begrüßen ihn mit Hochrufen, wenn sie ihm auf der Straße begegnen.

1849
Frankfurter Parlament tagt ununterbrochen. Neue Reichsverfassung. Niederschlagung des sächsischen Aufstandes. U.a. Ausweisung Sempers und Wagners. Erneut Bürgerunwillen gegen Preußen in Sachsen, weil preußische Truppen den Aufstand niederkämpften. Garibaldi erobert Rom; Louis Napoleon unterdrückt erneuten Aufstand in Paris; Kossuth-Ungarn müssen vor Russen und Österreichern kapitulieren. Fortsetzung des dänischen Krieges. Union der deutschen Fürsten unter Preußens Führung. Friedrich Wilhelm IV. lehnt Wahl durch Frankfurter Parlament zum deutschen Erbkaiser ab. Der Kartätschenprinz Wilhelm schlägt revolutionäre badische Truppen und Freischärler. Hohenzollern Hechingen und –Sigmaringen für Preußen annektiert.
Prinz Albrecht bleibt an militärischen Aktionen unbeteiligt. Kämpft gegen seinen Bruder Friedrich Wilhelm IV. seine Scheidung durch (Beschluß der Berliner Kammergerichts ohne Zustimmung des Königs). Grundstückserwerb in Dresden-Loschwitz.

1850
Friedensschluß (Berlin). Preußen-Dänemark und Schleswig-Holstein bleiben autonome Herzogtümer. Der Deutsche Bund wird unter Österreichs Führung gestellt. Erste nach Berufsgruppen gegliederte Gewerkschaften in England (Trade Unions). Preußen wird bis 1918 konstitutionelle Monarchie. Vereine und Versammlungen unter Polizeikontrolle. Verfas-

sung wird vom König oktroyiert. Agrarreform in Preußen; Gleichheit aller Preußen (auch Juden) vor dem Gesetz.

Prinz Albrecht (Vater) bereitet durch Vermittlung der Baronin von Stockhausen einen Schloßbau in Dresden vor. Baubeginn Villa Stockhausen (Albrechtsschloß I).

1853

1852 hatte sich Louis Bonaparte nach Staatsstreich von 1851 zum Kaiser von Frankreich proklamieren lassen – Napoleon III. Zweiter russisch-türkischer Krieg (Krimkrieg). England und Frankreich auf türkischer Seite. Endet 1856 mit Niederlage Rußlands.

Friedrich Wilhelm IV. erklärt widerstrebend Prinz Albrechts Scheidungsurteil für rechtskräftig. Prinzessin Marianne wurde schuldig gesprochen und mußte Preußen ohne ihre Kinder verlassen. Stille Trauung Prinz Albrechts mit Fräulein Rosalie von Rauch, die zur Gräfin von Hohenau erhoben wurde in Schweina (Thüringen) und Aufenthaltsrecht in ganz Preußen verlor. »Notunterkunft« der Neuvermählten (morganatisch) in Villa Stockhausen in Dresden.

1854

Österreich erzwingt Räumung der Donaufürstentümer durch Rußland. Verbot aller Arbeitervereine in Deutschland. Strenge Pressezensur. Zweikammersystem in Preußen. 1. Kammer Oberschicht, berufen vom König. 2. Kammer nach Dreiklassenwahlrecht-Abgeordnetenhaus. Geburt Wilhelms von Hohenau. Prinz Albrecht (Vater) kann in Schloß Albrechtsberg (II) einziehen.

1855

Nikolaus I. stirbt, Alexander II. wird zum Zaren gekrönt, Neffe der Hohenzollernbrüder Friedrich Wilhelm IV., Wilhelm, Carl und Albrecht.

Prinz Albrechts (Vater) Tochter Charlotte stirbt bei Geburt eines Kindes in Meiningen. Entspanntere Beziehungen Albrecht-Marianne in Bezug auf ihre Kinder.

1856

Der Frieden von Paris (Krimkrieg) schafft Keim zu neuen Auseinandersetzungen: Rußland. verliert südliches Bessarabien, Zugang zum Mittelmeer und Schiffahrtskontrollen auf Donau.

Prinz Albrecht (Vater) residiert in Berlin und wohnt in Dresden. Dank neuer Eisenbahnverbindung Dresden–Rödern–Jüterbog–Potsdam–Berlin mit Kurierwagen schnelle Verbindung.

1857

Schwere Erkrankung Friedrich Wilhelms IV. (geistige Störungen Folge).
Bruder Wilhelm übernimmt Regentschaft, Beginn einer neuen Ära. Geburt
Friedrich von Hohenaus, Prinz Albrechts zweiter Sohn aus morganatischer
Ehe.

1859

Rumänien wurde von europäischen Staaten als neues Königreich 1858
installiert. Rußlands Anspruch auf Donaudelta blockiert. Preußische
Heeresreform unter Kriegsminister von Roon. Bismarck preußischer
Gesandter in Petersburg bis 1862.

1860

Garibaldi landet in Neapel und Sizilien. Rußland gründet Wladiwostok –
Tor des Fernen Ostens. Reorganisation des preußischen Heeres,
Einführung des Zündnadelgewehres.

1861

Italien vereinigter Nationalstaat (außer Rom und Venetien). Zar Alexander
II. hebt Leibeigenschaft auf.
Tod Friedrich Wilhelms IV. König wird Bruder Wilhelm I. von Preußen.
Heeresreform abgeschlossen. Vergrößerung Berlins.

1862

Gräfin Hohenau darf nach Preußen reisen. Verbannung lockert sich.
Bismarck wird preußischer Außenminister und Ministerpräsident.
Albrecht (Vater) nimmt am russischen Feldzug im Kaukasus teil und erhält
Georgskreuz IV. Klasse (für Tapferkeit).

1863

Dänischer Reichstag gliedert Schleswig dem dänischen Königreich ein.
Erneut Polenaufstand. Preußen unterstützt Rußland gegen die aufständi-
schen Polen. Annäherung der preußischen Außenpolitik an Rußland.
Lasalle gründet Allgemeinen Deutschen Arbeiterverein.
Albrecht wird Heeres-Inspekteur.

1864

Krieg Österreichs und Preußens gegen Dänemark um die Eingliederung
Schleswig-Holsteins und Lauenburgs in den Deutschen Bund. Konvention
von Gastein spicht Österreich Holstein zu und Preußen Schleswig/
Lauenburg
Prinz Albrecht (Vater) wird als Beobachter in das preußische Haupt-

quartier unter Generalfeldmarschall Wrangel attachiert und nimmt am deutsch-dänischen Krieg teil. Sieg bei den Düppelner Schanzen durch Prinz Friedrich Karl, Neffe Albrechts.

1866

Deutscher Krieg, Sieg Preußens über Österreich, den Deutschen Bund in der Schlacht bei Königgrätz. Preußen erwirbt weitere deutsche Gebiete und wird zum weitaus größten Bundesstaat.
Prinz Albrecht durfte Kavallerie-Korps führen, erlebte Schlacht bei Königgrätz am Ende. Hatte sich unter Kommando jüngerer Generale gestellt.

1867

Gründung des Norddeutschen Bundes unter Führung Preußens. Bismarck wird Kanzler des Norddeutschen Bundes. Verfassung enthält schon Bestimmungen der Reichsverfassung von 1871.
Albrecht wird Reichstagsmitglied und Vertreter des Wahlkreises Gumbinnen-Insterburg.

1869

Beginn der Krise um die spanische Thronfolge. Erbprinz von Hohenzollern–Sigmaringen wird Krone angeboten, was zur Kollision Frankreich–Preußen führt.
Prinz Albrecht (Vater) reist mit Geheimrat Schneider zum Georgsfest nach St. Petersburg. Diplomatisches Ziel ist die weitere Festigung der freundschaftlichen Beziehungen Preußen–Rußland. Zar Alexander II. hält Onkel Wilhelm I. die Treue, sein Kanzler und Gegenspieler zu Bismarck will Bündnis mit Frankreich und keine Reichseinigung unter Preußens Führung. Gründung der SPD.

1870

Bismarck fälscht Depesche Wilhelms I. um, Kriegserklärung Frankreichs an Preußen. Deutsch-französischer Krieg.
Prinz Albrecht (Vater) erhält auf dringenden Wunsch 4. Kavallerie—Division und ein Regiment Kürassiere. Gerät als Front-Kommandeur in die harten Kämpfe gegen die Loire-Armee im Süden (Orléans) und überfordert sich physisch.

1871

Ausrufung des Zweiten Deutschen Reiches in Versailles, Krönung Wilhelms I. zum Deutschen Kaiser und König v. Preußen. (erste deutsche Reichsgründung 843, Vertrag von Verdun).

Prinz Albrecht (Vater) erlitt zum Jahreswechsel ersten Schlaganfall. Konnte nur mit Mühe Siegesparade in Paris als Zuschauer erleben. Erlitt am 16. Juni zweiten Schlaganfall bei Siegesfeier in Berlin auf Stute Lipa.

1872
Dreikaisertreffen im September. Konferenz der Kanzler und Außenminister Bismarck, Gortschakow und Andrassy. Beginn des Kulturkampfes und des Sozialdemokratenverbots Bismarcks.
Prinz Albrecht (Vater) erleidet dritten Schlaganfall, dem er am 14. Oktober erliegt. Gräfin Hohenau erstmals im Prinz-Albrecht-Palais mit Söhnen Wilhelm und Friedrich. Königliche Beisetzungsfeierlichkeiten. Bestattung in der Charlottenburger Familiengruft neben Fürstin Liegnitz, morganatische Gattin Friedrich Wilhelms III.

PERSONENVERZEICHNIS

Albert, Prinz von Sachsen-Altenburg, russischer Oberst, dem Stab Prinz Albrechts 1870/71 als Beobachter zugeteilt; wurde mit der Feindaufklärung beauftragt;

Albrecht, Friedrich Heinrich A., (Vater) Prinz von Preußen; 9. und letztes Kind der Königin Louise, 1809 im Königsberger Exil geboren und 1872 als Generaloberst der Kavallerie im Range eines Feldmarschalls und geehrt mit dem russischen Titel eines Generalfeldmarschalls gestorben; familiärer Kosename »Abbat«

Albrecht, Friedrich Wilhelm Nikolaus A., (Sohn) 1837-1906, Sohn Prinz Albrechts von Preußen und seiner ersten Gattin Prinzessin von Niederland; Prinzregent von Braunschweig, Herrenmeister des Johanniter-Ordens, Generalfeldmarschall und Generalinspekteur der 1. preußischen Armee-Inspektion; vermählt mit Prinzessin Marie von Sachsen-Altenburg;

Albrecht, 1406–1568 letzter Hochmeister des Deutschen Ritterordens, trat zum Protestantismus über und erklärte den Ordensstaat Preußen (Litauen – Pruzzen) zum Herzogtum, d. h. zu einem weltlichen Staatswesen. Er stiftete 1544 die Universität Königsberg;

Alexander I., Pawlowitsch, Zar, 1777–1825; maßgeblicher Inspirator der Heiligen Allianz 1815, Sohn des Zaren Pawel I. und der Prinzessin Maria von Württemberg, verehlicht mit Elisabeth von Baden, kinderlos, deshalb Bruder Nikolaus I. Thronfolger;

Alexander II., Nikolajewitsch, Zar, 1818–1881, Sohn Nikolaus I. und Charlottes (Zarin Alexandra Fjordorowna), Schwester des Prinzen Albrecht (Vater), regierte 1855–1881; unterstützte maßgeblich die Reichseinigung unter Preußens Führung;

Alexander, Ludwig Georg Friedrich Emil A., Prinz von Hessen und bei Rhein, 1823–1888; Bruder der Gattin Zar Alexanders II.; Offizier in russischen Diensten;

Alexandra Fjordowna, Gattin des Zaren Nikolaus I., Schwester Prinz Albrechts (Vater), 1798–1860, Geburtsname Charlotte; drittes Kind der Königin Louise von Preußen

Alexandrine, Prinzessin von Preußen, Tochter von Prinz Albrecht (Vater) und Prinzessin Marianne von Niederland, verehelicht mit dem Erbprinzen von Mecklenburg-Schwerin;

Ancillon, Johann Friedrich, 1767–1837, Erzieher Friedrich Wilhelm IV., Geheimer Legationsrat, preußischer Staatsmann, preußischer Außenminister, entwarf mit Metternich das Schlußprotokoll der Heiligen Alliance;

Arndt, Ernst Moritz, Professor, Historiker, Dichter (»Über Gott, der Eisen wachsen ließ«) und einer der führenden bürgerlichen Patrioten der Befreiungskriege;

August der Starke, König von Polen und Kurfürst von Sachsen – Friedrich August II.;

August, Prinz von Mecklenburg-Strelitz, Bruder der Königin Louise;

Augusta, Prinzessin von Sachsen-Weimar, Gattin Wilhelms I., König von Preußen und Kaiser Deutschlands seit 1871;

Beeren, Major von; Bataillonskommandeur im deutsch-dänischen Krieg;

Bennigsen, Levin August Theophil, General Graf von, Kommandeur der russischen Truppen bei Eylau 1807 und bei Leipzig 1813;

Bernhard, Erbprinz von Sachsen–Meiningen, 1851–1928, Enkel des Prinz Albrecht, 1870/71 dem Stab seines Großvaters zugeteilt, wurde verwendet als Ordonnanz und Melder;

Beust, Graf, Kanzler von Österreich seit 1867, gest. 1886, 1809 in Dresden geboren;

Bismarck, Otto Eduard Leopold, Fürst von, Herzog von Lauenburg 1815–1898, 1859–1862 Gesandter in Rußland, ab 1862 Botschafter in Paris, gleichzeitig Außenminister Preußens. 1867 Kanzler des Norddeutschen Bundes, 1871 Reichskanzler;

Blücher, Gebhard Leberecht von, Fürst von Wahlstatt; gefürchtetster militärischer Gegner Napoleons;

Bülow, Bernhard Fürst von, deutscher Reichskanzler zwischen 1900 und 1909;

Carl (auch Karl), Prinz von Preußen, 1801–1883, fünftes Kind von Königin Louise, Bruder des Prinzen Albrecht (Vater); Generalfeldzeugmeister der preußischen Armee, kaiserlich-russischer Generalfeldmarschall;

Carus, Gustav, 1789–1869, Gründer und erster Direktor der Dresdner Medizinischen Akademie;

Chappius, Generalleutnant von, aus der Umgebung Prinz Albrechts zu Beginn des deutsch-französischen Krieges;

Charlotte, Prinzessin von Preußen, vgl. Alexandra Fjodorowna (bei Übertritt zur russisch-orthodoxen Kirche neue Namensgebung);

Charlotte, Prinzessin von Preußen, 1831–1855, Tochter des Prinzen Albrecht aus erster Ehe; verehelicht mit Erbprinz Georg von Sachsen–Meiningen;

Clausewitz, Karl von, 1780–1831, Militärtheoretiker (»Vom Krieg«) von internationaler Bedeutung, Begründer der preußischen Kriegsschule;

Cohnfeld, Dr., Historiograph;

Delbrück, Martin Friedrich Rudolf, 1817–1903, Erzieher Friedrich Wilhelms IV., Wilhelms I. und zeitweilig Albrechts, wurde »rechte Hand« Bismarcks;

Dohna, Friedrich Ferdinand Alexander, Oberster Kämmerer und Zivilgouverneur Preußens bis 1831;

Doppelmair, russischer Offizier, Beobachter 1870/71, erscheint im Kriegsgemälde Freybergs mit Prinz Kraft von Hohenlohe;

Elbig, Hofrat am Sächsisch-meiningischen Hof um 1850,

Elisabeth, Prinzessin von Bayern, Gattin Friedrich Wilhelm IV., 1801–1873, Katholikin am protestantischen preußischen Hof;

Elisabeth, geb. und gest. 1840, Kind aus Prinz Albrechts erster Ehe;

Fallersleben, August Heinrich Hoffmann von, 1798–1874, Germanist, Lyriker, Dichter des Textes zur deutschen Nationalhymne »Deutschland, Deutschand...«;

Fichte, Johann Gottlieb, 1762–1814, Philosoph, 1. Direktor der Berliner Universität 1810, bedeutender Patriot (»Rede an die deutsche Nation«);

Friedrich Wilhelm I., König von Preußen (genannt »Soldatenkönig«), führte keinen Krieg), Regierungszeit 1713–1740. Verhielt sich Habsburg gegenüber loyal, schuf eine streng geregelte Staatswirtschaft und ein vorbildliches Heer; warnte vor einem Krieg gegen Rußland;

Friedrich II., auch Friedrich der Große oder der alte Fritz; Regierungszeit 1740–1786, gegen Habsburg gerichtete Politik, Schlesischer Krieg, Siebenjähriger Krieg mit Ziel, Vormachtstellung Preußens in Deutschland zu erringen, 1. Teilung Polens;

Friedrich Wilhelm II., König von Preußen; Regierungszeit 1786–1797, Mätressenwirtschaft, Kriege zur Niederschlagung der Französischen Revolution, Gewinn Großpolens, Verlust der linksrheinischen Gebiete an Frankreich;

Friedrich Wilhelm III., König von Preußen, Regierungszeit 1797–1840; erfolgreiche Zeit Preußens nach schweren Niederlagen gegen Napoleon durch Reformer, Volkskräfte und entschlossene Militärs (Scharnhorst, Gneisenau, Clausewitz, York, Blücher u. a.); verehelicht mit Königin Louise, später mit der Gräfin Harrach (Fürstin von Liegnitz) in morganatischer Ehe;

Friedrich Wilhelm IV., König von Preußen, Sohn Friedrich Wilhelm III., 1795–1861, erstes Kind der Königin Louise, Regierungszeit von 1840 bis 1858/61;

Friedrich III., »Neunzigtagekaiser«, Sohn Wilhelms I., regierte zwischen 9. März und 16. Juni 1888 (an Krebs erkrankt); hieß als Kronprinz Friedrich Wilhelm;

Friedrich August, durch Thronerbe-Verzicht des Kronprinzen Max(imilian) von Sachsen seit 1830 Mitregent und seit 1834 König Friedrich August II. von Sachsen;

Friedrich Karl, Prinz von Preußen, Sohn des Prinzen Karl (Carl), Bruder Prinz Albrechts;

Friedrich, Prinz von Niederland, Schwager Prinz Albrechts, Bruder seiner ersten Gattin Marianne von Niederland;

Freyberg, Konrad, Berliner Professor der Kunstschule und Historienmaler;

Georg, Herzog von Mecklenburg-Strelitz, Bruder der Königin Louise von Preußen;

Gerke, Arzt bei Professor Dr. Heym, Charité in Berlin;

Gerlach, Leopold von, Generaladjutant Friedrich Wilhelms III.;

Gneisenau, Neithard von, preußischer General, Taktiker und Reformer des preußischen Heeres, Stabschef Blüchers, 1760–1831, verstarb an der Cholera in Posen (Poznan);

Gortschakow, Fürst, russischer Außenminister und Kanzler (Ministerpräsident), diplomatischer Partner Bismarcks;

Grodzki, einer der persönlichen Adjudanten Prinz Albrechts;

Groeben, General Graf von der, Chef einer preußischen Kavalleriedivision 1870/71;

Grohmann, Hofrat und Staatssekretär am sächsisch-meiningischen Hof um 1850;

Grossmann, Dr., Dresdner Regionalhistoriker und Verfasser heimatkundlicher Schriften, zeitweilig vor 1933 Leiter des Stadtmuseums;

Hagen, Heinrich von, als Hauptmann Adjudant Prinz Albrechts 1870/71, später Generalmajor, Chef des Dragonerregiments »Prinz Albrecht«;

Hänel, Carl Moritz, Thürmer-Schüler, baute den Turm der Dreikönigskirche, Ehrenmitglied der Dresdner Kunstakademie, Oberlandbaumeister in Sachsen, 1809–1880;

Haehnel, Ernst Julius, Bildhauer in Dresden, Ehrenmitglied der Akademie der Künste in Dresden, 1811–1891;

Hamburger, ein Sekretär des russischen Kanzlers Gortschakow;

Harbon, Beamter in der sächsisch–meiningschen Staatskanzlei um 1850;

Hardenberg, Freiherr von, setzte die Steinschen Reformen fort und wurde erneut durch von Stein ersetzt (Befreiung der Bauern von der Leibeigenschaft, Fixierung der bürgerlichen Ehrenrechte und die Gleichstellung der Soldaten mit diesen usw.) wesentliche Voraussetzung für den Erfolg der Befreiungskriege gegen Napoleon zwischen 1813 und 1815;.

Hartmann, von, kommandierender General einer preußischen Kavalleriedivision 1870/71;

Hecht, Stallmeister Prinz Albrechts im deutsch-französischen Krieg;

Heck, Robert, Korrespondent der Diezer Heimatblätter,

Heine, Heinrich, einer der bedeutendsten deutschen Lyriker nach dem Tod Goethes;

Heinrich, Gerd, Historiker,

Henckel, geb. von Hardenberg, Tochter des preußischen Staatsministers und Reformers;

Hahnke, Major von, Ordonnanzoffizier des Versailler Stabes der Preußen 1870/71, wurde durch Prinz Albrechts Leichtsinn verwundet;

Helvig, Hauptmann im Stab des Generals von der Tann, Bayrisches Armeekorps, dem die Kavalleriedivision Prinz Albrechts unterstellt war;

Heym, Prof. Dr., Chefchirurg der Berliner Charité und behandelnder Arzt der Königin Louise bis zu ihrem Tod 1810;

Hoffmann, Generalsuperintendent, Hofprediger, hielt die Leichenrede für Prinz Albrecht im Berliner Dom;

Hohenlohe-Ingelfingen, Prinz Kraft zu, Flügeladjudant der Könige

Friedrich Wilhelm IV., Wilhelm I. und Friedrich III., Teilnehmer an allen drei Kriegen zwischen 1864 und 1871 als Truppenkommandeur;

Hucke, Hoffourier (Proviantversorger) in der 4. Kavalleriedivision Prinz Albrechts 1870/1871;

Hufeland, Doktor med., Leibarzt der königlichen Familie in Preußen während der Befreiungskriege 1813–1815, Begleiter der Königin Louise auf der Flucht 1807 von Berlin nach Memel und Retter der typhuskranken Königskinder;

Jasykow, Generalleutnant, Angehöriger des russischen Generalstabs in St. Petersburg unter Zar Alexander II., Verehrer Gortschakows, russischer Gewährsmann des Geheimrats und »Medienchefs« Louis Schneider am preußischen Hof;

Karl Friedrich, Großherzog von Sachsen-Weimar, Schwiegervater der preußischen Prinzen Wilhelm (bekannt unter Wilhelm I., König von Preußen und Kaiser von Deutschland) und Carl, Brüder Prinz Albrechts;

Konstantin Alexejewitsch, Großfürst, Bruder des Zaren Nikolaus I., Schwager Prinz Albrechts; mußte 1830 unter dem Druck der polnischen Aufständischen Warschau mit seinen Truppen räumen;

Krosigk, Generalmajor von, Brigadekommandeur in Prinz Albrechts 4. Kavalleriedivision 1870/71;

Krüger, Franz, bekannt in der deutschen Kunstgeschichte als »Pferde–Krüger«, Hofmaler des preußischen Königshauses vor Adolf Menzel, 1797–1857, »Hauptmeister« der Berliner Schule;

Kügelgen, Gerhard von, Maler (berühmt die Porträts von Goethe und Schiller – traditionelle Schulbuchreproduktionen);

Kutusow, General Graf, Kaiserlich–russischer Militärbevollmächtigter in Versailles 1870/71 beim Hauptquartier des deutschen Generalstabs;

Lauer, Dr. med., Leibarzt Kaiser Wilhelms I.;

Lenné, preußischer Gartenbauarchitekt zur Zeit Schinkels in Berlin und Dresden;

Leopold von Hohenzollern, Prinz, angeblicher Verursacher des deutsch-französischen Krieges; erhielt die spanische Königskrone angeboten, weshalb sich Frankreich (Kaiser Napoleon III.) durch das zur mitteleuropäischen Großmacht gewachsene Preußen in die Zange genommen sah und den Kronverzicht forderte. Bismarck fälschte geringfügig die Übersetzung des Telegrammtextes, wodurch es zur Kriegserklärung Frankreichs an Preußen kam; (die »Emser Depesche« ist in die Geschichte eingegangen);

L'Estocq, General von, errang einen der ersten Siege der Preußen (Stabschef Scharnhorst) 1808 bei Preußisch–Eylau gegen die Franzosen;

Lohse, Schinkelschüler und Nachfolger Schinkels als preußischer Hofarchitekt, Projektant des Schlosses Albrechtsberg in Dresden;

Louis Ferdinand, Prinz von Preußen, Neffe Friedrichs des Großen (II.), energischer, zu konsequentem Handeln entschlossenes Mitglied der sogenannten »Kriegspartei« gegen Napoleon am preußischen Hof bis 1806. Er fiel im Zusammenhang mit der Doppelschlacht bei Jena und Auerstädt;

Louise, Prinzessin von Mecklenburg-Strelitz, Königin von Preußen, Gattin König Friedrich Wilhelms III., 1776–1810;

Luise, Prinzessin von Preußen, 8. Kind der Königin Louise, 1808–1870, jüngste Schwester Prinz Albrechts;

Manteuffel, von, dem Stab Prinz Albrechts zugeteilt 1870/71, prominentem, traditionsreichen preußischen Offiziersadel zugehörig;

Maria Pawlowna, Großfürstin von Rußland, Tochter des Zaren Paul I. aus dem Geschlecht der Romanows, Gattin des Großherzogs von Sachsen-Weimar, Schwiegermutter Wilhelms I. und Prinz Carls, Brüder Prinz Albrechts;

Marianne von Niederland, Prinzessin, Prinz Albrechts erste Gattin (1830 bis 1849);

Marie, Prinzessin von Sachsen-Weimar, Tochter der Maria Pawlowna, Schwester der Prinzessin Auguste, Gattin Wilhelms I.;

Martius, Architekt der Nachfolgegeneration Schinkels, baute im Auftrag der wohlhabenden Prinzessin Marianne von Niederland nach deren Scheidung 1849 Schloß Kaménz nach einem Entwurf Schinkels;

Max(imilian), Prinzregent von Sachsen, verzichtete unter dem Druck der rebellierenden Stadtbürger Dresdens 1830 auf die Thronfolge als 71jähriger Mann zugunsten seines Sohnes König Friedrich August II. von Sachsen;

Metternich, Fürst, 1773–1859, anfänglich Gesandter Österreichs in Dresden, seit 1806 in Paris (Allianzvertrag mit Frankreich, parallel Geheimverbindung zu Preußen und Rußland); veranlaßte Österreichs Kriegseintritt gegen Napoleon 1813 (Reichenbacher Vertrag) und schloß auf Anregung Alexanders I. von Rußland die »Heilige Allianz« zur Unterdrückung jeglicher revolutionärer Unruhen in Europa. Er avancierte zum höchsten Staatsminister Habsburgs;

Meyendorff, von, russischer General, führte den Leichenzug zu Prinz Albrechts Bestattung von Berlin zur Familiengruft in Charlottenburg;

Minnetrost, Tante, Kosename für Prinzessin Wilhelm, Gattin des Bruders Friedrich Wilhelms III. von Preußen;

Moltke, von, Generalstabschef in den drei Kriegen (1864 deutsch-dänischer Krieg, 1866 deutsch-österreichischer Krieg, 1870/71 deutsch-französischer Krieg), bedeutender Stratege und Heeresreformer, in die Geschichte eingegangen als »Der große Schweiger«, Graf Helmuth von 1800 bis 1891, Generalfeldmarschall, Urheber der strategischen Feldzugspläne;

Müller-Bohn, Hermann, Historiker und Verfasser einer umfangreichen, reich illustrierten Geschichte der Befreiungskriege, erschienen 1901 in Berlin,

Napoleon Bonaparte, Kaiser Napoleon I. von Frankreich, 1768–1821, begabter, gefürchteter Feldherr, auf Lebzeiten demokratisch zum Konsul gewählt (Ergebnis euphorischer Begeisterung der Wähler angesichts seiner Erfolge bei der Verteidigung der Revolution) und vom Papst Pius VII. zum erblichen Kaiser gekrönt;

Napoleon Bonaparte, genannt Louis Napoleon, Kaiser Napoleon III. von Frankreich, 1808–1873, führte mit England den Krimkrieg gegen Rußland im Bündnis mit der Türkei 1854, einen Krieg zur Befreiung Italiens von Österreich 1859 (Erwerb von Nizza und Savoyen!), was Mitteleuropa in unmittelbare Kriegsgefahr rückte und ließ sich 1870 von der Pariser Hofpartei in den Krieg mit Deutschland verwickeln, der für ihn zu der Gefangennahme bei Sedan am 2. September 1870 führte;

Neide, preußischer Gartenbaudirektor aus Berlin, projektierte den ersten Plan für die Parkanlagen der Albrechtschlösser um 1849/50;

Neumann, preußischer Gartenbauarchitekt und Neide-Schüler, avancierte bei Prinz Albrecht in Dresden zum Hofgärtner und schuf die Projektierung für die weiträumig und phantasievoll angelegten Parks des gesamten Terrains zwischen Brockhausstraße und der östlichen Begrenzung der Grünflächen des Schlosses Eckberg; bedeutender Gartenbauingenieur nach Lenné in Dresden – Schöpfer des Bürgergartens und des Blasewitzer Waldparks;

Neumann, Tochter des Hofgärtners des Prinzen Albrecht,

Nienstedt, Prinzenerzieher im Rang eines »Zivilgouverneurs«, erwarb sich durch die Erziehung und Ausbildung der Prinzen Friedrich Wilhelm, Wilhelm und Albrecht von Preußen den Titel »Geheimrat«;

Nikolaus I., Zar von Rußland, Nikolaj Pawlowitsch, dritter Sohn des Zaren Paul I. und Prinzessin Dorothea von Württemberg, Bruder Alexander I., 1798–1855, regierte von 1825 bis 1855, unterdrückte den Dekabristenaufstand, führte den Krimkrieg, festigte die absolute Alleinherrschaft, förderte die Russifizierung Andersgläubiger und galt als sehr strenger Zar. Charlotte, drittes Kind der Königin Louise von Preußen, wurde seine Gattin nach Übertritt zum orthodoxen Glauben als Zarin Alexandra Fjodorowna;

Olga, Großfürstin von Rußland (eine Romanow), Gattin des Königs von Württemberg; war gegen die Reichseinigung unter Preußens Führung im Verein mit Fürst Gortschakow;

Pestalozzi, Reformpädagoge im Sinne einer humanistischen, der kindlichen Psyche angemessen erzieherischen Einwirkung ohne Ansehen der sozialen Herkunft mit Blick auf die Hilfe für die Ärmsten;

Poncet, Rittmeister von, letzter persönlicher Adjudant Albrechts 1872. Er erarbeitete gemeinsam mit dem fast erblindeten Prinzen die Memoiren des Feldzuges von 1870/71, die bislang nirgends gefunden werden konnten;

Radziwill, Fürstin von, Schwester Friedrich Wilhelms III.;

Radziwill, Elisa, 1803–1834, Fürstin von, Jugendliebe Wilhelms I. (Cousine), die er aus dynastischen Gründen aufgeben mußte, um Augusta, (Katholikin), Prinzessin von Bayern zu ehelichen;

235

Randel, Baron von, Maler, porträtierte Prinz Albrecht im Parforce-Jagdanzug (Pastell), das als eins der sympatischen Abbilder des Prinzen gilt (etwa 1838 entstanden);

Rauch, General der Infanterie, Freiherr von, militärischer Erzieher und Berater des jugendlichen Prinz Albrecht, zeitweilig Kriegsminister von Preußen, Vater der Gattin Rosalie von Rauch/Gräfin von Hohenau Prinz Albrechts;

Rauch, Gustav, Albert und Robert, Söhne General von Rauchs, Brüder Rosalies von Rauch, preußische Offiziere, die sich schützend vor ihre Schwester gegen Friedrich Wilhelm IV. stellten;

Raumer, von, Kanzleirat unter Friedrich Wilhelm IV. und Wilhelm I., Berater in Familienrechtsfragen (Fürstenrecht/preußisches Hofreglement/ Gesetzeskraft der königlichen Entscheidung), der den Versuch unternahm, die inkonsequente Haltung Friedrich Wilhelms IV. gegenüber Scheidung und Wiederverheiratung (morganatisch) Prinz Albrechts dem Deutschen Fürstenrecht gegenüberzustellen, um das harte Urteil des Königs abzumildern;

Reclam, Major Hans Heinrich Baron von, Sohn Philipp Reclams, des Begründers des berühmten Verlages, Studienfreund Prinz Albrechts und Mitglied der Suite des Prinzen, als vorzüglicher Kenner des Französischen im Frontstab behilflich und als journalistischer Zeitzeuge 1870/71;

Redern, Graf von, Gesandter des preußischen Königs am sächsischen Hof in Dresden; durfte mit Rosalie Gräfin von Hohenau nicht sprechen;

Reinhartshausen, Johannes Willem, geb. am 30. Oktober 49 (Scheidung der Marianne, Prinzessin der Niederlande, erste Gattin Prinz Albrechts am 28. März 49), illegitimer Sohn Mariannes und ihres Leibkutschers (der Familienname entstammt der Ortsbezeichnung des Schlosses Reinhartshausen, das im Besitz Mariannes war);

Rheinhaben, Freiherr von, kommandierender General einer preußischen Kavalleriedivision 1870/71;

Reuß, Prinz, preußischer Gesandter in St. Petersburg 1868;

Röchling, Historienmaler, gab 1896 eine Lebensbeschreibung der Königin Louise mit den Malern Knötel und Friedrich in farbigen Tafeln heraus;

Rochow, Baronin von, Hofdame in Berlin 1872;

Rossum, Johannes van, holländischer Leibkutscher/Stallmeister der ersten Gattin Prinz Albrechts, Marianne von Niederland, deren Liebhaber, Scheidungsgrund für Albrecht und fälschlich als morganatisch verehelichter Gatte in manchen Quellen benannt, Sohn vgl. »Reinhartshausen«, auf Sizilien geboren;

Rothkirch, Malve Gräfin von, Autorin (Lebensbilder preußischer Persönlichkeiten;

Scharnhorst, Gerhard Johann David von, Militärtheoretiker, Stabschef bei Blücher, bei L'Estocq (Eylau) und seit 1810 Chef des preußischen Generalstabs, reorganisierte das preußische Heer, schuf die Landwehr; 1755–1813 (starb am Wundbrand);

Schinkel, Karl Friedrich, 1781–1841, preußischer Oberlandesbaudirektor, Begründer einer deutschen klassizistischen Schule (Lohse, Martius);

Schleiermacher, Friedrich Ernst Daniel, 1768–1834, protestantischer Theologe und Philosoph, Kritiker und Dialektiker, Patriot der Befreiungskriege, christliche Erziehungslehre;

Schliefen, Graf von, Militärgouverneur (Erzieher) preußischer Prinzen, Prinz Albrecht als Hofmarschall für Dresden im Auftrag Friedrich Wilhelm IV. zugeordnet; setzte sich warmherzig für Prinz Albrecht und seine aus Preußen verbannte Gattin Rosalie bei Friedrich Wilhelm IV. ein, um die Verhältnisse mildern zu helfen;

Schlözer, von, Diplomat in St. Petersburg um 1860–1870;

Schmidt, Arzt unter Dr. Heym an der Berliner Charité;

Schneider, Louis, Geheimrat, Vorleser bei Friedrich Wilhelm IV. und Wilhelm I. durch Vermittlung Prinz Albrechts, Schauspieler, Journalist, Autor, »Medienchef« des preuß. Hofes, auch im diplomatischen Dienst verwendet, wurde von Monarchen europäischer Staaten zu Gesprächen empfangen;

Schulenburg, von der, Graf, Friedrich Albrecht, 1772–1853, prominenter sächsischer Staatsmann und Militär;
Sohn: Hofmarschall Prinz Albrechts 1870/71, verantwortlich für die

Hofhaltung im Frontstab, General, hochdekoriert und gebildet, Begleiter Prinz Albrechts auf Rußlandreisen, Teilnehmer am Kaukasusfeldzug des Zaren (Georgsritter), als 61jähriger Offizier wie eine Ordonnanz eingesetzt (1870 im Frontstab); war des Russischen mächtig; letzter prominenter Graf von der Schulenburg, Botschafter Hitlers bei Stalin, Offizier des 20. Juli 1944;

Schweinitz, Hans Lothar von, 1822–1901, 1869 preußischer General und Gesandter in St. Petersburg, erneut Botschafter Deutschlands von 1876 bis 1893 in Rußland, Verfasser aufschlußreicher Aufsätze über die Atmosphäre am Zarenhof;

Semper, Gottfried, Professor für Baukunst und Vorsteher der Dresdner Bauschule 1834–1849, danach als liberal demokratisch–revolutionärer Bürger Flucht ins Ausland;

Sievers, Johannes, Architekt und Publizist;

Stein, Reichsfreiherr von und zum, Staatsminister Friedrich Wilhelm III., von diesem 1807 in Unehren entlassen, Hardenberg berufen, auf Napoleons Geheiß Hardenberg verbannt, Stein 1808 wieder berufen, bedeutender Reformer von historischem Rang;

Stockhausen-Immenhausen, Freiherr von, seit 1823 Militärgouverneur (Erzieher) Prinz Albrechts, später Kammerherr, Flügeladjutant und Hofmarschall, starb 1855 in Dresden, (wohnte bis etwa 1852 auf der Dohnaischen Gasse 8 in Dresden bis zur Übersiedlung in die Villa Stockhausen, das zuerst erbaute »Albrechtschloß«, ein großherziges Geschenk des Prinzen A. aus Dankbarkeit an seinen Kammerherrn);
Stockhausen, Baronin von, Gattin des Kammerherrn von Stockhausen. Leitete mit Umsicht und Energie den Bau der zwei Albrechtschlösser zwischen 1850 und 1854;

Stolberg, Graf zu, kommandierender General einer preußischen Kavalleriedivision 1870/71; gilt in der Beurteilung des Feldmarschalls Graf von Waldersee als der fähigste Reitergeneral des deutsch-französischen Krieges, obwohl er der älteste war (62jährig);

Strauss, Berliner Hofprediger, konfirmierte Prinz Albrecht 1826 und beeindruckte die königl. Familie durch seine tief zu Herzen gehende Rede;

Tann, General Freiherr von der, unmittelbarer Vorgesetzter, Führer des

238

Armeekorps (bayerisch), dem die 4. Division Prinz Albrechts 1870/71 angehörte;

Theremin, Pfarrer am Berliner Hof, der Prinz Albrechts Konfirmation vorbereitete;

Thomas, Leibarzt Prinz Albrechts während des Feldzugs 1870/71;

Varnhagen von Ense, Karl August, Verleger und Schriftsteller, liberaldemokratischer Bürger, Herausgeber der Schriften des Jungen Deutschland und Heines, der deutschen Romantiker und des Vormärz, 1785–1858;

Versen, Major von, Stabschef Prinz Albrechts 1870/71 (von Feldmarschall Graf von Waldersee als ungeeignet für diese Dienststellung beurteilt – nervös, betriebsam ...);

Voß, Sophie Marie Gräfin von, 1729–1814, Oberhofmeisterin der Königin Louise von Preußen, Memoiren: »Neunundsechzig Jahre am preußischen Hofe«

Wagner, Richard von, Komponist deutscher Nationalopern, unterstützte den liberalbürgerlichen Aufstand 1848/49 in Dresden und mußte ins Exil nach Bayern gehen;

Waldersee, Generalfeldmarschall Alfred Graf von, Stabsoffizier im Versailler Hauptquartier bei von Moltke und König Wilhelm I., später Generalfeldmarschall unter Kaiser Wilhelm II.

Wechmar, von, Ministerpräsident von Sachsen–Meiningen um 1853;

Westmann, Geheimrat im Kabinett des russischen Kanzlers Gortschakow;

Wilhelm, Friedrich W. Karl, Prinz von Preußen, jüngster Bruder Friedrich Wilhelm III.; Gatte der »Tante Minnetrost«;

Wilhelm W. Friedrich Ludwig, historisch Wilhelm I., 1797–1888, Regierungszeit 1857. Regierung als Stellvertreter des erkrankten Bruders Friedrich Wilhelms IV., seit 1858 Prinzregent (verfassungsmäßig), nach dem Tod seines Bruders seit 1861 König von Preußen, seit 1871 Kaiser von Deutschland; verheiratet mit Prinzessin Augusta von Sachsen-Weimar; Kinder: Luise und Friedrich Wilhelm, der Thronfolger und Neunzigtagekaiser Friedrich III., 1888;

Wilhelm I., König von Niederland, Schwiegervater Prinz Albrechts (erste Ehe mit Prinzessin Marianne von Niederland);

Wilhelm II., Friedrich Viktor Albert, letzter Kaiser von Deutschland, 1859–1941, Regierungszeit 1888–1918, mischte sich bei Amtsantritt in die Staatsverwaltung ein, hielt zahlreiche öffentliche Reden, was die Staatsführung komplizierte (spontane Äußerungen), was dazu beitrug, Bismarck 1890 zum Rücktritt als Reichskanzler zu bewegen. Eine Reihe außenpolitischer Fehler führte letztlich zum Ersten Weltkrieg, der vom Kaiser persönlich im Grunde nicht beabsichtigt war, aber, getrieben von der Kriegspartei im Reichstag, unvermeidlich gemacht wurde;

Wilhelm, Herzog von Mecklenburg-Schwerin, Schwiegersohn Prinz Albrechts

Wittgenstein, Fürst von, Oberhofmeister unter Friedrich Wilhelm III. von Preußen;

Wittich, Generalmajor von, zeitweiliger Vorgesetzter Prinz Albrechts 1870/71;

Witzendorff, General von, Stabschef der I. Armee unter Prinz Friedrich Karl, Neffe Prinz Albrechts, Kritiker der militärischen Führungsqualitäten des Prinzen Albrecht als Kavallerie-General 1870/71;

Wrangel, Friedrich Heinrich Ernst Graf von, preußischer Generalfeldmarschall und Oberbefehlshaber 1864 im deutsch-dänischen Krieg, 1784–1876;

Wright, britischer Oberst, zeitweilig für den verwundeten von Versen Stabschef der 4. Kavallerie-Division Prinz Albrechts 1870/71;

Ziethen, Hans Joachim von, berühmter Husarengeneral unter Friedrich II., 1699–1786;

1)   Vgl. Müller-Bohn, Hermann: Die deutschen Befreiungskriege. – Paul Kittel, Berlin 1901, Band 2, S. 612

2)   ebenda, Band 1, S. 78 – Zitat aus dem Brief des Generaladjudanten Oberst von Kleist, noch auf dem Schlachtfeld geschrieben. (Die Flucht Louises begann am 17.10.1906. Die Kinder waren vorausgeschickt worden bis Schwedt a.O.)

3)   Vgl. ebenda, S. 78

4)   Vgl. ebenda, S. 108

5)   ebenda, S. 138

6)   den Aufzeichnungen des Witwers einer der letzten Prinzessinnen von Preußen, Herrn Mees, mit dessen freundlicher Genehmigung entnommen. Anm. d. Verf.: »Preußen« ist für das später »Ostpreußen« benannte Gebiet die exakte Bezeichnung – Land der Pruzzen, lateinisch »Borussia«. Das nach 1871 mit »Preußen« bezeichnete Territorium ist das ehemalige Land Brandenburg. Unter dem Großen Kurfürsten Friedrich Wilhelm im 17. Jahrhundert wurde Brandenburg nördlich und östlich stark ausgedehnt, so daß man später von »Brandenburg–Preußen« sprach mit der Hauptstadt Berlin, dem im 18. Jahrhundert durch Königsberg »Konkurrenz« gemacht wurde, weil es die weit höhere Einwohnerzahl, eine Universität und das geistig-kulturelle Primat in Preußen besaß.

7)   Rothkirch, Malve Gräfin von (Hrsg.): Königin Luise von Preußen – Aufzeichnungen und Briefe 1786–1810 – Deutscher Kunstverlag München 1985, S. 421

8)   ebenda

9)   Voß, Gräfin von: Neunundsechzig Jahre am preußischen Hofe., Schröder, Berlin 1901, S. 84

10)   Zitat nach Rothkirch, 1985, a. a. O., S. 526

11)   ebenda, S. 535

12)   ebenda, S. 539

13)   ebenda, S. 571

14)   Voß, a. a. O., S. 159-167

15)   Röchling, Knötel, Friedrich: Die Königin Luise – in 50 Bildern für jung und alt. – Paul Kittel Berlin, o.J., S. 50

16)   Voß, a. a. O.

17) Sievers, Johannes: Karl F. Schinkels Lebenswerk, – Band 7, Kapitel: Das Palais an der Wilhelmstraße 102 – Der Bauherr. Berlin 1936

18) ebenda

19) ebenda

20) «Garde» bezeichnet eine militärische Formation, die direkt zum Schutz des Landesfürsten bestimmt ist, Elite darstellt, volles Vertrauen genießt und eine höhere Ehrung in der Öffentlichkeit erfährt, indem es als Auszeichnung galt, einem Regiment Garde du Corps anzugehören. Die Gardekavallerie (Gardereiter) waren die prächtigsten, trugen vergoldete Helme und Brustpanzer ähnlich den Kürassieren (Panzerreiter).

21) Klöden, Karl Friedrich von: Lebens– und Regierungsgeschichte Friedrich Wilhelms des dritten Königs von Preußen. – Berlin 1840, S. 156
   darin: Bericht des Hofmarschall von Maltzahn, 1830

22) Varnhagen von Ense, Karl August in: Auguste Fürstin von Liegnitz. – von Harrarch, Wichard Graf von; Stapp-Verlag Berlin 1987, S. 11

23) ebenda

24) morganatisch: nicht standesgemäß, nicht im dynastischen Interesse, nicht aus regierendem Haus

25) Zitat nach Jagow, Dr. Kurt: Jugendbekenntnisse des alten Kaisers. – Koehler & Amelang, Leipzig S. 155

26) Zitat nach Klöden, ebenda, S. 308

27) Zitat nach Schultze, Johannes: Briefe – Briefe Kaiser Wilhelm I. Briefe an seine Schwester Alexandrine. – Koehler, Berlin und Leipzig 1927

28) Bülow, Fürst von, Zitat nach: Denkwürdigkeiten. – Hrsg. Stockhammer, Franz von Ullstein, Berlin, Band 4, S. 413

29) Im Mai 1993 äußerte General von der Tann a.D., Urenkel des Armeegenerals von der Tann, dem 1870/71 Prinz Albrecht direkt unterstellt war: »... königliche Hoheit seien ein toller Draufgänger gewesen.« (Gespräch anläßlich eines Besuches auf Schloß Albrechtsberg in Dresden).

30) Vgl. Sievers, a.a.O., S. 119. Anm. d. Verf.: Der Ausspruch des Königs gehört vermutlich in das Reich der Legende. Sein Inhalt trifft wie bei einem guten Witz aber durchaus die Realität.

31) Vgl. Bülow, a.a.O., Bd. I, S. 18

32) Vgl. ebenda

33) Vgl. Sievers, a.a.O. S. 120

34) Vgl. Rochow, Caroline von: Vom Leben am preußischen Hofe 1815–1852. – Berlin 1908, S. 211 (C. v. Rochow geb. von der

242

Marwitz und Marie de la Motte-Fouqué – Aufzeichnungen –, bearbeitet von Luise von der Marwitz)

35) Zitat nach Rothkirch, Malve Gräfin von: Prinz Carl von Preußen. Kenner und Beschützer des Schönen, – Osnabrück 1981, S. 71
36) Zitat nach Rothkirch, 1981, a. a. O. S. 79
37) Rochow, a. a. O., 206
38) Vgl. Rothkirch, 1981, a. a. O., S. 79
39) Zitat nach ebenda
40) Vgl. Klöden, a. a. O., S. 309
41) Cohnfeld, Dr. A.: Ausführliche Lebens– und Regierungsgeschichte Friedrich Wilhelms III. König von Preußen. – Berlin 1842, Bd. 3, S. 590
42) Zitat nach Cohnfeld, a. a. O., S. 591
43) Rothkirch, a. a. O., 1981, S. 79
44) Rochow, a. a. O., S. 207
45) Vgl. Sievers, a. a. O., S. 120
46) Zitat nach ebenda, S. 121
47) Vgl. Rothkirch, 1981, a.a.O. S. 91
48) Heck, Robert, in: Diezer Heimatblätter, 5. Jahrgang Nr. 1
49) Zitat nach Sievers, a. a. O., S. 122
50) Bülow, Fürst von: Denkwürdigkeiten. – Bd. I, Ullstein Berlin 1934, S. 17
51) Vgl. ebenda, S. 17f.
52) ebenda, S. 19
53) ebenda, S. 19
54) Vgl. Bähtz, Dieter, Hrsg.: Karl August Varnhagen von Ense: Betrachtungen und Bekenntnisse – aus den Tagebüchern von 1835–1858 des K.A. Varnhagen v. Ense. – Rütten & Loening, Berlin 1980, S. 144f.
55) Zitat nach ebenda, S. 144f.
56) Prinz Friedrich Heinrich Albrecht von Preußen – Beitrag zu den Erinnerungen 1870/71. – Berlin 1895 – LAUDATIO anläßlich der Denkmalsenthüllung im Park des Charlottenburger Schlosses am 14. Oktober 1901, erweitert maßgeblich durch Generalmajor von Hagen.
57) Zitat nach Rothkirch, 1981, a. a. O. S. 135
58) ebenda, S. 135f.
59) Suter, Gustav: Gestalten der Bismarckzeit. – Akademie-Verlag Berlin 1978, S. 59f.
60) Vgl. Heinrich, Gerd: Geschichte Preußens. Ullstein, Frankfurt a.M – Berlin – Wien 1981
61) Vgl. Rothkirch, 1981, a. a. O., S. 137

62) Prinzessin Marianne von Niederland: Brief an Prinz Albrecht aus den Haag vom Februar 1848, veröffentlicht bei Robert Heck, a.a.O.

63) Waldersee, Alfred Graf von: Denkwürdigkeiten. – Hrsg. Meisner, Heinrich Otto. – Deutsche Verlagsanstalt Stuttgart und Berlin 1922, S. 19

64) Augusta von Preußen, Königin: Bekenntnisse an eine Freundin. – Aufzeichnungen aus ihrer Freundschaft mit Jenny von Gustedt. – Reißner, Dresden 1935, S. 306

65) Vgl. Augusta, ebenda S. 8

66) Brief König Friedrich Wilhelms IV. an Prinz Albrecht vom 27. Mai 1853. – Geheimes Staatsarchiv Preußischer Kulturbesitz Berlin–Dahlem; Hist. Abt. II 2.2.10 Nr. 1851,

67) Brief Prinz Albrechts an Prinz Wilhelm, 5. März 1852, Geheimes Staatsarchiv, ebenda

68) Friedrich Wilhelm IV. an Prinz Albrecht, Geheimes Staatsarchiv, ebenda

69) Prinz Albrecht an Prinz Wilhelm, Geheimes Staatsarchiv, ebenda

70) ebenda

71) Aus der Akte des Oberkämmerers Graf Dohna und des Ministeriums des Königlichen Hauses Ac. 97/07, Blatt 1. Geheimes Staatsarchiv, Preußischer Kulturbesitz, ebenda

72) Acta generalia, Blatt 1, Geheimes Staatsarchiv, ebenda

73) Brief Fr. W. IV. an Rittmeister v,. Rauch vom 31. Mai 1853, Geheimes Staatsarchiv, ebenda

74) Vgl. ebenda

75) Brief Albrechts an Fr. W. IV. ein Jahr nach seiner »stillen Trauung«, 30 Juni 1854, acta , Geheimes Staatsarchiv, a.a.O., S. 19/19V

76) ebenda

77) Aus Acta generalia, Blatt 8, Geheimes Staatsarchiv, ebenda

78) ebenda Blatt 9

79) ebenda

80) ebenda

81) Hohenlohe-Ingelfingen, Prinz Kraft zu: Aus meinem Leben. – Mitter und Sohn, Berlin 1918, 4. Aufl., S. 33

82) ebenda

83) Vgl. ebenda

84) ebenda S. 33

85) ebenda, S. 33

86) ebenda, S. 116

87) ebenda

88) Vgl. ebenda

244

89) Geheimes Staatsarchiv, Acta, a.a.O., Blatt 37 V, 38 V, Seiten 20, 20V, 21

90) ebenda

91) ebenda

92) ebenda

93) u.a. Dresdner Neue Presse. – 1934, Nr. 14, gez. H.O.: Das Schloß Albrechtsberg – Ein Fürstensitz für romantisches Liebesglück

94) Dresdner Anzeiger. – 1930, Nr. 191, S. 516: Aus der Vergangenheit des Schlosses Albrechtsberg – Persönliche Erinnerungen

95) ebenda

96) Prinz Friedrich Heinrich Albrecht von Preußen, Laudatio:, a.a.O., S. 1

97) Dresdner Anzeiger. – 1930, a.a.O.

98) ebenda

99) ebenda

100) ebenda

101) Vgl. Rothkirch, 1981, a.a.O., S. 165

102) Zitat nach Schultze, Johannes, Hrsg.: Kaiser Wilhelm I. Briefe an seine Schwester Alexandrine. – Koehler, Berlin & Leipzig 1927, S. 85f

103) ebenda

104) ebenda

105) ebenda

106) Cycon, Dieter: Die glücklichen Jahre – Deutschland und Rußland. – Prolog; Zitat nach den Aufzeichnungen des Staatsministers Heinrich von Podewil, Worte König Friedrich Wilhelms I. vom 28. Mai 1740; Busse Seewald Herford, Hamburg/Stuttgart 1991

107) Vgl. Prinz Friedrich Heinrich Albrecht von Preußen, an König Wilhelm, Laudatio, a.a.O., S. 40 (Fritz Carl ist der Prinz Friedrich Karl, ein Neffe Albrechts, Sohn Bruder Carls)

108) ebenda, S. 41

109) ebenda, S. 42; (Generalfeldmarschall Wrangel, schon hochbetagt, autorisiert durch frühere militärische Erfolge seit den Befreiungskriegen, erhielt den Oberbefehl über die preußischen Truppen, deren Stabschef Moltke war, der auch in der Laudatio der Kavallerie-Offiziere Albrechts keine Erwähnung findet.)

110) Hohenlohe, a.a.O., S. 162

111) ebenda. (Der Franzose Minié hatte um 1840 einen Vorderlader mit leichterer Handhabung und höherer Schußfolge entwickelt. Das preußische Zündnadelgewehr, System Dreyse, ein Hinterlader, überbot das System Minié. Vergleichbare Systeme wie Dreyse erfanden Chassepot, Berdan und Werder, die um etwa 1866 in allen

europäischen Armeen eingeführt waren.)

112) ebenda

113) ebenda, S. 172

114) Vgl. Text des Deutschlandliedes

115) Cycon, a.a.O., S. 430

116) Vgl. Cycon, a.a.O., S. 430. (Venetien = Bezeichnung für den Stadtstaat von Venedig)

117) Vgl. »Schleswig-Holstein, Meyers Kleines Konversationslexikon, Leipzig & Wien, Bibliographisches Institut 1908 (Nach der Gasteiner Konvention von 1865 erhält Preußen Schleswig und Österreich Holstein.)

118) Allgemeine Deutsche Biographie (Bd. 45) – Duncker & Humblot, Berlin 1971, S. 741

119) Prinz Friedrich Heinrich Albrecht von Preußen, Laudatio, a.a.O., S. 43

120) Priesdorf: Militärische Führer, Berlin 1945; S. 128

121) Vgl. Hohenlohe, a.a.O., S. 200 und 231

122) Rothkirch, a.a.O., S. 208

123) Autorenkollektiv: Deutsche Eisenbahnen 1835–1885. – transpress, Berlin 1985, S. 41–48

124) Schneider Louis: Aus dem Leben Kaiser Wilhelms. – Bd. 2; Otto Jahnke, Berlin 1888, S. 79

125) ebenda

126) ebenda, S. 80; (Staatsbegräbnis der Zarin, Schwester Charlotte)

127) ebenda, S. 80

128) Cycon, a.a.O., S. 433

129) ebenda, S. 434; (Großfürst = Prinz)

130) Es war damals üblich, daß Prinzen oder Adlige in ausländischen Armeen als die Chefs von Regimentern galten, die sie als Ehrengeschenk erhielten und deren Uniform sie zu passenden Anlässen trugen oder aber in ausländischen Armeen dienten. Deshalb hatten z. B. die von der Schulenburg Uniformen und Ränge verschiedener europäischer Armeen.

131) ebenda, S. 434

132) Schneider, a.a.O., S. 96

133) ebenda; (Der Main bildete die verschlungene Grenze zwischen Nord- und Süddeutschland, war hier aber im zeitgenössischen Verständnis symbolisch gemeint im Sinne von Grenzüberschreitung mit aggressiver Absicht.)

134) Schneider, a.a.O., S. 104

135) ebenda

136) Vgl. Neue Preußische Zeitung, Nr. 301, 24. 12. 1869

137) Schneider, a.a.O., S. 105

138) Cycon, a.a.O., S. 445

139) ebenda, S. 445

140) Winterfeld, Karl: Der Deutsch-französische Krieg. – Weichert, Berlin 1872, S. 104

141) Vgl. Prinz Friedrich Heinrich Albrecht von Preußen, Laudatio, a.a.O., S. 43; (Anciennetät: Anspruch durch Zugehörigkeit zum Hochadel, Hochgeburtsrecht)

142) ebenda S. 44

143) ebenda

144) Helvig, Hugo: Das I. Bayrische Armee-Corps von der Tann im Kriege 1870/71. – Rudolph Oldenbourg, München 1872, S. 102 (Cantonnements: Quartiere; Bivouaks: Biwaks, Feld-Lager-Zelte, Gewehrpyramiden, kleine Koch- oder Wärmefeuer)

145) ebenda, S. 103

146) Schneider, Bd. 3, a.a.O, S. 8

147) »brav« galt damals als Synonym für »tapfer«

148) Vgl. Prinz Friedrich Heinrich Albrecht von Preußen, Laudatio, a.a.O., S. 45

149) Franctireurs: im Wortsinn vergleichbar dem Begriff »Partisanen«, d.h. bewaffnete Zivilisten, die keiner regulären Armee angehörten, auch Heckenschützen genannt, die außerhalb des Kriegsrechts standen und bei Gefangennahme sofort standrechtlich erschossen werden durften. Die 4. Kavalleriedivision reagierte besonders hart in der Verantwortung von Prinz Albrecht

150) Schneider, a.a.O., S. 1

151) Helvig, a.a.O., S. 106

152) ebenda

153) Vgl. Illustrirte Kriegschronik 1870, Ebner, Ulm, S. 309

154) Prinz Friedrich Heinrich Albrecht von Preußen, Laudatio, a.a.O., S. 3

155) Vgl. ebenda, S. 4

156) ebenda

157) ebenda, S. 5

158) »Woylach«: Pferdedecke unter dem Sattel in der Farbe des Regiments (Rote Husaren – rote Woylachs) und mit dem Regimentszeichen versehen, entweder Initialen des Inhabers des Regiments oder des Landesfürsten

159) Prinz Friedrich Heinrich Albrecht von Preußen, Laudatio, S. 5

160) ebenda, S. 6

161) ebenda

162) ebenda, S. 15

163) ebenda, S. 21

164) ebenda, S. 25, in der Folge zu General von der Schulenburg auch Priesdorff: Soldatisches Führertum, Berlin 1945, S. 500

165) Prinz Friedrich Heinrich Albrecht von Preußen, Laudatio, a. a. O. S. 27; Darstellung der Probleme vom 24. Dezember 1870 bei Schneider a. a. O., S. 126f.

166) Prinz Friedrich Heinrich Albrecht von Preußen, Laudatio, a. a. O., S. 27

167) Vgl. ebenda, S. 28

168) ebenda

169) Kürassiere: Schwarze Reiterei, d. h. schwere, etwas langsamere Pferde, mit Helm und Brustpanzer (Küraß) geschützte Reiter, die mit einer starken Lanze, Karabiner im Sattelschuh und schwerem Säbel bewaffnet waren – die Vorläufer der modernen Panzerwaffe, die aus der Kavallerie hervorgegangen war und in der US-Army wie in der Sowjetarmee bis zum Zweiten Weltkrieg entweder noch »Kavallerieregiment« hießen (ohne Pferde) oder, wie in den sowjetischen Streitkräften, kombiniert strukturiert waren: Panzer und Pferde.

170) Helvig, a. a. O., S. 109

171) Gemeint ist das I. Bayrische Corps unter General von der Tann, dem die 4. Division Albrecht eingegliedert war

172) Helvig, a. a. O., S. 111

173) ebenda, S. 110

174) ebenda, S. 260

175) Waldersee, Generalfeldmarschall von. – In: Soldatisches Führertum. – Berlin 1945, Hrsg. Priesdorff, S. 97

176) Der Hofstaat war Bestandteil der Repräsentationspflicht des regierenden Königs, der Königin, der verwitweten Königin, der königlichen Prinzen und Prinzessinnen. Dafür waren exakte Etats vorgesehen, deren Grenzen bei den sparsamen Preußen nicht überschritten werden durften.
Der Unterschied in der personellen Struktur zwischen königlichem und prinzlichem Hofstaat bestand in der Chargentitulierung – königl = Ober-, prinz. = ohne »Ober-«, z.B. Oberkammerherr – Kammerherr. Folgende Titel gehörten in Preußen zum Hofstaat eines jeden: Kammerherr, Hofmarschall, Stallmeister, Grand maitre de la gardarobe, Jägermeister, Mundschenk, Intendant der Schlösser, Schloßhauptmann, Geheimräte und Flügeladjudanten, die u.a. auch Vorleser und Pressechefs waren. (Die Reihenfolge entspricht der Hofchargenhierarchie, wobei alle Lakaien ausgespart blieben).

177) Prinz Friedrich Heinrich Albrecht von Preußen, Laudatio, a.a.O., S. 7
178) Vgl. Schneider, Louis, a.a.O. Kaiser Wilhelm I., Bd. 2, a.a.O, S. 489
179) Vgl. Prinz Friedrich Heinrich Albrecht von Preußen, Laudatio, a.a.O., S. 30
180) Hohenlohe, a.a.O., S. 405
181) Dresdner Anzeiger 1930, a.a.O., S. 516
182) ebenda
183) Prinz Friedrich Heinrich Albrecht von Preußen, Laudatio, a.a.O., S. 31
184) Dresdner Journal vom 13. September bis 17. Oktober 1872
185) Zitat nach Schultze, Wilhelm I. – Briefe an Alexandrine ..., a.a.O., S. 121(»die Gräfin«: Rosalie Gräfin von Hohenau)
186) ebenda
187) Dresdner Journal, ebenda, 16. 10. 1872
188) ebenda, 17.Oktober 1872
189) ebenda, 17. Oktober 1872
190) Neue Preußische Zeitung und Dresdner Journal, a.a.O.
191) Schneider, a.a.O., S. 259
192) Dresdner Journal vom 17. Oktober 1872, Abendausgabe
193) Die »Leichenausstellung« fand im Berliner Residenzschloß traditionell statt, und jedermann hatte Zutritt, um Abschied nehmen zu können. An der Menge der Anteilnehmenden konnte die Popularität des/der Verstorbenen gemessen werden.
194) Dresdner Journal vom 17. Oktober 1872, Morgenausgabe
195) ebenda, Mittagsausgabe
196) ebenda, vom 21. Oktober 1872
197) Aus dem »Geheimen Tagebuch« des Kronprinzen Friedrich Wilhelm, S. 2
198) ebenda
199) Vgl. Dresdner Journal vom 21. Oktober 1872
200) Zwischen 1848 und 1850 hatten preußische Truppen in Schleswig-Holstein und im preußisch-polnischen Grenzgebiet militärisch interveniert. Die Dänen (König Christian) kündigten an, den Autonomie-Vertrag zwischen dem Königreich Dänemark und den Herzogtümern Schleswig und Holstein zu annullieren. Das hätte die Aufgabe einiger nationaler Rechte bedeutet. Die preußische Intervention ergab die Aufrechterhaltung des bisherigen Rechtszustandes im nationalen Sinne der Deutschen. In Polen schlugen sie die polnisch-nationale Erhebung blutig nieder im Bündnis mit dem russischen Zaren.
201) Prinz Albrechts Leiden entstanden in der Zeit der schwersten

Zerwürfnisse mit seiner ersten Gattin und seinen Brüdern nach 1841.

202) Die Handlungsweise Prinz Albrechts in den stürmischen Märztagen der 48er Revolution werden seitens der Aufständischen als bürgerfreundlich, volksverbunden ausgelegt, seitens der Parteigänger der Monarchie als Kaltblütigkeit und gefährliche Demonstration der Königstreue, verbunden mit kühler Überlegenheit.

203) Es war damals üblich, unliebsam gewordenen Personen oder Familien eine »Katzenmusik« zu bringen, womit tiefste Verachtung öffentlich wirksam zum Ausdruck gebracht werden sollte. Katzenmusik artikulierte sich in disharmonischem, grellem, überlautem Lärm, mit metallischen und keramischen Gegenständen, Pfeifen und Johlen. Die Androhung, eine Katzenmusik bringen zu wollen, war für den Betroffenen schon höchst unangenehm. Zudem waren solche Vorgänge gefährlich, es konnten sich bösartige Emotionen aufladen und Handlungen daraus erwachsen, wie sie Prinz Albrecht als ungeschehen im einzelnen benennt – eine Abart des Pogroms.

204) Vgl.:Gebsattel, Ludwig Freiherr von, General der Kavallerie:Gelbe Hefte Nr. 5, 1927 Sonderdrucke, S.384–391, Schlözer, Leopold von: Generalfeldmarschall Freiherr von Loë. Stuttgart und Berlin 1914, S. 219–278: Der Bericht des Begleitoffiziers von Loë auf der Kaukasusreise Prinz Albrechts wird eindrucksvoll aufgearbeitet. Prächtige Naturbilder, exotische Reiseumstände und Begegnungen, ethnologisch treffende Darstellung der Kosaken und der kaukasischen ethnischen Gruppen und die Entflechtung auf Unkundige verwirrend wirkender Konfliktkonstellationen. Durch Kartenskizzen wird der Weg des Prinzen Albrecht mit seiner Suite nachvollziehbar (Vielfalt von Ortsnamen und Flüssen, Bergregionen und Richtungsangaben). Immerhin führte Rußland zur Eroberung und Unterdrückung des Kaukasus einen etwa hundertjährigen Krieg mit den verschiedensten, personenabhängigen Methoden der Unterwerfung.

205) Vgl. Gebsattel, a.a.O., S. 390f.

Literatur- und Quellenverzeichnis

Adam, Haenel und Cornelius Gurlitt, Hrsg.: Sächsische Herrensitze und Schlösser. Gilber'sche Königl. Hof- und Verlagsbuchhandlung (J. Bleyl) 1889

Adreßbuch – 1910 – für Dresden und seine Vororte.–Verlag der Buchdruckerei der Dr. Güntzschen Stiftung, Dresden

Aretz, Gertraude: Die Frauen der Hohenzollern. – Berlin 1933

Augusta von Preußen, Königin: Bekenntnisse an eine Freundin. – Dresden 1935

Baer Oswald: Prinzessin Elisa Radziwill – Ein Lebensbild. – Mittler & Sohn, Berlin 1908

Bailleú, Paul: Königin Luise –Ein Lebensbild. -Hafenverlag Berlin 1923

Bentzien, Hans: Unterm roten und schwarzen Adler – Geschichte Brandenburg-Preußens für jedermann. – Volk und Welt, Berlin 1992

Berger, Karl: Kaiser Wilhelm II. – Bielefeld & Leipzig. Velhagen & Klasing – Volksbücherei Nr. 72

Betthausen, Peter: Karl Friedrich Schinkel. – In: Kunst und Gesellschaft. – Hentschelverlag Berlin 1986

Bismarck, Otto von: Erinnerungen und Gedanken. – Stuttgart-Berlin 1919

Bülow, Bernhard, Fürst von: Denkwürdigkeiten. – Bd 1–4, Ullstein, Berlin 1930

Bußmann, Walter: Zwischen Preußen und Deutschland – Friedrich Wilhelm IV. – Eine Biografie. – Siedler Verlag, Berlin 1990

Cohnfeld, Dr. A.: Ausführliche Lebens- und Regierungsgeschichte Friedrich Wilhelms III. Bd. I–III, Berlin 1840–1842

Colores, Virginia: Wilhelm der Kaiser. – Verleger Heinrich Scheffler, Frankfurt a. M. 1965

Crüger, Herrmann: Chronik der preußischen Herrenhäuser. – Berlin 1885

Cycon, Dieter: Die glücklichen Jahre – Deutschland und Rußland. – Busse und Seewald, Herford/Hamburg/Stuttgart 1991

Das Buch der Stadt Dresden 1927/28, Hrsg. Rat der Stadt Dresden. – Verlag und Vertrieb: Industrie– und Verkehrsverlag GmbH Dresden

Decker, C. v.: Die Truppenversammlung bei Kalisch. – Königsberg 1835

Der allgemeine und aufrichtige Sachsenfreund. – Hrsg. Wilhelm Leopold Seyffert, Dresden 1933, IV. Jg. September

Dresdner Anzeiger, Sonntagsbeilage – 1917, 17. Jg., S. 87f. – Trautmann: Drei Loschwitzer Herrensitze

Dresdner Anzeiger – Eigentum der Güntzschen Stiftung. – 8. September 1929/200, Jg. Nr. 422, S. 7: Die Albrechtschlösser

Dresdner Anzeiger, 1930, Nr. 191, S. 516: Aus der Vergangenheit des Schlosses Albrechtsberg

Dresdner Neue Presse – 1932, Nr. 14; gez. O.H.: Das Albrechtsschloß – ein Fürstensitz für romantisches Liebesglück

Dresdner Rundschau – II. Jahrgang 1893, Nr. 38 vom 15. September , S. 2 Nr. 39 vom 17. September,

Dresdner Wanderbuch, Teil I, 1921/1922

Ende, Karl August Varnhagen von: Denkwürdigkeiten des eigenen Lebens. – Bearbeitet von Karl Leutner. – Verlag der Nation Berlin 1954

Engel, Eduard: Kaiser Friedrichs Tagebuch. – Halle 1919

Engelhaaf, Gottlieb: Bismarck – Sein Leben und sein Werk. – Stuttgart 1911

Ense, Karl August Varnhagen von: Betrachtungen und Bekenntnisse – Aus den Tagebüchern von 1835 – 1858. – Hrsg. Dieter Bälitz, Rütten & Loening, Berlin 1980

Erinnerungen: Beitrag zu den Erinnerungen 1870/71. Prinz Friedrich

Erinnerungsblätter an die Manövertage vom 14. – 20. September 1882: Kaiser Wilhelm I. als Gast des Königs Albert von Sachsen in Dresden. – Lehmann'sche Buchdruckerei und Verlagsbuchhandlung, Dresden 1882

Eulenburg, Herbert: Die Hohenzollern. – Cassirer, Berlin 1928

Fehleisen, Egmont: Der deutsch-französische Krieg 1870/71 in Wort und Bild. – Reutlingen 1880

Fernau, Joachim: Sprechen wir unser Preußen – Die Geschichte der armen Leute. – Ullstein, Berlin – Frankfurt a.M. 1992

Fischer, S. und *Fabian:* Preußens Krieg und Frieden – Der Weg ins Deutsche Reich. – Knauer–Verlag München 1981

Flocken, Jan von: Luise – Eine Königin in Preußen – Biografie. – Neues Leben, Berlin 1989

Fouqúe, Charlotte de la Motte: Denkschrift über Friedrich Wilhelm III. – Nordhausen – Leipzig 1842

Frobenius, Hermann: Die Hohenzollerngeschichte Brandenburg-Preußens und des deutschen Reiches unter den Hohenzollern. – W. Herlet, Berlin o.J.

Geheimes Staatsarchiv Preußischer Kulturbesitz, Berlin-Dahlem, ehemals Merseburg; Hist. Abt. II 2.2.10 Nr. 1851: Brief Prinz Albrechts an Wilhelm, 5. März 1852; aus der Akte des Oberkämmerers Graf Dohna Ac. 97/07, Blatt 1; Acta generalia, Blatt 1, 8 und 9; Brief Fr.W.IV. an Rittmeister v. Rauch vom 31. Mai 1853; Brief Albrechts an Fr.W.IV. vom 30. Juni 1854, Acta gen. S. 19, 19 V; aus Albrechts Briefen – Mai 1848 an Wilhelm nach London

Geitner: Ausgeführte Gartenanlagen von Neide. – Berlin 1884

Geneologisches Handbuch des Adels, L5, 420 Bd. I 707; L5, 420 Bd. II 723; L5, 426 (Westfalen) Bd. II 712; L5, 426 (1918) Bd. III 717

(Hohenau, Stockhausen)

Gerlach, Leopold von: Denkwürdigkeiten. – Hertz, Berlin 1891, Bd. I, 1826–1852 (Generaladjudant Friedrich Wilhelms IV.)

Gloger, Gotthold: Berliner Guckkasten – Geschichten aus der Welt um Schinkel. – Kinderbuchverlag Berlin 1980

Gothaisches Genealogisches Taschenbuch der fürstlichen Häuser (Hofkalender). – Justus Perthes, Gotha 1941/42

Gottberg, Bernd: Die preußische Kavallerie 1648 bis 1871.– Brandenburgisches Verlagshaus/Militärverlag der DDR, Berlin 1990

Grundmann, Günther: Schinkelwerk – Schlesien. – Berlin 1941 (Schloß Camenz, Martius, Prinzessin Marianne als Bauherrin...)

Hagen, von: Laudatio – Kurzbezeichnung für Beitrag zu den Erinnerungen, s. Anm. 56

*Ha*hn, Jürgen, Hrsg.: Preußisch-deutsche Feldmarschälle und Großadmirale. – Safari-Verlag Berlin, 1938

Hassel, Paul: Aus dem Leben des Königs Albert von Sachsen. – Berlin 1898

Heinrich Albrecht von Preußen ... Zweite, durch ein Lebensbild des Prinzen ergänzte Auflage. – Mittler & Sohn, Königliche Hofbuchhandlung, Berlin 1900

Helvig, Hauptmann von: Das I. Bayrische Armeekorps im Krieg 1870/71. – München 1872

Höcker, Gustav: 1870 und 1871 – Zwei Jahre deutschen Heldentums. – Jubiläumsausgabe; Glogau Verlag Carl Flemming, o.J.

Hohenlohe-Ingelfingen, Prinz Kraft zu: Aus meinem Leben. Hrsg. W. f. Bremen, Mittler & Sohn, Berlin 1918

Hohenzollernjahrbuch – 1900, 1909, 1916

Illustrirte Chronik der Zeit – Blätter zur Unterhaltung und Belehrung. –

Jg. 1886, Druck und Verlag Hermann Schönlein, Stuttgart

Illustrirte Zeitung. Leipzig 1860, 16. Juni, Nr. 885: Albrechtsberg, S. 433
dto. Januar bis Dezember 1860

Jagow, Kurt: Die Jugendliebe des alten Kaisers. – K.F. Koehler, Leipzig
1930

Jagow, Kurt: Jugendbekenntnisse des alten Kaisers. – Briefe Kaiser
Wilhelms I. an Fürstin Elise v. Radziwill, Prinzessin von Preußen 1817 –
1829, Koehler & Amelang, Leipzig o.J.

Jahrbuch Sachsen. – Hrsg. Reichsminister a.D. Dr. Külz, Leipzig 1930

Kähler, von: Einhundert und fünzig Jahre des Königl. Preuß. Litthauischen
Dragoner–Regiments Nr. 1 (Prinz Albrecht von Preußen) – seit seiner
Einrichtung 1717 bis zur Gegenwart. I. Theil: Geschichte Zeichnungen v.
J.– H. Kretzschmer, Mittler & Sohn, Berlin 1867

Kammeyer, H. F.: Die Albrechtsschlösser bei Dresden. – Velhagen &
Klasings Monatsheft, 51 Jg., Bd. I, 1937

Keck: Das Leben des Generalfeldmarschalls Edwin Freiherr von
Manteuffel. – Bielefeld und Leipzig 1890

Klöden, K.F. von: Lebens- und Regierungsgeschichte Friedrich Wilhelms III., König von Preußen. – Plahnsche Buchhandlung, Berlin

Koch, Dr. Ingo: Sächsische Gartenkunst. – Verlag Deutsche Bauzeitung
GmbH, Berlin 1910

Köhne, Rolf: Die Albrechtschlösser zu Dresden-Loschwitz. – Hellerau
Verlag, Dresden 1992

Königlich Sächsisches Ministerium des Innern, Hrsg.: Beschreibende
Darstellung der älteren Bau- und Kunstdenkmäler des Königreiches
Sachsen – Heft 26, Amtshauptmannschaft Dresden Neustadt (Land) Verf.:
Cornelius Gurlitt, Mitwirkg. Sächsischer Altertumsverein.

Konversationslexikon, Mayers Kleines. – Leipzig und Wien 1907,
Bibliographisches Institut

Krüger, Carl A.: Drei Kaiserinnen, Lebensbilder von Augusta, Viktoria und Auguste Viktoria. – Leipzig 1894

Krüger, Carl A.: Drei Kaiser. – Leipzig 1893

Lettow-Vorbeck, Oscar von: Geschichte des Krieges von 1866 in Deutschland – Der Feldzug in Böhmen 1866. – Mittler & Sohn, Berlin 1910

Leuschner, Theo: Loschwitz und seine Denkwürdigkeiten. – Dresden-Loschwitz 1928

Mader, Gertrud: Königin Luise – Preußische Köpfe. – Stapp Verlag Berlin 1981

Marks, Erich: Kaiser Wilhelm I. – Dunker und Homblot, Leipzig 1897

Maurenbrecher, Max: Die Hohenzollern-Legende, Kultusbilder aus der preußischen Geschichte. – I. Bd., Berlin 1908

Meisner, Heinrich Otto: Kaiser Friedrich III. – Tagebücher von 1848–1866; Leipzig 1929

Militär-Wochenblatt Nr. 91: Ein Beitrag zur Erinnerung 1870/71 – Prinz Friedrich Heinrich Albrecht von Preußen. – Berlin 1895

Moltke, Helmut von: Kriege und Siege. – Falkenstein Verlag Berlin 1938

Müller–Bohn, Hermann: Die deutschen Befreiungskriege. – Paul Kittel, Bd. I. und II. Berlin 1901;

Nostitz, Helene Gräfin von: Berlin – Erinnerungen und Gegenwart. – Otto Beyer, Leipzig und Berlin 1938

Payne, A. H.: Album von Dresden. – Dresden 1865

Rauch, Fedor v.: Briefe aus dem großen Hauptquartier 1866 und 1871/71. – Sigismund Verl. Berlin 1911

Reuß, Eleonore Fürstin von: Friederike Gräfin von Reden geb. Freiin Riechsel zu Eisenbach – ein Lebensbild nach Briefen und Tagebüchern. – 2 Bd. Berlin 1888

Richter, Otto: Dresdens Umgebung in Landschaftsbildern aus dem Anfang des 19. Jahrhunderts. – 40 Lichtdruckblätter; Römmler & Jonas, Dresden

Rochow, Caroline von: Vom Leben am preußischen Hofe, 1815–1852. – Berlin 1908

Römer, Christof: Prinz Albrecht – Braunschweig und Preußen 1885 – 1906 Limbach, Braunschweig 1981

Rothkirch, Malve Gräfin von: Der Romantiker auf dem Preußenthron – Porträt Friedrich Wilhelm IV. – Droste Verl. Düsseldorf 1990

Rothkirch, Malve Gräfin von: – Prinz Carl von Preußen – Kenner und Beschützer des Schönen. – Biblio-Verlag Osnabrück 1981

Rothkirch, Malve Gräfin von: – Luise – Briefe und Aufzeichnungen 1886–1810 – Königin von Preußen. – München 1985

Sachsen, Johann Georg Herzog von Sachsen: Briefwechsel zwischen Johann von Sachsen und den Königen Friedrich Wilhelm IV. und Wilhelm I. von Preußen. – Quelle und Meyer, Leipzig 1911

Sächsische Neueste Nachrichten, Jg. 5, 1956, Nr. 47, Luchs: Einst Landsitz seiner Lordschaft – heute Paradies der Jugend

Scheibert, J.: Der Krieg von 1870/71. – Vaterländischer Verlag Berlin 1904

Scheibert, J.: Kaiser Wilhelm I. und seine Zeit. – 2. Bd., Julius Becker, o.J.

Schiffner, Albert: Beschreibung von Sachsen. – Scheibles Buchhandlung, Stuttgart 1840

Schneider, Louis: Aus meinem Leben. – Berlin 1879

Schneider, Louis: – Aus dem Leben Kaiser Wilhelms I. – 3 Bd.; Otto Jahnke, Berlin 1888

Schrempf, Claus: Blücher, Friedrich Wilhelm III., Stein. – Franck'sche Verlagsbuchhandlung Stuttgart, o.S.

Schulze, Johannes von: Kaiser Wilhelms I. Briefe an seine Schwester Alexandrine, Berlin und Leipzig 1927

Sievers, Johannes: C.-F. Schinkels Lebenswerk. – Bd. 7; Berlin 1954 – Das Palais des Prinzen Karl von Preußen erbaut von K.F. Schinkel. – Deutscher Kunstverlag Berlin 1928

Soldatisches Führertum. – Hrsg. Kurt von Priesdorff; Hanseatische Verlagsanstalt Hamburg 1945

Vehse, Karl Eduard: Preußische Hofgeschichten. – Bd. 1–4; Müller Verlag, München 1913

Velhagen & Klasing: Monatshefte. – 1909–1912 Berlin, Leipzig, Bielefeld, Wien

Volk und Zeit Nr. 1, 1932: Die Dresdner Albrechtschlösser

Voss (Voß), Sophie Marie Wilhelmine Gräfin von: Neunundsechzig Jahre am preußischen Hofe. Bei Schröder, Berlin 1901

Winterfeld, Karl: Vollständige Geschichte des deutsch-französischen Krieges von 1870 und 1871 – Ein Gedenk- und Erinnerungsbuch. – Druck und Verlag A. Weichert, Berlin, o.S.

Zeitschrift für Bauwesen, Jg. II. Verlag Ernst und Korn, Gropin'sche Verlagsbuchhandlung Berlin 1852

Zeitschrift für praktische Baukunst. – Berlin 1855 – XV. Jg. und 1856 – XVI. Jg. Allgemeine Deutsche Verlagsanstalt Sigismund Wolff

Zentner, Christian: Illustrierte Geschichte des deutschen Kaiserreichs. – München 1990

Zernin, Gebhard: Das Leben des königlich preußischen Generals der Infanterie August von Goeben. – Mittler & Sohn, Berlin 1895

Zeschau, Heinrich Wilhelm von: Erinnerungen. Königl. Sächsischer Generalleutnant und Staatssekretär, niedergeschrieben zum Besten der Invaliden-Stiftung, Dresden 1866.